安徽省高等学校"十三五"省级规划教材
普通高校国际经济与贸易应用型本科系列规划教材

国际贸易理论与政策

第2版

主编 潘锦云 殷功利

中国科学技术大学出版社

内容简介

本书为高等学校国际经济与贸易专业主要课程教材，主要研究国际贸易产生和发展变化的规律，其目的是介绍有关国际贸易的基本理论和基本政策，为学生进一步学好其他相关课程以及毕业后能顺利从事对外经济贸易工作打下坚实的基础。

全书共11章，以导论导入，分别讲述了国际贸易的产生与发展、国际分工与世界市场、国际贸易理论、国际贸易政策、国际贸易措施、国际服务贸易与国际技术贸易、跨国公司与国际贸易、贸易条约与世界贸易组织、区域经济一体化及国际贸易与经济增长等内容。各章编排了导入案例、分析案例，每章末设计了复习思考题、思考案例。全书突出新颖性、应用性和启发性。

本书可作为应用型高等院校经济类专业的教学用书，也可作为在职人员学习国际贸易知识的培训用书和自学用书。

图书在版编目(CIP)数据

国际贸易理论与政策/潘锦云，殷功利主编. —2版. —合肥：中国科学技术大学出版社，2022.6

ISBN 978-7-312-05012-1

Ⅰ. 国… Ⅱ. ①潘… ②殷… Ⅲ. ①国际贸易理论—高等学校—教材 ②国际贸易政策—高等学校—教材 Ⅳ. F74

中国版本图书馆 CIP 数据核字(2020)第 117626 号

国际贸易理论与政策
GUOJI MAOYI LILUN YU ZHENGCE

出版	中国科学技术大学出版社 安徽省合肥市金寨路96号,230026 http://press.ustc.edu.cn https://zgkxjsdxcbs.tmall.com
印刷	安徽省瑞隆印务有限公司
发行	中国科学技术大学出版社
开本	787 mm×1092 mm 1/16
印张	17
字数	392千
版次	2016年1月第1版 2022年6月第2版
印次	2022年6月第2次印刷
定价	48.00元

总　序

随着经济全球化和科技革命的发展，国际服务贸易、跨境电商、跨国并购等贸易投资方式不断升级，多边主义受到冲击，国际金融市场震荡，全球贸易投资规则正面临重大变革。党的十九大报告提出"拓展对外贸易，培育贸易新业态、新模式，推进贸易强国建设""大幅度放宽市场准入，扩大服务业对外开放"。全球经济贸易和中国对外经济贸易的新发展对当前高校国际经济与贸易专业建设提出了新要求。

教材建设是高校专业建设的重要组成部分，更是一流专业建设和专业综合改革的落脚点与抓手。高校国际经济与贸易专业教材体系的改革和实践，要将教材建设与专业师资队伍建设、课程建设、实践教学建设等相融合，充分利用现代信息技术手段，建立微课、慕课等在线教学平台，逐步建设电子教材和纸质教材共享资源平台，实现多层次、连续性专业教材体系建设。要创新教材呈现方式和话语体系，实现理论体系向教材体系转化、教材体系向教学体系转化、知识体系向价值体系转化，使教材更加体现科学性、前沿性，进一步增强教材的针对性和实效性。

安徽省国际经济与贸易专业建设年会已连续举办七届，会议讨论内容涉及国际经济与贸易专业人才培养方案修订、专业综合教学改革、特色专业建设、前沿学术问题、教材建设等方面。年会分别由安徽省内高校相关院系承办，为安徽省国际经济与贸易专业的教学科研团队提供了一个良好的交流平台，同时展示了安徽省高校国际经济与贸易专业教学团队团结、合作的精神风貌。基于多年来安徽省国际经济与贸易专业建设研讨会成果，中国科学技术大学出版社陆续出版了国际经济与贸易专业系列教材。该系列教材自发行以来，受到国际经济与贸易专业教师和学生的好评。

本套规划教材是2017年安徽省高等学校省级质量工程项目"国际经济与贸易专业应用型本科系列教材"(2017ghjc120)建设成果，项目负责人为安徽财经大学冯德连教授。其中部分教材入选2018年安徽省高等学校省级质量工程一流教材建设项目。

本套规划教材有以下特点：

(1) 政治性和新颖性。深入学习领会习近平新时代中国特色社会主义思想和十九大报告精神，将新的研究成果带进课堂、融入教材。在原教材的基础上增加新时代中国特色社会主义经济的新思想、新观念、新趋势，增加国际经济与贸易学科和产业创新的新内容和新案例，突出新时代国际经济与贸易专业发展的新特色。力求准确阐述本学科先进理论与概念，充分吸收国内外前沿研究成果。

(2) 实践性和启发性。结合国际经济与贸易专业实践特点和专业人才培养要求，增加实践教学的内容比重,确保理论知识在专业实践中的应用。浓缩理论精华,突出理论、实践、创新三方面教学任务的相互协调,实现知识传授、能力训练和智慧启迪。充分发挥学生主动性,加强课堂师生的互动性,在课堂中让学生的主体性体现出来。贯彻素质教育思想,着力培养学生的学习能力、实践能力和创新能力。

(3) 系统性。突出系列教材之间的有机协调。遵循国际经济与贸易发展的逻辑规律,并以之协调系列教材中各本教材之间的关系。各教材内容既相对独立又具有连贯性,彼此互为补充。

(4) 规范性。编写体例上进一步完善和统一。各章都编写了"学习目的与要求"。每章节相关知识点关联之处设计"分析案例",使学生在轻松有趣的学习中,加深对相关知识、数据、实例和理论的理解和掌握。各章后设计有"思考题""思考案例""应用训练",检验学生学习效果。

(5) 数字性。纸质教材与数字资源相结合,提供丰富的教学资源。本套教材通过二维码关联丰富的数字资源,为学生提供丰富的学习材料,同时为教师提供教学课件等教学资源。

本套规划教材整合安徽省各高校国际经济与贸易专业教学实践、教学改革的经验,是安徽各高校国际经济与贸易专业教师合作的成果。我们期望,该套规划教材能够帮助国际经济与贸易专业的老师和学生更好地开展教学和学习,并期待他们提出意见和建议,以便我们持续修订和改进。

冯德连

教育部高等学校经济与贸易类专业教学指导委员会委员

安徽财经大学副校长,二级教授,博士生导师

2019 年 8 月

前　　言

国际贸易作为一门课程,研究的是国际贸易产生和发展变化的规律。它是高等院校国际经济与贸易专业必修的一门专业基础课程,其任务是介绍有关国际贸易基本理论、政策及措施。

本教材的特点是:① 案例丰富。参阅了大量的国际贸易案例,通过案例讨论、思考等形式提供给读者,从而提高他们对相关知识的理解程度。② 清晰的知识点提示。③ 反映最新动态。④ 实用性、可操作性强。通过例证、数据提供及分析、方法介绍等,对知识和技能的运用提供引导和帮助。

参加本书编写工作的人员及其分工如下:
潘锦云(安庆师范大学　教授、博士):担任主编,编写第一章、第四章;
殷功利(安庆师范大学　副教授、博士):担任第二主编,编写第七章、第十章;
夏岩磊(滁州学院　教授、博士):担任副主编,编写第二章、第三章;
汪颖颖(安庆师范大学):担任副主编,编写第六章、第八章;
王洪国(安庆师范大学　副教授、博士):编写第五章;
李慧慧(淮北师范大学):编写第九章、第十一章。

在本教材的编写过程中,参考了兄弟院校和同行专家撰写的相关著述,引用了中国商务部等官方网站的资料,在此一并致谢! 尽管我们做了很多努力,但囿于知识视野和学术水平,书中仍难免存有不足和谬误之处,敬请广大读者和同行专家指正!

编者

2021 年 9 月

目 录

总序 ·· (i)

前言 ·· (iii)

第一章　导论 ·· (1)
　　第一节　国际贸易研究的主要内容、分析工具及特点 ···················· (3)
　　第二节　国际贸易的基本概念 ·· (5)
　　第三节　国际贸易的分类 ··· (9)

第二章　国际贸易的产生与发展 ··· (17)
　　第一节　国际贸易的产生与初步发展 ··· (18)
　　第二节　资本主义时期的国际贸易 ··· (21)
　　第三节　现代国际贸易格局 ··· (29)

第三章　国际分工与世界市场 ·· (41)
　　第一节　国际分工 ·· (42)
　　第二节　世界市场 ·· (50)

第四章　国际贸易理论 ·· (62)
　　第一节　古典贸易理论 ··· (64)
　　第二节　新古典贸易理论 ·· (73)
　　第三节　新贸易理论 ··· (81)
　　第四节　新新贸易理论 ··· (85)
　　第五节　保护贸易理论 ··· (87)

第五章　国际贸易政策 ·· (103)
　　第一节　自由贸易政策 ··· (105)
　　第二节　保护贸易政策 ··· (107)
　　第三节　管理贸易政策 ··· (111)
　　第四节　战略性贸易政策 ·· (116)

第六章　国际贸易措施 (122)
第一节　关税措施 (123)
第二节　非关税措施 (139)
第三节　鼓励出口和出口管制方面的措施 (143)
第四节　经济特区措施 (148)

第七章　国际服务贸易与国际技术贸易 (152)
第一节　国际服务贸易 (153)
第二节　国际技术贸易 (158)

第八章　跨国公司与国际贸易 (167)
第一节　跨国公司与对外直接投资 (168)
第二节　跨国投资与国际贸易 (181)

第九章　贸易条约与世界贸易组织 (190)
第一节　贸易条约和协定 (191)
第二节　关贸总协定概述 (193)
第三节　乌拉圭回合多边贸易谈判 (195)
第四节　世界贸易组织 (200)
第五节　中国与世界贸易组织 (210)
第六节　世界贸易组织改革 (214)

第十章　区域经济一体化 (223)
第一节　区域经济一体化概述 (224)
第二节　区域经济一体化实践与国际贸易 (226)
第三节　区域经济一体化理论 (233)

第十一章　对外贸易与经济增长 (242)
第一节　对外贸易与经济增长的关系 (243)
第二节　贸易发展战略与发展中国家的经济发展 (246)
第三节　中国贸易发展战略的现实选择 (251)

参考文献 (262)

第一章 导 论

本章结构图

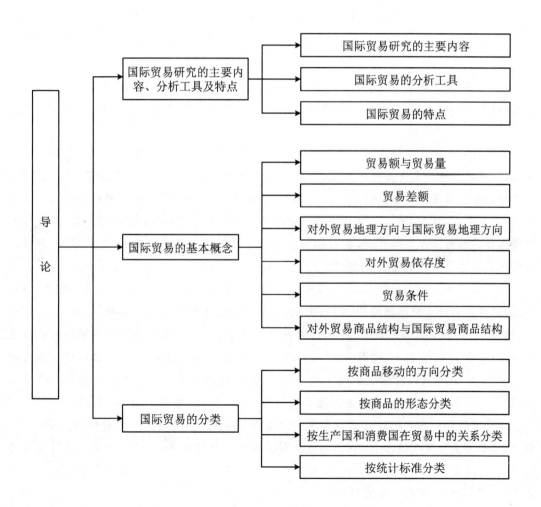

学习目标

了解国际贸易研究的主要内容、分析工具及特点,掌握国际贸易的若干基本概念和国际贸易的分类。

导入案例

2018年中国进出口规模与外贸市场

2018年,我国对外贸易总体平稳,稳中有进,进出口规模创历史新高,有望继续保持全球货物贸易第一大国地位。据海关统计,2018年,我国外贸进出口总值为30.51万亿元,比2017年增长9.7%。其中,出口16.42万亿元,增长7.1%;进口14.09万亿元,增长12.9%;贸易顺差2.33万亿元,收窄18.3%。按美元计价,2018年,我国外贸进出口总值达4.62万亿美元,增长12.6%;其中,出口2.48万亿美元,增长9.9%;进口2.14万亿美元,增长15.8%;贸易顺差为3517.6亿美元,收窄16.2%。

2018年中国外贸进出口市场特点:

一是年度进出口总值再上新台阶。2005年,我国外贸进出口总值首次超过10万亿元;2010年,超过20万亿元;2018年,再创新高,超过30万亿元,比2017年的历史高位多2.7万亿元。

二是一般贸易进出口快速增长,比重上升。2018年,我国一般贸易进出口额达17.64万亿元,增长12.5%,占我国进出口总值的57.8%,比2017年提升1.4个百分点,贸易方式结构有所优化。

三是对主要贸易伙伴进出口全面增长,与"一带一路"沿线国家进出口增势良好。2018年,我国对排名前三大贸易伙伴欧盟、美国和东盟进出口分别增长7.9%、5.7%和11.2%,三者合计占我国进出口总值的41.2%。同期,我国对"一带一路"沿线国家合计进出口总额为8.37万亿元,增长13.3%,高出全国整体增速3.6个百分点,我国与"一带一路"沿线国家的贸易合作潜力正在持续释放,成为拉动我国外贸发展的新动力。其中,对俄罗斯、沙特阿拉伯和希腊进出口分别增长24%、23.2%和33%。

四是民营企业进出口增长,比重提升。2018年,我国民营企业进出口12.1万亿元,增长12.9%,占我国进出口总值的39.7%,比2017年提升1.1个百分点。其中,出口7.87万亿元,增长10.4%,占出口总值的48%,比重提升1.4个百分点,继续保持世界第一大出口主体地位;进口4.23万亿元,增长18.1%。2018年,我国民营企业对外贸进出口增长的贡献度超过50%,成为我国外贸发展的一大亮点。同期,外商投资企业进出口额为12.99万亿元,增长4.3%,占42.6%;国有企业进出口额为5.3万亿元,增长16.8%,占17.4%。

五是中西部和东北地区进出口增速高于全国整体增速,区域发展更趋协调。2018年,西部12个省市外贸增速为16.1%,超过全国增速6.4个百分点;中部6个省市外贸增速为11.4%,超过全国增速1.7个百分点;东北三省外贸增速为14.8%,超过全国增速5.1个百分点;东部10个省市外贸增速为8.8%。

六是机电产品出口占比提升,出口商品结构持续优化。2018年,我国机电产品出口额9.65万亿元,增长7.9%,占我国出口总值的58.8%,比2017年提升0.4个百分点。其中,汽车出口增长8.3%,手机出口增长9.8%。同期,服装、玩具等7大类劳动密集型产品合计出口额3.12万亿元,增长1.2%,占出口总值的19%。

七是原油、天然气和铜等大宗商品进口量价齐升,铁矿砂和大豆进口量有所减少。2018年,我国进口原油4.62亿吨,增加10.1%;进口天然气9039万吨,增加31.9%;进口成品油3348万吨,增加13%;进口铜530万吨,增加12.9%。此外,进口铁矿砂10.64亿吨,减少1%;进口大豆8803万吨,减少7.9%。初步测算,全年我国进口价格总体上涨6.1%。其中,原油上涨30%,成品油上涨20%,天然气上涨22.9%,铜上涨3.2%。

数据来源:中商产业研究院整理。

第一节 国际贸易研究的主要内容、分析工具及特点

国际贸易作为一门学科,主要研究国际产品和服务交换活动的产生、发展过程及贸易利益的产生与分配,并揭示这种交换活动的特点及规律。

一、国际贸易研究的主要内容

国际贸易学是研究国际间商品与劳务交换过程中的生产关系及有关上层建筑发展规律的科学。国际贸易研究的主要内容有以下几个方面:一是各个社会历史发展阶段,特别是资本主义阶段国际商品运动的一般规律;二是国际贸易理论;三是贸易政策与措施;四是世界贸易组织及区域经济一体化。

二、国际贸易的分析工具

国际贸易理论研究的是具体的商品、服务及生产要素的国际交换,其分析的工具主要是市场经济学中的微观经济分析方法。微观经济学主要分析生产者和消费者的行为,分析商品市场和要素市场的供求。具体来讲,微观经济学分析厂商怎样在技术、政策、预算等各种条件的限制下追求利润最大化,分析消费者在有限的收入下追求效用最大化。对市场的研究主要表现在供求的变动与均衡市场的实现。在封闭条件下,国内市场被称为封闭市场,均衡价格由国内的供给与需求决定。在开放条件下,国内市场变成了开放的市场,均衡价格的形成除了国内供求外,还受到国外供给和需求,即进口和出口的影响。为了更好地阐明各种经济关系,国际贸易分析借助了许多数学工具,如一般均衡分析、局部均衡分析、生产可能性曲线、社会无差异曲线、供给曲线、需求曲线等。

国际贸易的分析工具亦包括马克思主义哲学即辩证唯物主义和历史唯物主义的观点、方法,坚持历史与逻辑相统一的方法,是一种动态的分析方法。历史的就是发展的,发展的就是动态的。国际贸易理论只有深入地研究历史进程,从历史和现实出发,才能准确地把握国际贸易和世界市场的一般性规律。采用总体的研究方法,对国际贸易问题进行全面、系统的研究。

三、国际贸易的特点

(一)国际贸易难度大

(1)国际贸易障碍多。国际贸易涉及国家[①]之间的重大经济利益。为争夺国际市场,保护本国产业和国内市场,各国往往借助关税和非关税壁垒,扩大本国产品出口,限制外国产品的进口。

(2)比国内贸易更复杂。由于各国语言、法律和风俗习惯不同,国际贸易的复杂程度要比国内贸易大得多。

(3)调查对方资信更困难。要想顺利进入国际市场,必须对国外市场进行深入的调查研究。然而,由于国外市场调查资料的获得渠道较少,资料不容易搜集完整,且费用高,故对国外市场的情报搜集是十分困难的。此外,为降低风险并避免日后恶意索赔情况的发生,贸易商必须对交易对方进行资金和信用调查,但这种调查也相当困难。

(4)国际贸易的不稳定性明显。国际贸易容易受政策、经济形势及其他客观条件变化的影响,特别在国际局势动荡不定、国际市场竞争和贸易摩擦激烈、国际市场汇率经常浮动以及商品价格瞬息万变的情况下,国际贸易的不稳定性更为明显。

(二)国际贸易风险多

(1)信用风险。信用风险是指由于交易对方不履行契约或履行不完全所产生的风险。在交易过程中,买卖双方的财务状况可能发生变化,有时甚至危及履约,出现信用危机。

(2)汇兑风险。汇兑风险是指在交易期限内,因合同计价货币汇率变动所产生的风险。交易期限越长,交易风险愈大。广义的汇兑风险,除汇率变动风险外,还包括外汇转移风险,即因外汇不足或政府实施外汇管制,导致无法汇出外汇的风险。

(3)政治风险。政治风险即因政治情况发生变化或法令规章有所变动导致无法履行合约的风险。有些国家由于自身经济等方面的问题,贸易政策法令不断修改,再加上一些国家内部的政局变动,经常使国际贸易商承担许多国内贸易不需承担的政治风险。

(4)价格风险。对外贸易多是大宗交易,贸易双方签约后,货价可能上涨或下跌,对买卖双方而言均存在价格风险。

(5)商业风险。国际贸易中由于买卖双方在订立合同前没有进行充分的磋商,导致进口商在履约时往往以货样不详、交货期晚、单证不符等理由拒绝收货,这对出口商而言就是商业风险。这些理由在货物被拒收前是无法确定的。

(6)其他外来风险。国际贸易中货物要经过长途运输,在运输过程中会遇到各种自然灾害、意外事故和各种其他意想不到的外来风险。

[①] 根据《国际货币基金协定》,本书所涉及的"国家"为广义概念,包含通常意义上的独立经济体。

第二节　国际贸易的基本概念

研究国际贸易会经常遇到一些概念,正确掌握和理解这些概念对我们研究国际贸易是十分有用的。

一、贸易额与贸易量

贸易额(Value of Trade)也叫贸易值,它是以货币表示的贸易金额。出口额(Value of Exports)是指一国或地区在一定时期内(如一年、半年)向他国或地区出口商品的全部金额。进口额(Value of Imports)是指一国或地区在一定时期内从他国或地区进口商品的全部金额。一国的出口额与进口额之和,即为该国的对外贸易额。

贸易量是以固定年份为基期计算的进口或出口价格指数除当年的进口额或出口额,得到相当于按不变价格计算的进口额或出口额。

二、贸易差额

贸易差额(Balance of Trade)又称净出口(Net Exports),是指一国或地区在一定时期(如一年、半年、一季、一月)出口额与进口额间的差额。为了方便,常以 NX(Net Exports,即净出口)符号代替。

贸易差额一般会出现三种情形。当出口总值与进口总值相等时,称为"贸易平衡"(Trade Balance);当出口总值大于进口总值时,出现贸易盈余,称为"贸易顺差"(Favorable Balance of Trade)或"出超"(Excess of Export over Import);当进口总值大于出口总值时,出现贸易赤字,称为"贸易逆差"(Unfavorable Balance of Trade)或"入超"(Trade Deficit)。贸易差额反映一国或地区对外贸易收支状况,是影响一国或地区国际收支平衡的重要因素。从理论上分析,长期贸易顺差与长期贸易逆差对一国或地区的对外贸易和国民经济发展都是不利的。

三、对外贸易地理方向与国际贸易地理方向

对外贸易地理方向(Direction of Foreign Trade)又称对外贸易地区分布或国别构成,指一定时期内一国对外贸易额的地区分布和国别分布。通常以它们在该国进出口总额或进口总额、出口总额中的比重来表示。对外贸易地理方向反映了一国出口商品的去向和进口商品的来源,也反映了一国与其他国家或区域集团之间经济贸易联系的程度,通常受地缘关系、经济互补性、国际分工的形式与贸易政策的影响。一国对外贸易地理方向如果只是集中在个别国家和地区,表明该国经济对个别国家和地区的依赖度比较大;如果一国的对外贸易地理方向比较均匀地分散在各个国家或地区,则表明该国对外贸易的市场风险相对较小。

国际贸易地理方向亦称"国际贸易地区分布"(International Trade by Regions),是反映国际贸易地区分布和商品流向的指标,表明世界各国(地区)、各洲、各个国家集团在国际贸易中所占的地位。通常以它们的出口额(进口额)占世界出口额(进口额)的比重来表示。

四、对外贸易依存度

对外贸易依存度又称对外贸易系数(Degree of Dependence upon Foreign Trade),是指一国的对外贸易额占其国民生产总值(GNP)或国内生产总值(GDP)的比重。对外贸易依存度可以分为进口依存度和出口依存度。进口总额占 GNP 或 GDP 的比重称为进口依存度,出口总额占 GNP 或 GDP 的比重称为出口依存度。对外贸易依存度反映一国对国际市场的依赖程度,是衡量一国对外开放程度的重要指标,但并不是越高越好。较高的外贸依存度既推动一国国内产业的发展,又会威胁到该国国家经济安全。

2018 年,中国国内生产总值约为 90.03 万亿元,同比实际增长 6.6%。而同期中国对外贸易总额约为 30.51 万亿元,同比增长 9.7%。其中,出口 16.42 万亿元,进口 14.09 万亿元。因此根据计算,2018 年中国外贸依存度约为 33.89%。其中,出口依存度约为 18.24%,进口依存度约为 15.65%。同期日本 GDP 实际增速是 0.7%,GDP 约为 4.9682 万亿美元,同期日本的进出口贸易总额约为 14865.7 亿美元,比上年增长 8.5%。其中,出口 7382.0 亿美元,进口 7483.7 亿美元。同理计算,2018 年日本外贸依存度约为 29.92%。其中,日本出口依存度约为 14.86%,进口依存度约为 15.06%。

五、贸易条件

贸易条件(Terms of Trade,TOT)是指一国在一定时期内出口一单位商品可以交换多少单位外国进口商品的比例,或交换比价。贸易条件可以分为净贸易条件、收入贸易条件、单项因素贸易条件、双项因素贸易条件。

(一)净贸易条件

净贸易条件(Net Barter Terms of Trade,NBT)又称为价格贸易条件,是一国在一定时期(通常为一年)内的出口价格指数与进口价格指数之比。净贸易条件指数=出口价格指数/进口价格指数。如果这个交换比价小于 1,就意味着出口产品价格相对下降,贸易条件恶化;如果这个交换比价大于 1,就意味着出口产品价格相对提高,贸易条件改善。从长期看,当贸易条件改善时,经常项目收支也将随之改善,这时要求实际汇率升值以维持经常项目平衡的可持续性。反之,贸易条件恶化将要求实际汇率贬值。贸易条件影响均衡实际汇率的传导机制。

(二)收入贸易条件

收入贸易条件(Income Terms of Trade,ITT)是在净贸易条件的基础上,把贸易量加进来。即净贸易条件与出口量的乘积。收入贸易条件指数=出口价格指数*出口数量指数/

进口价格指数。这意味着即使在价格贸易条件恶化的情况下,如果一国出口数量增加,其贸易条件也可能改善。

例如,某国以 2010 年为基期,当时的出口、进口商品价格指数和收入贸易条件指数均为 100%,到 2018 年,出口价格指数下降了 5%;进口商品价格指数上升了 10%,而同期该国的出口数量指数则为 130%,该国 2018 年的贸易条件变为

净贸易条件指数=(95%/110%)×100%=86.36%
收入贸易条件指数=(95%/110%)×130%=112.27%

表明该国 2018 年的净贸易条件恶化了,但由于出口量的大幅度上升,收入贸易条件改善了。

要准确反映一国贸易利益的变动状况,还必须考虑生产要素的交换比例,即必须结合出口商品的劳动生产率指数和进口商品的劳动生产率指数来分析贸易条件。要素贸易条件分为单项要素贸易条件和双项要素贸易条件。

(三) 单项要素贸易条件

单项要素贸易条件(Single Factor Terms of Trade,SFTT)是在净贸易条件的基础上,考虑劳动生产率提高或降低后贸易条件的变化。单项要素贸易条件指数=(出口价格指数*出口商品劳动生产率指数)/进口价格指数。

(四) 双项要素贸易条件

双项要素贸易条件(Double Factor Terms of Trade,DFTT)不仅考虑到出口商品劳动生产率的变化,而且考虑到进口商品劳动生产率的变化。双项要素贸易条件指数=(出口价格指数*出口商品劳动生产率指数)/(进口价格指数*进口商品劳动生产率指数)。

例如,假定某国净贸易条件以 2010 年为基期是 100,2018 年时出口价格指数下降了 10%,进口价格指数上升了 5%;同期出口商品劳动生产率提高了 20%,进口商品劳动生产率提高了 15%,试问该国 2018 年的双项要素贸易条件是多少?

单项要素贸易条件指数=(90%/105%)×120%=102.86%
双项要素贸易条件指数=(90%/105%)×(120%/115%)=89.44%

表明该国 2018 年的单项要素贸易条件改善了,但由于进口商品劳动生产率提高 15%,双项要素贸易条件恶化了。

单要素贸易条件主要考虑出口商品的劳动生产率指数,双要素贸易条件则兼顾出口与进口两种商品的劳动生产率指数。这就是说,一国从贸易中获得利益的大小,取决于劳动生产率相对上升或下降的幅度是否超过了价格相对下降或上升的幅度,而不是取决于价格贸易条件本身。许多经济学家,如雅各布·维纳(Jacob Viner)、理查德·鲍德温(Richard Baldwin)、皮特·摩根(Peter Morgan)、戈特弗里德·哈伯勒(Gottfried Haberler)等都将双要素贸易条件视为最重要的贸易条件概念。上述四个贸易条件指标中,以价格贸易条件最为常用。一方面是因为长期以来人们习惯于将贸易条件简单地理解为价格贸易条件;另一方面,也是因为收入贸易条件特别是双项要素贸易条件的数据资料难以获得和相关计算比

较困难。

六、对外贸易商品结构与国际贸易商品结构

(一)对外贸易商品结构

对外贸易商品结构指一定时期内一国进出口贸易中各种商品的构成,即某大类或某种商品进出口贸易占总进出口贸易额的比重。

商品包括货物和服务。对外贸易商品结构包括对外贸易货物结构和对外贸易服务结构。

出口贸易商品结构=某类或者某种商品的出口额/总出口额
进口贸易商品结构=某类或者某种商品的进口额/总进口额
对外贸易商品结构=某类或者某种商品的进出口额/总进出口额

(二)国际贸易商品结构

国际贸易商品结构指一定时期内各大类商品或某种商品在整个国际贸易中的构成,即各大类商品或某种商品贸易额占世界贸易额的比重。

分析案例

2019年外贸开局平稳 中国成全球贸易"稳定器"

一季度,我国外贸实现平稳开局。据中国海关统计,一季度我国外贸进出口总值为7.01万亿元,比去年同期增长3.7%。其中,出口3.77万亿元,增长6.7%;进口3.24万亿元,增长0.3%;贸易顺差为5296.7亿元,扩大75.2%。

3月当月,我国外贸进出口2.46万亿元,增长9.6%,有力拉动一季度外贸整体增速的回升。其中,出口1.34万亿元,大幅增长21.3%,进口1.12万亿元,下降1.8%。

"今年以来,一些国际组织下调了全球经济和国际贸易的增长速度,我国周边主要经济体出口甚至出现了连续数月下降的情况。在此背景下,中国成为全球贸易运行的'稳定器'。"海关总署新闻发言人、统计分析司司长李魁文表示,一季度中国对外贸易稳定增长释放出积极信号,将有助于提振信心,稳定全球贸易。

一、三大因素支撑"平稳开局"

受春节等因素影响,一季度各月进出口出现较大波动,但总体看,一季度我国外贸继续保持平稳态势,外贸质量和效益有所提升。

从贸易方式看,一季度我国一般贸易进出口同比增长6%,贸易占比达59.6%,同比提升了1.3个百分点;从市场主体看,民营企业进出口及贸易占比均有所提升;从区域布局看,中西部和东北进出口增速高于全国整体增速,区域发展更趋协调。

"国内经济'稳',是外贸'稳'的重要支撑。"李魁文表示,今年以来,国内经济延续了总体平稳、稳中有进的发展态势,经济运行保持在合理区间,国内需求、市场预期等多项指标向

好,特别是国家出台的一系列稳外贸、稳外资政策效应的释放,为外贸营造了良好的发展环境。

价格因素也是一季度进出口增长的主要拉动因素之一。据初步测算,一季度我国进口、出口价格总体分别上涨3.5%、4.4%,其中,出口价格对出口增长的贡献度达到了66.3%;部分大宗商品进口价格同比上涨幅度较快,比如天然气、铁矿砂、大豆等进口价格分别上涨28.2%、12.8%、8.8%。

此外,人民币汇率保持总体平稳也有利于外贸的稳定。李魁文表示,今年以来,人民币汇率保持总体平稳,这有利于稳定外贸进出口企业的预期和信心,也有助于促进我国外贸的稳定增长。3月份,我国制造业采购经理指数(PMI)回升至景气区间,表明我国制造业出现回暖。

二、"稳中提质"频现新亮点

一季度,我国外贸在稳步增长的同时,也呈现出众多新亮点,外贸发展"稳中提质"的特征更加明显。

贸易伙伴多元化积极推进。一季度,我国对欧美日等传统市场贸易比重为34.7%,同比回落0.9个百分点。与此同时,我国与其他新兴市场经贸往来更加密切,其中对"一带一路"沿线国家进出口增速高出整体增速4.1个百分点,外贸占比提升1.1个百分点。

"我国与'一带一路'沿线国家的贸易合作潜力正在持续释放,已成为拉动我国外贸发展的新动力。"李魁文说。

进出口商品结构进一步优化。一季度,我国机电产品出口增长了5.4%,其中部分附加值较高的机电产品和装备制造产品出口都保持了良好的增长态势,计算机设备、金属加工机床、汽车出口分别增长10.5%、26.5%和15.1%;进口商品方面,消费品、医疗仪器及器械进口分别增长10.5%、10.8%。

外贸内生增长保持较强活力。一季度,一般贸易进出口对进出口总值增长贡献率达到了94.5%;民营企业进出口增长9.9%,成为拉动我国进出口增长的主要力量,市场主体参与外贸发展的动力更趋强劲。

在回答一季度月度进出口波动较大的提问时,李魁文表示,从历年数据看,一季度各月进出口出现波动是正常现象,主要是春节错位因素造成了不同月份之间进出口增速的差异,"除春节因素外,造成月度数据波动的因素还有经济形势、价格变化等其他方面,把一季度作为整体来分析我国的外贸运行态势,这样更为真实客观"。

资料来源:顾阳.外贸开局平稳 中国成全球贸易"稳定器"[N].经济日报,2019-04-12.

第三节 国际贸易的分类

人们经常会用到一些国际贸易分类方面的知识,正确掌握和理解贸易分类方面的知识是我们对有关国际贸易问题进一步分析研究的基础。

一、按商品的移动方向分类

按商品移动的方向分类,国际贸易可划分为进口贸易、出口贸易及过境贸易。

(1) 进口贸易(Import Trade)指将外国的商品或服务输入本国市场销售。

(2) 出口贸易(Export Trade)指将本国的商品或服务输出到外国市场销售。

(3) 过境贸易(Transit Trade)指甲国的商品经过丙国境内运至乙国市场销售,对丙国而言就是过境贸易。由于过境贸易对国际贸易的阻碍作用,目前,世界贸易组织成员之间互不从事过境贸易。

二、按商品的形态分类

按商品的形态分类,国际贸易可划分为有形贸易和无形贸易。

(1) 有形贸易(Visible Trade)指有实物形态的商品的进出口。如机器、设备、家具等都是有实物形态的商品,这些商品的进出口称为有形贸易。

(2) 无形贸易(Invisible Trade)指没有实物形态的技术和服务的进出口。如专利使用权的转让、旅游、金融保险企业跨国提供服务等都是没有实物形态的商品,其进出口称为无形贸易。

三、按生产国和消费国在贸易中的关系分类

按生产国和消费国在贸易中的关系分类,国际贸易可划分为直接贸易、间接贸易及转口贸易。

(1) 直接贸易(Direct Trade)指商品生产国与商品消费国不通过第三国进行买卖商品的行为。贸易的出口国方面称为直接出口,进口国方面称为直接进口。

(2) 间接贸易(Indirect Trade)和转口贸易(Transit Trade)指商品生产国与商品消费国通过第三国进行买卖商品的行为,间接贸易中的生产国称为间接出口国,消费国称为间接进口国,而第三国则是转口贸易国,第三国所从事的就是转口贸易。例如,伊拉克战争结束后,在伊拉克有一些商机,但是风险也很大。我国的有些企业在向伊拉克出口商品时,大都是先把商品卖给伊拉克的周边国家,再由伊拉克的周边国家转口到伊拉克。

四、按统计标准分类

按照统计标准不同,国际贸易可划分为总贸易体系和专门贸易体系。

(1) 总贸易体系(General Trade System)指以进出国境为标准划分进出口的贸易活动体系。

(2) 专门贸易体系(Special Trade System)指以进出关境为标准划分进出口的贸易活动体系。

总贸易体系和专门贸易体系的主要区别体现在国境和关境统计口径的不同。关境是各

国政府海关管辖内并执行海关各项法令和规章的区域,也称为关税领域,而国境是指一个国家行使全部国界主权的国家空间,包括领陆、领海、领空。关境与国境有三种关系:① 在一般情况下,关境的范围等于国境。② 关境大于国境。如关税同盟的成员国之间货物进出国境不征收关税,只对来自和运往非同盟国的货物在进出共同关境时征收关税,因而对于每个成员国来说,其关境大于国境,如欧盟和东盟。③ 关境小于国境。若在国内设立自由港、自由贸易区等特定区域,由于进出这些特定区域的货物都是免税的,因而该国的关境小于国境。

我国的关境范围是除享有单独关境地位的地区以外的中华人民共和国的全部领域,包括领水、领陆和领空。目前我国的单独关境有香港、澳门和台、澎、金、马单独关税区。在单独关境内,各自实行单独的海关制度。因此,我国关境小于国境。本书所称的"进出境"除特指外均指进出我国关境。

资料链接

着力推进安徽对外贸易高质量发展

党的十九大报告指出,我国经济已由高速增长阶段转向高质量发展阶段。对外贸易高质量发展是经济高质量发展的重要手段和体现,它要求外贸结构更加优化,外贸主体更有活力,贸易更加平衡,竞争更有优势,政策平台更有效率,营商环境更加美好。近年来,安徽对外贸易额增长迅速,结构明显优化,高质量发展态势明显。2018年,安徽进出口总额首次突破600亿美元,高新技术和机电产品出口额分别增长34%、25%。但与此同时,安徽在对外贸易结构、贸易主体、竞争优势、平衡发展等方面还存在需要改进的地方。进一步稳外贸、稳外资,推进对外贸易高质量发展,必须审时度势,从以下几方面着力:

着力优化对外贸易结构。一是优化出口商品结构。推进安徽制造业出口迈向全球价值链的研发和营销环节,鼓励和支持高附加值、高新技术和品牌产品出口,推动全产业链出口和服务外包,促进智能化、集成化大型成套装备出口。二是优化出口市场结构。积极应对中美经贸摩擦影响,改变对外贸易市场集中美国的局面,大力实施市场多元化战略,大力开拓"一带一路"沿线及非洲等新兴市场,积极扩大欧盟、日本等发达国家和地区市场,有效开拓拉美、东南亚、中东欧等新兴市场。

着力培育对外贸易主体。目前安徽备案登记的外贸企业近3万家,有实绩的超过8000家。培育对外贸易主体主要从两个方面入手。一是加强跨国公司培育。2018年,中国企业联合会、中国企业家协会发布"中国100大跨国公司"榜单,其中安徽有3家,除安徽中鼎控股跨国指数较高(达49.73%)以外,铜陵有色、安徽海螺跨国指数还不是太高,分别为10.24%、4.44%。跨国公司具有战略性资产、技术、品牌、内部化等优势,往往是产业集群的核心企业,能够带动多家关联中小企业发展。安徽要从企业供给侧改革、国有企业改革、国际化配套政策、出口优惠政策等方面,精准帮扶,促进企业国际化成长。二是培育外贸骨干企业。要支持外贸骨干企业主动顺应新时代外贸高质量发展的要求,优化贸易结构,提升产品科技含量,培育出口品牌,优化国际营销渠道。

着力培育对外贸易竞争优势。一是培育综合竞争优势。鼓励企业以国际市场需求为导向开展技术创新、技术标准、品牌培育、质量提升和服务升级,由成本、价格优势为主向以技术、标准、品牌、质量、服务为核心的综合竞争优势转变。二是培育核心能力优势。要根据企业发展战略需要,以核心技术体系为基础,切实培育专精特新外贸企业,实行以核心能力为基础的相关多元化,在产业链的某一点海外横向扩张。三是培育跨境电商优势。合肥跨境电商综合试验区建设尚处起步阶段,跨境电商直邮和跨境电商保税有待突破。要在制度建设、试验区平台建设、服务集成等领域开拓创新,逐步实现跨境电商信息流、资金流、货物流的"三流合一"。促进"互联网+外贸+安徽制造",积极探索安徽特色的跨境电商发展模式,重构企业的生产链、贸易链和价值链。

着力促进对外贸易平衡发展。2018年7月,国务院办公厅转发商务部等部门《关于扩大进口促进对外贸易平衡发展的意见》,旨在促进贸易平衡。安徽要在稳定出口份额的基础上,充分发挥进口对经济发展的促进作用。一是有选择性地扩大进口。支持人民生活急需的医药、康复设备、护理设备进口,促进与安徽主导产业配套的研发设计、建筑设计、节能环保、生态环境等生产性服务进口,支持安徽产业转型升级需要的技术、生产线、制造设备及关键零部件进口,鼓励有需求的铜铁矿砂、铅锌矿等资源性产品进口,增加能够提升农业竞争力的农资、农机等产品进口。二是创新进口贸易方式。加快推进跨境电子商务,发展跨境电商和新零售结合的新业态,争取汽车平行进口试点,健全外资与先进技术、高端装备进口的相互促进机制。

着力推进对外贸易平台建设。一是发挥出口加工区、综合保税区等海关特殊监管区政策优势。安徽现有芜湖、合肥国家级出口加工区,合肥、芜湖、马鞍山综合保税区,要充分发挥这些国家级对外贸易平台的作用。同时加强全省海关特殊监管区域基础设施建设,加快区域功能拓展和产业转型升级,促进加工贸易创新发展,培育外贸新业态新模式,持续扩大进出口规模。二是发挥自由贸易试验区改革试点经验和境外经贸合作区的作用。安徽要加快复制推广自由贸易试验区试点经验,同时积极申请建立中国(安徽)自由贸易试验区。安徽省境外经贸合作区有省外经建设的莫桑比克贝拉经贸合作区、省农垦津巴布韦经贸合作区和奇瑞巴西工业园。当前要加快推进合作区转型升级,把合作区建设成为安徽国际产能合作的公共服务平台和中小企业抱团"走出去"的海外发展平台。

着力优化外贸营商环境。一是加强工贸合作机制建设。推进品牌工业企业通过广交会、境外展会拓展国际市场,推动传统企业"内兼外、无转有、小升规",加强出口产业集群培育。二是改善贸易便利化条件。在运输、通关、检验、监管等方面出台优惠政策,帮助外贸企业提升效率和降低成本。积极推进长三角口岸城市群大通关合作,推广中国(安徽)国际贸易单一窗口标准版应用,实施外贸企业出口退税"最多跑一趟"服务。进一步推动外贸"放管服"改革,为外贸企业提供更为高效、便捷、优质的服务。

资料来源:冯德连.着力推进安徽对外贸易高质量发展[N].安徽日报,2019-01-29(6).

第一章 导 论

◆ **本章小结**

国际贸易学是经济学的一个分支,是专门研究国际间商品交换关系和商品运动规律的一门学科。它从研究商品、服务包括生产要素在国际间流动的原因、动向及其流动的结果入手,揭示国际贸易在产生、发展和贸易利益的分配过程中的特点与一般规律。国际贸易研究的主要内容有以下几个方面:一是各个社会历史发展阶段,特别是资本主义阶段国际商品运动的一般规律;二是国际贸易理论;三是贸易政策与措施;四是世界贸易组织及区域经济一体化。

国际贸易的主要分析工具是经济学中的微观经济分析方法。为了更好地阐明各种经济关系,国际贸易分析借助了许多数学工具,如一般均衡分析、局部均衡分析、生产可能性曲线、社会无差异曲线、供给曲线、需求曲线等。国际贸易的分析工具亦包括马克思主义哲学即历史唯物主义和辩证唯物主义的观点、方法。

国际贸易具有难度大、风险多的特点。

国际贸易的若干基本概念有:贸易额与贸易量、贸易差额、对外贸易地理方向与国际贸易地理方向、对外贸易依存度、贸易条件、对外贸易商品结构与国际贸易商品结构。

国际贸易的分类有:按商品移动的方向不同,国际贸易可划分为进口贸易、出口贸易及过境贸易;按商品的形态不同,国际贸易可划分为有形贸易和无形贸易;按生产国和消费国在贸易中的关系不同,国际贸易可分为直接贸易、间接贸易及转口贸易;按照统计标准不同,可划分为总贸易体系和专门贸易体系。

◆ **关键词**

国际贸易　对外贸易依存度　贸易条件　对外贸易商品结构

◆ **思考题**

1. 国际贸易的特点是什么?
2. 什么是对外贸易依存度?它要说明什么问题?
3. 什么是经济开放度?
4. 国际贸易既研究各个社会历史发展阶段的一般规律,也研究各国对外贸易发展的特殊规律,请结合中国对外贸易发展过程,阐述中国对外贸易发展的特殊规律。
5. 对外贸易促进经济增长理论有哪些?
6. 美国一些人挑起对华经贸摩擦,最直接的一条理由,就是认为美国在中美经贸关系中"吃了亏",请分析美国在中美经贸关系中真的"吃了亏"吗?
7. 海外舆论认为,中共十九大是一次"站在世界地图前"谋划维护世界和平与促进共同发展的"全球性"大会,中国为面临诸多挑战的当今世界"提供了一把钥匙",给出了"人类向何处去"的中国答案,为完善全球治理体系贡献了中国智慧。请谈谈"中国智慧"具体指什么。
8. 什么是国际贸易引力模型?
9. 什么是国际贸易竞争力指数?
10. 什么是贸易立国?

◆ 计算题

1. 2018年中国GDP为13.6万亿美元,进出口总额为4.62万亿美元,求中国2018年外贸依存度?统计表明,从1980年到2001年,美国、日本、印度、德国的外贸依存度大体稳定在14%～20%的范围内。同一时期,中国外贸总额却连创新高,外贸依存度从15%一路蹿升,2003年更高达60.2%,远远高于上述发达大国和发展中大国的水平。2012年中国外贸依存度是45.2%,请根据2018年外贸依存度的计算结果,分析在中美贸易摩擦的背景下,我国外贸依存度的未来走势?

2. 假定某国净贸易条件以2000年为基期是100,2019年出口价格指数下降20%,进口价格指数上升10%;同期出口商品劳动生产率提高30%,进口商品劳动生产率下降15%,试求该国2019年的双项因素贸易条件是多少?变化的原因是什么?

思考案例

丝绸之路精神的当代传承

丝绸之路是横贯亚欧大陆的商贸通道,东、西方的各种物产通过这条大通道进行交换;贸易又带动了沿线各地经济的兴旺和发展,使之成为东西方物产、技术及文化交流的繁荣经济带。历史上,丝绸之路为何能兴盛进而推动人类文明进步?关键是蕴含其中的丝绸之路精神。在和平、发展、合作、共赢成为潮流的新时代,我国倡导推进"一带一路"建设,是传承和弘扬丝绸之路精神的创举,对推动人类经济发展和文明进步具有独特价值和意义。

互通有无、互利互惠精神。丝绸之路这一亚欧大通道绵延数万里,丝绸之路经济带沿线的国家、地区和民族通过公平贸易达到经济上互补互利的目的。一些游牧民族用马、牛交换中原绢帛的绢马交易、交换中原茶叶的茶马互市,就是这条经济带上互通有无、互补互利的活动。尤其是丝绸贸易带动了沿线许多行业的兴盛和发展。比如,位于这条经济带上的新疆喀什,西汉初只有1510户,由于处在丝绸之路南北两线会合点上,开设有经营丝绸等的"市列",至东汉末发展到2.1万户。互通有无的贸易使各国在经济上达到了互利互惠的目的,远胜于使用战争手段掠夺别国财物的野蛮发展方式。丝绸之路沿线各国都愿意选择互利互惠的公平贸易来发展自身,这是丝绸之路经济带得以长期繁荣的原因,也是对暴力野蛮发展方式的摒弃。古代丝绸之路是一条互通有无、互利互惠之路,今天我们推进"一带一路"建设依然传承着这一精神。

平等相待、相互尊重精神。汉代以后,西方与中亚各个国家和民族往返于中国的君王、使臣和商旅队伍在丝绸之路上络绎不绝,他们带来当地的土特产、奇珍异物和友好亲善,带走绢帛丝绸等和中国的深情厚谊。这充分体现了平等相待、相互尊重的精神。正是凭借这种精神,各个国家和民族求同存异、共同发展,加强了友好关系。中国历代王朝对丝绸之路沿线一些国家和民族的"和亲"政策,更加密切了彼此之间的平等亲情关系。各国平等相待、相互尊重,是丝绸之路沿线各国所期待的国家关系。在这种和睦关系感召下,各国都愿意为维护丝绸之路经济带的繁荣做出贡献。这种平等相待、相互尊重远胜于历史上一些大国恃强凌弱甚至以殖民方式称霸世界的发展模式。古代丝绸之路是这样一条和平友谊之路,今天的"一带一路"显然也是这样的道路。

文明交流、彼此认同精神。丝绸之路不仅是一条物产交换之路,也是一条科技和文化交流之路。约在公元6世纪,中国的种桑养蚕缫丝工艺开始传入西方,公元8世纪,中国的造纸术传入西方,其后是火药、罗盘针、印刷术相继通过丝绸之路传播到西方。此外,中国儒家文化中的礼、义、诚、信等思想和经济生活中的契约文化等,也影响到丝绸之路沿线的一些国家和民族。印度的佛教由中亚通过丝绸之路传到中国,并在沿线留下了库车克孜尔千佛洞、敦煌莫高窟、天水麦积山等众多佛教石窟。罗马的景教(基督教分支)、波斯的摩尼教等在唐代传到中国。对外来的宗教及文化,中国采取兼收并蓄的包容态度,择善而从,最终将其融入中华文化,成为中华文化的一部分。由此可见,古代丝绸之路是东西方文明相互交流、彼此认同的吸收之路。今天的"一带一路"也不仅仅是一条经济交往之路,还是一条文明交流之路。

问题:丝绸之路精神指什么?

资料来源:陈国灿.丝绸之路精神的当代传承[N].人民日报,2016-01-14(7).

应用训练

国际分工陷阱

1. 2018年部分国家的对外贸易额和GDP见表1-1,试比较分析这些国家的对外贸易依存度。

表1-1　2018年部分国家的对外贸易额和GDP　　　单位:万亿美元

国家	进出口额	进口额	出口额	GDP
中国	4.62	2.13	2.48	13.45
美国	4.27	2.61	1.66	20.51
德国	2.84	1.28	1.56	3.93
日本	1.48	0.75	0.73	5.06
荷兰	1.36	0.64	0.72	0.91
法国	1.25	0.67	0.58	2.76
英国	1.16	0.67	0.49	2.66
韩国	1.14	0.53	0.61	1.65
意大利	1.04	0.50	0.54	2.05
墨西哥	0.92	0.47	0.45	1.19

2. 依据上一年中国省、直辖市、自治区的对外贸易额和GDP的数据,试比较分析这些地区的对外贸易依存度。

3. 世界面临百年未有之大变局,国际关系之深度调整激起一些迷雾在所难免。当前,透过中美经贸摩擦,很多人在思考大国相处之道,谈论中美关系陷入"修昔底德陷阱"的声音也随之多起来。请查找资料关于"修昔底德陷阱"的相关资料。请谈谈中美关系发展中是否存在"修昔底德陷阱"。

4. 什么是跨境电商?谈谈中国跨境电商的发展。

第二章 国际贸易的产生与发展

本章结构图

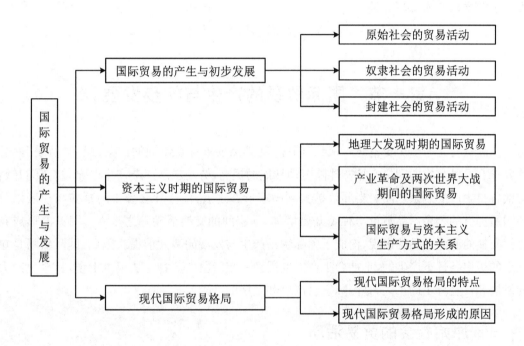

学习目标

了解不同历史时期国际贸易的产生与发展情况,理解原始社会、奴隶社会及封建社会时期贸易活动的特点;理解资本主义生产方式下国际贸易取得快速发展的原因,掌握国际贸易与资本主义生产方式之间的关系;掌握当代国际贸易格局的基本特点,了解国际贸易格局形成原因。

导入案例

50年前的一次航运巨变

全球化正在经历第50个年头。正是在50年前,莫尔康·麦克莱恩,这位来自北卡罗来纳州的企业家,用一艘装载了58只10.6米的集装箱的轮船从纽约驶往休斯敦。他不是认为用集装箱运输可以提高运输效率的唯一的人,但他是设计这种运输系统(即把货物包装在巨大的金属盒里并可以用起重机进行装卸的系统)的第一人。

集装箱运输最终取代了传统的散货运输,即把货物分装成一箱箱、一桶桶和一袋袋,再把它们松散地装载到船舱里。这种运输系统自腓尼基人时代以来就一直在使用。用货物集装箱运输取代散货运输极大地降低了运输成本,使市场得以复兴,推动了世界经济的增长。

"集装箱化革新了全球制造品贸易,就如同喷气式飞机改变了我们的旅行方式以及因特网改变了我们的沟通方式。"被誉为运输业圣经的《商业杂志》的编辑约瑟夫·邦尼说道,"如果没有集装箱运输提供的高效率运输,过去20年的亚洲经济奇迹就不可能发生。"

从历史上看,虽然对外贸易产生于人类社会发展的初期,但是它的迅速发展却是在资本主义生产方式确立之后。

资料来源:Feenstra. 国际贸易[M]. 北京:中国人民大学出版社,2012.

第一节 国际贸易的产生与初步发展

国际贸易是一个历史范畴。谈到"国际"就必然要求存在不同的国家;谈到"贸易"就必然要求有可供交换的剩余产品。伴随劳动技能的提高,劳动产品逐渐产生剩余,部落间开始交换各自生产的剩余产品。当部落扩大到国家形态之后,由于社会分工的延伸与扩展以及各国所拥有的剩余产品数量与种类开始增加,国家间的交换活动随之产生。国家的形成和可供交换的剩余产品的出现,构成了国际贸易产生与发展的两大前提。因此,国际贸易是在一定的历史条件下产生的,是社会生产力发展到一定阶段的产物。从根本上说,社会生产力的发展和社会分工的扩大,是国际贸易产生和发展的基础。

一、原始社会的贸易活动

原始社会初期,人类社会的生产力水平极度低下,人类通过狩猎获得的劳动成果仅能维持群体最基本的生存需要,氏族或部落之间基本没有能够进行交换的物品,没有私有制,也没有阶级和国家。当时,人类处于自然分工状态,即按照性别和年龄进行分工,依靠集体劳动获取有限的生产资料,再按照平均分配的方式在成员之间进行分配。由于没有剩余价值产品和私有制,没有阶级和国家,因此这一阶段不存在交换行为,也就不存在国际贸易。

随着人类社会的发展,人类历史上依次出现了原始畜牧业和原始农业、原始农业和手工业,以及生产劳动和商业劳动的分离,即三次社会大分工。三次社会分工促进了氏族或部落以及后来形成的国家之间的商品交换,促使国际贸易产生的必要前提逐步得以满足。

第一次大分工促使畜牧业与农业分离,原始社会生产力得到一定发展。在这一阶段,除满足自身群体的需要外,不少氏族或部落开始拥有少量的物品剩余,用这些剩余物品进行物物交换的活动开始在氏族或部落之间出现。这次分工推动了原始社会生产力的发展,产生了剩余产品,氏族公社的部落之间出现了偶然性的交换。虽然这种交换还是极其原始并偶然发生的物物交换,但已经形成了对外贸易的基本雏形。

第二次大分工促使手工业从农业中分离出来,手工业的出现,促使了直接以交换为目的的商品生产的产生。在这一阶段,商品生产的目的已从满足自身群体需要,转变为专门满足别人的需要,这也促使商品交换逐渐成为一种经常性的活动。商品生产不仅进一步推动了社会生产力的进步,而且使交换变得更加频繁,交换活动涉及的地域范围也不断扩大,最终导致了货币的产生,从而产品之间的交换逐渐演变成以货币为媒介的商品流通。

第三次大分工则出现了专门从事贸易的商人阶层。商人的出现使远距离交换甚至海外交换成为了可能,更加促进了商品交换的日益频繁和交换地域范围的不断扩大,进一步促使商品生产和流通更加广泛并加强。当原始社会末期阶级和国家相继形成后,商品流通开始超越国界,于是产生了对外贸易。

由此可见,三次社会大分工提高了社会生产力,使产品出现更多剩余,交换的频率从偶然变为经常,且出现了以交换为目的的商品生产。经历三次社会大分工之后,在生产力不断进步的基础上形成了财产私有制,原始社会也开始向奴隶社会过渡。伴随原始社会末期阶级和国家的形成,产生国际贸易的条件已满足。商品交换一旦超出国家界限,国际贸易就出现了。

二、奴隶社会的贸易活动

奴隶社会是指奴隶主占有生产资料并以奴隶为基础的社会。在这种社会中,占统治地位的是自然经济,商品生产在整个社会生产中的地位微不足道,其生产的目的也主要是为了消费,而不是交换。生产技术的落后以及交通工具的简陋,直接制约了对外贸易活动的范围。

奴隶社会最早出现在东方各国,如埃及、中国、巴比伦,但欧洲的希腊、罗马等古代奴隶制最具典型。在奴隶社会中,奴隶主是生产资料的占有者,也是社会统治者,奴隶主拥有财富多少的重要标志是其占有多少奴隶。在这种阶级制度下,对外贸易必然要满足为奴隶主阶级服务的要求,从而贸易商品主要是奴隶以及奴隶主阶级所追求的奢侈品,如宝石、装饰品、各种织物、香料、粮食、酒等。雅典是奴隶贩卖活动的集中地。在公元前2000年左右,由于水上交通便利,地中海沿岸的奴隶制国家间开始了对外贸易活动。这一时期从事国际贸易的国家主要有腓尼基、希腊和罗马。这些国家分布在地中海东部和黑海沿岸地区,使地中海成为了当时的国际贸易中心。我国在夏商时代进入奴隶社会,贸易活动集中在黄河流域。

在奴隶社会,欧洲商业中心地区的手工业已经有了较大发展,分工也日益细化,手工业产品,如玻璃器皿、染色纺织品和金属用品等,已销往北非、西欧、中欧以及东方各国。虽然在奴隶社会对外贸易产生了相对较大的发展,促进了手工业发展及社会进步,但总体来看,奴隶社会时期的国际贸易活动所占比重较小,在各国社会经济活动中处于次要地位。由于奴隶社会中自然经济是占统治地位,生产的直接目的为消费,进入流通领域的商品是少数,再加之技术水平落后、交通工具简陋以及地理知识匮乏,早期各个国家的贸易范围受到限制。但对手工业的发展,起到了一定的推动作用。

三、封建社会的贸易活动

与奴隶社会相比,封建社会的国际贸易活动有了较大发展。促进封建社会国际贸易发展的重要因素有商品经济的发展、城市的兴起、手工业的快速发展、资本主义因素的萌芽及区域性市场的形成等。

在封建社会早期,封建地租采取劳役和实物的形式,进入流通领域的商品并不多。到了中期,随着商品生产的发展,封建地租转变为货币地租的形式,商品经济得到发展。在封建社会晚期,随着城市手工业的发展,资本主义因素已开始萌芽,商品经济和对外贸易都有较快的发展。

在封建社会,封建地主阶级成为生产资料的占有者,在社会中占统治地位,对外贸易为封建地主阶级服务。与奴隶社会相比,封建社会贸易商品结构、地域分工、交易市场及活动区域范围等均发生了明显变化。

(1)从贸易商品结构考察,奴隶贸易退出了历史舞台,贸易商品主要是供君主、教会、封建地主和部分富裕的城市居民享用的奢侈品,以及日用手工业品和食品,如棉织品、地毯、瓷器、谷物和酒等。奢侈品仍然是贸易中的主要商品,西方国家以呢绒、酒、装饰品等来换取东方国家的丝绸、香料和珠宝。

(2)从地域分工考察,该时期已经形成了欧洲与亚洲、欧洲与非洲以及欧洲内部各国之间的地域分工。与之相适应,各国间形成了以地中海和波罗的海为中心,连接欧、亚、非三大洲各个区域的市场网络。

(3)从商品的交易市场和贸易组织考察,该时期已出现了固定的交易场所和有组织的贸易行为。12世纪至13世纪,具有全欧意义的香槟集市是当时最大的国际集市,东方的香料和奢侈品、佛兰德尔的呢绒、法国的葡萄酒和家畜、德国的金属制品、英国的羊毛、北欧的毛皮等在集市上都有出售。14世纪中叶,以德意志北部各城市为主,联合近百个北欧城市形成的带有政治色彩的贸易联盟——汉萨同盟成立。汉萨同盟是欧洲中世纪最为著名的区域经济一体化组织,垄断了波罗的海地区贸易,并在西起伦敦、东至诺夫哥罗德的沿海地区建立起商站。

(4)从国际贸易的活动区域考察,封建社会的国际贸易区域范围明显扩大。一方面,欧洲仍然是贸易活动的活跃地和集中地。封建社会的早期阶段,国际贸易主要集中在地中海东部。在东罗马帝国时期,君士坦丁堡是当时最大的国际贸易中心。7世纪至8世纪,阿拉伯人控制了地中海的贸易,通过贩运非洲的象牙,亚洲的丝绸、香料和宝石,成为欧、亚、非三大洲的贸易中间商。11世纪以后,随着意大利北部和波罗的海沿岸城市的兴起,国际贸易的范围逐步扩大到整个地中海以及北海、波罗的海和黑海的沿岸地区。当时,南欧的贸易中心是意大利的一些城市,如威尼斯、热那亚等,北欧的贸易中心是汉萨同盟的一些城市,如汉堡、吕贝克等。此后,城市手工业发展起来,意大利北部城市佛罗伦萨成为当时毛纺织业的中心,它从英国和西班牙进口羊毛,从荷兰进口粗制呢绒,进行加工后输往东方各国。到14世纪至15世纪,地中海沿岸某些城市,资本主义生产方式开始萌芽。另一方面,亚洲各国的贸易活动兴起,由近海逐渐扩展到远洋。当时参与贸易的商品主要是一般消费品和供封建主消费的奢侈品。

对同时期中国的对外贸易活动进行考察,丝绸之路是联系中国与欧亚各国的主要通道,中国与地中海、波罗的海、北海和黑海沿岸各国之间均有贸易往来。早在公元前2世纪的西汉时期,中国就开辟了从长安经中亚通往西亚和欧洲的陆路商路——丝绸之路,把中国的丝绸、茶叶等商品输往西方各国,换回良马、种子、药材和饰品等。到了唐朝,除了陆路贸易外,还开辟了通往波斯湾以及朝鲜和日本等地的海上贸易。在宋、元时期,由于造船技术的进步,海上贸易进一步发展。在明朝永乐年间,郑和曾率领商船队七次下西洋,经东南亚、印度洋到达非洲东岸,先后访问了三十多个国家,用中国的丝绸、瓷器、茶叶、铜铁器等与所到国家进行贸易,换回各国的香料、珠宝、象牙和药材等。

综上所述,在人类社会发展的早期阶段,国际贸易是为剥削阶级利益服务的工具。随着社会生产力的提高以及社会分工和商品生产的发展,国际贸易活动的规模有所扩大,但始终受到生产方式和交通条件的限制,贸易活动不是社会经济的主要内容,商品生产和流通的主要目的仍只是满足剥削阶级奢侈生活的需要。从商品结构和区域考察,国际贸易主要局限于欧洲之内和欧亚大陆之间,贸易的范围和商品种类都有很大的局限性。国际分工和世界市场均未形成,各国或各地区间的贸易活动无论是商品种类、数量还是贸易范围都远未达到现代意义上的国际贸易水平。

第二节 资本主义时期的国际贸易

资料链接

欧洲商业革命

16世纪在欧洲商业上发生的重大变革,主要表现为:欧洲资本的流通范围和海外贸易的地域急剧扩大,进出口商品的种类、数量和贸易额迅速增加,并由此导致了商业的性质和经营方式的改变。欧洲的商业革命是由地理大发现所引起的。新航路和新大陆的发现,不仅开辟了东西方贸易的新通道,还使得欧洲商人的贸易活动从早先的地中海地区扩展到世界各地。一些从未在欧洲出现过的海外商品,如烟草、可可、咖啡和茶叶等,开始进入欧洲市场,并且很快成为对外贸易的主要商品。过去欧洲人较少食用的稻米、白糖等,销售量也连年增长。至于原来就已经畅销于欧洲国家的东方香料(胡椒、丁香、肉桂、豆蔻等),在地理大发现之后销售量增长的幅度更大,如胡椒的年平均进口量就由210吨增加到7000吨之多。

欧洲与海外贸易往来的扩大,商品种类和数量的增加,使得商业经营日趋大众化。市场上日常用品逐渐代替了原来高级奢侈品的重要地位,过去专为封建贵族服务的进口贸易,也开始转向广大居民的一般消费。国内外贸易的迅速发展,还促使商人纷纷组织起新型的贸易公司。在地理大发现之后,商业活动已经远及世界各地。商业革命促进了劳动的世界分工和国际贸易的扩大,使欧洲商业资产阶级积累了巨额货币资本,从而推动了欧洲国家工场手工业的发展。

资料来源:金圣荣.贸易战:全球贸易进化史[M].北京:电子工业出版社,2010.

14世纪至15世纪,西欧资本主义生产关系开始萌芽,意大利北部的威尼斯、热那亚、佛罗伦萨等城市以及波罗的海和北海沿岸的汉萨同盟诸城市成为欧洲的贸易中心。15世纪末16世纪初,随着资本主义生产关系的发展、地理的大发现以及海外殖民地的开拓,对外贸易的范围不断扩大,逐渐形成了区域性的国际商品市场。18世纪60年代到19世纪60年代,以蒸汽机为代表的科学技术获得了惊人的发展。英国及其他欧洲先进国家和美国,相继完成了产业革命。资本主义生产从工厂手工业过渡到机器大工业,并形成了一种与机器大工业相适宜的国际分工体系。再加上大工业提供了现代化的交通、通信工具,从而把世界联结成一个整体,形成世界市场,极大地促进了国际贸易的发展。随着国际贸易和国外投资的发展,逐步形成了适应资本主义生产方式的国际货币体系,最后形成了资本主义经济体系和相应的经济秩序,这些为国际贸易的发展奠定了基础。在资本主义生产方式确立起来之后,贸易规模、商品种类和地理范围空前增加,国际贸易在各国经济中的作用不断加大,地位大大增强。

一、地理大发现时期的国际贸易

地理大发现是15世纪至18世纪(又称大航海时代)欧洲航海者开辟新航路和发现新大陆的通称,它是地理学发展史中的重大事件。欧洲的船队出现在世界各地的海洋上,寻找新的贸易路线和贸易伙伴,为欧洲资本主义的早期发展提供给养。伴随新航线的开辟,东西方之间的贸易交流日渐加深,殖民及自由贸易开始出现,欧洲也涌现出了巴托洛米奥·迪亚士、克里斯托弗·哥伦布、达·伽马、费迪南德·麦哲伦等一批著名的航海家。地理大发现时期国际贸易活动的特点表现为以下几点:

(一)贸易的主体是葡萄牙和西班牙

葡萄牙和西班牙是当时欧洲最强盛的封建中央集权制国家,地理位置较为优越,地理大发现的三个重要历史事件均由葡萄牙人和西班牙人完成。

1. 新航路的发现

1487年至1488年,葡萄牙人巴托洛米奥·迪亚士到达非洲南端好望角,此举成为探索新航路的重要突破。1497年7月8日,葡萄牙贵族达·伽马从里斯本出发,绕过好望角,横跨印度洋,于1498年5月20日到达印度西海岸的卡里库特,次年载满香料、丝绸、宝石、象牙等返回里斯本。这次航行是人类首次绕非洲航行到达印度,被称为新航路的发现。

2. 新大陆的发现

1492年8月3日,意大利人哥伦布奉西班牙国王之命,从塞维利亚出发,西行横渡大西洋,同年11月12日到达巴哈马群岛的圣萨尔瓦多岛(华特林岛),之后陆续到达古巴和海地岛,于1493年3月回到塞维利亚。以后又三次向西航行陆续抵达西印度群岛、中美洲和南美大陆的一些地区,掠夺了大量黄金与白银后返回西班牙。因哥伦布发现了新大陆——美洲,该事件被称为新大陆的发现。

3. 第一次环球航行

1519年9月20日,葡萄牙航海家费迪南德·麦哲伦奉西班牙国王之命,从塞维利亚出发,横渡大西洋,沿巴西东海岸南下,绕过南美洲南端与火地岛之间的海峡(后来被称为麦哲伦海峡)进入太平洋,于1521年3月到达菲律宾群岛,麦哲伦死于此地。其后,麦哲伦的同伴继续航行,最终到达东印度群岛(香料群岛,今马鲁古群岛)中的哈马黑拉岛。后来满载香料穿过印度洋,绕过好望角,沿非洲西海岸北行,于1522年9月7日返回西班牙,完成了人类历史上第一次环球航行。

地理大发现将各大洲独自发展的国家联系起来,使得国家之间的贸易具有了"世界"的概念。

(二)对外贸易的方式是殖民掠夺

地理大发现及随后的殖民扩张推动了洲际贸易发展,初步形成了以西欧为中心的世界市场。在16世纪至18世纪,从世界各地运回欧洲的黄金达200吨,白银12000吨,其中大部分在欧洲转化为货币资本。欧洲殖民主义者在16世纪至18世纪先后发动了一系列商业战争,占领旧世界,征服新市场,扩大殖民经济。非洲和拉丁美洲广大地区都被卷入到了世界市场中,既成为资本主义国家的商品销售市场,又成为它们的原料产地。从提供劳动力来说,资本主义国家在初期都以不同方式从直接生产者(农民)手中夺去生产资料——土地,把农民变为除出卖劳动力以外一无所有的"自由"工人。这种剥夺过程往往同对外贸易的发展有一定的关系。例如,英国在15世纪前后所发生的"圈地运动",耕地被改建成牧场,用以生产羊毛,其重要原因就是羊毛与毛织品是当时英国的主要出口商品,在国外销售旺盛,价格上涨,生产羊毛比生产粮食可取得更大的利润。另外,对外贸易的发展促进了商品经济与货币交换的发展,使其他小生产者(如手工业者)发生两极分化。他们中的一部分日渐破产,被迫成为劳动力的出卖者,这也为工业资产阶级提供了劳动力。

二、产业革命及两次世界大战期间的国际贸易

(一)第一次产业革命后(18世纪中期至19世纪中期)

第一次产业革命以蒸汽机的发明和使用为主要标志,建立起了纺织、冶金、煤炭三大支柱产业,特别是蒸汽机在火车和轮船上的应用促进了交通运输工具的改革,相对缩短了国家间的距离,使更多的国家和商品进入了国际贸易的领域。第一次产业革命主要发生在英国。

该时期的国际贸易的特点是：① 通过殖民掠夺完成了资本的原始积累；② 海外市场的不断扩张刺激了欧洲工业的发展。该时期的国际贸易的发展呈现以下特点：

（1）国际贸易总量实现了快速增长。由表2-1可知，18世纪初期至19世纪中后期的国际贸易平均年增长率与之前的相比明显提高。

表2-1　1705～1870年间世界工业生产及国际贸易的平均年增长率

时间段（年）	世界工业生产平均年增长率	国际贸易平均年增长率
1705～1785	1.5%	1.10%
1780～1820	2.6%	1.37%
1820～1840	2.9%	2.81%
1840～1860	3.5%	4.84%
1860～1870	2.9%	5.53%

资料来源：Rostow W W. The World Economy：History and Prospect[M]. Austin：University of Texas Press，1978.

（2）商品结构发生重大变化。18世纪末之前交易的商品主要以香料、茶叶、丝绸、咖啡等为主，发展到资本主义时期，上述商品的交易的绝对量虽然仍在扩张，但其在各国贸易结构中的比重却呈现下降趋势，各种工业制成品贸易所占比重开始上升，尤其纺织品、钢铁、机器等商品贸易量的增长速度最快。同时，粮食、煤炭等初级产品成为主要贸易商品。主要表现在：殖民地种植园生产的大宗产品，如蔗糖、咖啡、茶叶等，成为主要产品；棉纺织品成为19世纪国际贸易中的主要商品；机器设备产品在国际贸易中所占比重逐渐提高；农产品贸易大量增加。

（3）国际贸易地区分布发生变化。英国是国际贸易的中心，到19世纪中期，美、德等国家的经济相继获得快速发展，开始与英国在国际贸易中展开竞争。过去占垄断地位的特权的外贸公司逐步让位于在法律上负有责任的股份公司，外贸经营组织也趋于专业化，出现了金融、保险及贸易运输服务机构。各国以贸易为联系纽带，订立贸易条约或协定，双方开展互惠贸易。

（二）第二次产业革命后（19世纪中期至第一次世界大战前）

第二次产业革命以电力发明和应用为主要标志。这次产业革命主要发生在美国和德国。到1914年，欧洲、北美国家及日本、澳大利亚都先后完成了产业革命，实现了农业自然经济向资本主义工业经济的转变，并通过国际贸易将资本主义生产方式在全世界范围展开。该时期的国际贸易呈现以下特点：

（1）国际贸易总量继续扩张，但增长速度减缓。由表2-2可知，1870年至1913年的国际贸易平均年增长率超过了3%，但与18世纪中期至19世纪中期的相比，增长速度减缓。

表 2-2　1870～1913 年间世界工业生产及国际贸易的平均年增长率

时间段(年)	世界工业生产平均年增长率	国际贸易年增长率
1870～1900	3.7%	3.24%
1900～1913	4.2%	3.75%

资料来源:张玮.国际贸易[M].北京:高等教育出版社,2006.

(2) 国际贸易商品结构发生了变化。初级产品中,矿产原料的比例快速上升,食品和农业原料的比例下降。制成品中纺织品比例下降,金属产品的比例上升。机械纺织品特别是棉纺织品取代了印度、中国等传统的手工纺织品,成为欧洲重要的大宗出口产品。大宗工业原料成为殖民地和半殖民地国家的主要出口产品。产业革命使欧洲各国农产品的相对成本和价格大大提高,而美国、加拿大和澳大利亚的大规模农业生产又促使这些国家生产成本大大降低,导致农产品特别是谷物贸易大大增加。

(3) 国际贸易地区分布再次发生变化。经过产业革命,整个世界形成一个以欧洲、北美国家生产和出口制成品,其他国家生产和出口初级产品并进口欧美国家制成品的国际分工和贸易格局。国际贸易的基础已不仅是各国禀赋的差异,各国生产技术不同导致的成本差异成为决定贸易模式的重要因素。尽管英国在国际贸易中仍占第一的位置,但其贸易比例逐渐下降。1870 年,英国在世界出口中所占的比例为 22%,1880 年为 16.3%,1913 年为 13.1%。但欧洲作为一个整体仍然是国际贸易的中心。

(三) 两次世界大战期间(1914 年至 1945 年)

该时期的国际贸易呈现以下特点:

(1) 贸易规模不断萎缩。两次世界大战期间,国际政治经济形势发生了很大的变化:1929 年至 1933 年出现的世界性的经济危机,对整个世界经济的发展有很大的不利影响。1914 年至 1938 年间的世界贸易量年均增长率仅为 0.7%,世界贸易额减少 32%,甚至某些年份的国际贸易发展进程出现了停滞(表 2-3)。战争的破坏性直接影响了世界经济的发展,世界生产和贸易衰退,呈现一片萧条景象。世界各国纷纷实行贸易保护政策,进一步阻碍并限制了国际贸易的发展。

表 2-3　两次世界大战期间的世界工业生产及国际贸易的平均年增长率

时间段(年)	世界工业生产平均年增长率	国际贸易平均年增长率
1913～1929	2.7%	0.72%
1929～1938	2.0%	−1.15%
1938～1948	4.1%	0.00%

资料来源:Rostow W W. The World Economy: History and Prospect[M]. Austin: University of Texas Press, 1978.

(2) 贸易结构及地理分布的变化。制成品中机械产品和武器产品所占的比例迅速增加,初级产品中,矿物产品和石油所占的比例迅速上升。从国际贸易地理分布上看,美国地位迅速提升,欧洲地位逐渐下降。垄断组织的出现不仅控制了国内市场,同时通过价格机制瓜分世界市场以及原料产地。垄断形式更加加剧了世界竞争,通过输出过剩资本追求垄断利润,一方面加强对殖民地控制,迫使殖民地成为商品输出地和原料供应地;另一方面成为了排挤竞争对手、确立市场地位的手段。

(四)第二次世界大战后(1945年至20世纪末)

第二次世界大战后,第三次科技革命的发生,引起了一系列新兴工业的相继兴起。以美国为先导,出现了以原子能、电子、合成材料、航天技术、生物技术为标志的新的科学技术革命,促成了一系列产业的诞生和发展,如表2-4所示,不同阶段国际贸易增长率呈现出重大的差异。20世纪90年代后,信息技术革命为国际贸易和国际分工的发展提供了强大的技术支持。

表2-4 第二次世界大战后不同阶段世界生产及国际贸易平均年增长率

时间段(年)	世界生产年均增长率	世界货物出口年均增长率
1950~1973	5.0%	9.1%
1974~1982	2.7%	2.4%
1985~1990	3%	6%
1990~1995	1.5%	6%

资料来源:赵春明.国际贸易学[M].北京:石油工业出版社,2001.

第一阶段是1950年至1973年间,国际贸易发展迅速增长。23年的时间里,国际贸易额从600亿美元增加到5740亿美元,增长了8.5倍,年均增长率为10.3%,高于同期工业生产增长率5.2%,超过了国际贸易历史上增长最迅速时期的水平。迅速增长有两大原因:一是科技革命,科技革命不仅带来了生产力的迅速提高,而且使国际分工在广度上和深度上得到了进一步的拓展,越来越多的国家纳入到了国际分工的体系;二是战后建立起的国际货币体系及关税与贸易总协定(GATT),为国际贸易的发展提供了一个稳定、可预见、自由的外部贸易环境。

第二阶段是1974年至1990年间,国际贸易发展缓慢。主要表现为增速减缓,其中1974年至1979年世界贸易出口年均增长率仅为4%,远低于20世纪60年代至70年代的水平。究其原因是经济危机及世界经济进入了滞胀期,许多国家开始实施新的保护贸易政策,影响了国际贸易的发展。

第三阶段是1990年以后至20世纪末,国际贸易增长波动剧烈,进入快速增长时期,特别是1995年以后,由于世界贸易组织(WTO)正式运行,国际贸易获得了飞速增长。该时期贸易增长率为4%~10%,高于世界经济增长率4%左右。国际贸易发展不平衡,发达国家和发展中国家的贸易差距显著,发达国家之间的贸易额所占比重持续上升,发展中国家所占比重却在下降。

从贸易商品结构上看,制成品成为国际贸易的主导,服务贸易迅速发展并成为国际贸易的重要组成部分。第二次世界大战以前,工业制成品贸易占世界贸易总额的比例只有40%左右;第二次世界大战后,制成品贸易的增长快于初级产品,制成品贸易所占的比例从1953年开始超过初级产品。1950年至2013年,在全球出口总额中,工业制成品出口额所占的比例由41.0%上升到64.7%,如表2-5所示。

表2-5 世界商品出口结构的变化

时间(年)	1950	1960	1970	1980	1990	2000	2011	2013
初级产品出口额占比	59.0%	45.0%	35.0%	39.0%	26.4%	25.2%	35.4%	35.3%
工业制成品出口额占比	41.0%	55.0%	65.0%	61.0%	70.6%	74.8%	64.6%	64.7%

资料来源:池元吉,李晓.世界经济概论[M].3版.北京:高等教育出版社,2013;董瑾.国际贸易理论与实务[M].北京:北京理工大学出版社,2014.

从贸易地区分布上看,发达国家在国际贸易中占有重要地位,区域性贸易迅速发展。从地理大发现开始到第二次产业革命以后很长一段时间,世界贸易模式都是发达国家出口工业制成品,发展中国家出口矿产等自然资源类初级产品。第二次世界大战后,国际贸易的地理分布表现为越来越多的国家参与国际贸易,各国的对外贸易都有了不同程度的增长,增长最快的是工业发达国家之间的对外贸易。

三、国际贸易与资本主义生产方式的关系

(一)对外贸易促进了资本主义生产方式的产生

在资本主义生产方式确立以后,这种生产方式的内在要求决定着资本主义国家必须有对外贸易。对外贸易能促进资本主义国家的经济发展。马克思指出:"生产剩余价值或赚钱,是这种生产方式的绝对规律。"这个绝对规律制约着资本主义生产发展的一切主要方面和一切主要过程。资本主义生产方式的确立需要三个基本条件,为劳动力、资本和市场,而对外贸易的发展正好提供了这三个条件。首先,对外贸易为资本主义生产方式提供了劳动力。例如,羊吃人的"圈地运动",造成了无数的一无所有的劳动者的出现。其次,对外贸易为资本主义生产方式提供了资本,使用的手段则是欧洲殖民者推行的殖民制度、贩卖黑奴、发动商业战争。最后,对外贸易为资本主义生产方式开辟了市场。1492年哥伦布发现了新大陆、1498年达·伽马从欧洲经好望角到达印度、1519年麦哲伦开始环球航行等为资本主义生产方式开辟了市场。

(二)对外贸易是资本主义生产方式本身的产物

马克思指出:"对外贸易的扩大,虽然在资本主义生产方式的幼年时期是这种生产方式的基础,但在资本主义生产方式的发展中,由于这种生产方式的内在必然性,由于这种生产方式要求不断扩大市场,它成为这种方式本身的产物。"对外贸易成为资本主义生产方式本

身的产物,具体体现在以下几个方面:

(1) 通过对外贸易可以提高利润率。利润率 $p=m/(c+v)$,其中,c 为不变资本,v 为可变资本。通过对外贸易,可以获得国外廉价的原料、燃料以及其他材料,降低了不变资本和可变资本,提高了利润率。同时,通过对外贸易还可以使可变资本向必要生活资料的转化变得便宜。这种必要生活资料的内容随资本主义的发展阶段不同而不同。

(2) 通过对外贸易可以获得规模经济效益和国外市场。规模经济效益是指产品生产在一定的条件下呈现出规模收益递增的现象。而对外贸易扩大了市场范围,使生产摆脱了国内市场的限制,企业根据市场需要和本身的生产能力配置资金、技术和劳动力,以获得规模经济效益。列宁提出了资本主义国家需要国外市场的三个论断:"第一,资本主义只是广阔发展的、超出国家界限的商品流通的结果。因此,没有对外贸易的资本主义国家是不能设想的,而且的确没有这样的国家。第二,彼此互为'市场'的各种工业部门,不是均衡地发展的,而是互相超越的,因此较为发达的工业就需要国外市场。第三,资本主义生产的规律,是生产方式的经常改造和生产规模的无限扩大。因为国家的孤立和闭关自守的状态已被商品流通所破坏,所以每个资本主义工业部门的自然趋向使它需要'寻求'国外市场。"

(3) 通过对外贸易可以获得超额利润。这种超额利润一部分来自高于他国的劳动生产率,一部分来自对市场的垄断。发达资本主义国家往往利用自己的生产技术先进、商品价值低的优势,以高于商品价值的价格向落后国家推销过剩产品,同时又从落后国家以低价格甚至低于成本的价格购买工业原料,不等价的交换可使它们获得超额利润。

(4) 对外贸易有助于社会产品的实现和资本主义社会两大部类的平衡。对外贸易有助于社会产品的实现,对资本主义社会两大部类的平衡、各部门间的产品价值实现和实物形态补偿起着重要作用。

在资本主义条件下,两大部类经常处于不平衡发展的状态,资本主义国家往往通过对外贸易出口(进口)过剩(不足)的第一部类社会产品,以解决两大部类不平衡发展的问题。

资本主义社会总产品的实现问题是指社会总产品各个部分的价值补偿和实物补偿,实现过程就是价值补偿和物质补偿的过程。价值补偿要考虑的是各个组成部分价值如何由商品形式转化为货币;物质补偿要考虑的则是各个组成部分的价值转化为货币后,如何再转化成所需要的产品,即资本家从何处购买生产资料,资本家和工人又从何处取得生活资料。对外贸易在解决和缓和资本主义国家社会总产品的实现上起着很大的作用,表现在三个方面:一是对外贸易扩大了市场,解决了相当一部分产品的实现问题;二是对外贸易有助于初级产品和工业制成品的实物形态的补偿;三是对外贸易有助于转嫁经济危机和通货膨胀。

(5) 对外贸易可以带动相关经济部门的发展。通过对外贸易,可促使整个国民经济的各个部门相互联系,互为市场,从而带动相关经济部门的发展。对外贸易部门的扩大将对其他经济部门产生后连锁和前连锁效应。后连锁是指由别的部门来供应本部门在生产中所投入的要素,前连锁是指以其产品供应别的部门的需要。后连锁和前连锁效应表明了各经济部门之间的需求和供给关系。一个国家的出口部门发展得越好,对国民经济中其他经济部门的带动作用就越大。

(6) 对外贸易促进劳动生产率的提高表现为：

对外贸易刺激着资本家提高劳动生产率，因为国际贸易中的竞争会迫使资本家千方百计地提高劳动生产率，降低成本，以打败竞争对手。

对外贸易为资本家提高劳动生产率提供了重要途径：通过对外贸易，普及了科学技术，带动了发达国家和世界经济的发展；利用国际分工，节约社会劳动。国际分工可使贸易参加国发挥优势，克服劣势，实现资源的合理配置，取得经济效益。

（三）国际贸易促进了资本主义世界经济体系的确立

国际贸易在资本主义世界经济体系的确立中起了重要作用。主要表现为：国际贸易使资本主义商品的生产形式具有了普遍的、世界的性质。国际贸易的不断发展和扩大，使货币变成了世界货币并使其职能得到更充分的发挥。黄金白银除去作为一般购买手段之外，还被用作国际支付、国际清算和国际信用的手段。因此又反过来推动了国际交换领域的进一步扩大与发展，促进了国际贸易的发展。随着黄金白银变成世界货币，产生了形成商品世界价格的可能性。世界价格的形成，表明了价值规律的作用扩展到了世界市场，为比较各国商品的生产和交换条件建立了基础，促进了世界生产和贸易的进一步发展。

正因为国际贸易在资本主义生产方式建立之后取得了长足发展，同时又为资本积累及资本主义自身发展提供了巨大支撑，所以很多经济学家提出了"19世纪的国际贸易为许多国家经济发展做出了重要贡献，国际贸易如同一台经济增长的发动机，是许多国家经济增长的动力"的命题。该命题认为国际贸易发展可以在某种程度上带动经济的发展，具有推动经济发展的作用。当然，在强调国际贸易对生产和经济发展的作用时，不能避谈生产对国际贸易的基础性和决定性作用，不能忽略国际贸易对经济发展起带动和促进作用应具备的政治、经济和社会条件的分析。

第三节　现代国际贸易格局

20世纪90年代以来，国际贸易格局发生了巨大变化，其主要表现为：由原来的以东西方两个平行市场及意识形态为基础的经济活动，演变为以地缘和文化为基础的区域经济一体化活动。基于地缘政治与经济联系而签订一体化条约与协定，成立区域经济一体化组织，成为世界绝大多数国家为保障自身经济平衡、争夺国际竞争主动权而进行的重要活动。

一、现代国际贸易格局的特点

（一）国际贸易自由化是现代世界经济的主流

国际贸易自由化趋势明显，经济全球化程度日益加深，贸易自由化成为现代世界经济主流。

经济全球化(Economic Globalization)是指世界经济活动超越国界,通过对外贸易、资本流动、技术转移、提供服务、相互依存、相互联系而形成的全球范围的有机经济整体,是商品、技术、信息、服务、货币、人员等生产要素跨国跨地区的流动。经济全球化是现代世界经济的重要特征之一,也是世界经济发展的重要趋势。

经济全球化有利于资源和生产要素在全球的合理配置、资本和产品的全球性流动、科技的全球性扩张,从而有利于不发达地区经济的发展,是人类发展进步的表现,是世界经济发展的必然结果,从根源上说,是生产力和国际分工的高度发展要求经济进一步跨越民族和国界的产物。进入21世纪以来,经济全球化与跨国公司的快速发展,既给世界贸易带来了重大的推动力,同时也带来了诸多不确定因素,使其出现许多新的特点和新的矛盾。它要求各国资本、技术和产品等突破国家界限,自由流动,实现要素最佳组合,效益最大化。同时,交通、通信等科技的发展也大大缩小了国家间的距离,使世界形成了"地球村"。贸易自由化、生产国际化、资本与科技全球化成为经济全球化的重要载体。

作为经济全球化的载体,国际贸易在第二次世界大战结束后一直承担着经济全球化先导作用。第二次世界大战后,国际贸易快速增长,占世界经济总产值的比重持续攀升,近期有所回落。据统计,1960年国际贸易占全球经济总产值的比重为24%,2005年为51%,2018年为46%。从各国贸易发展程度来看,基本符合这一世界趋势。如美国,1980年对外贸易总额占GDP的比重为21%,至2013年上升为23%,2018年为20%;中国则从1980年的13%上升到2013年的47%,2018年为33%。

国际贸易增长速度能够超过世界经济增长速度,主要得益于经济全球化与贸易自由化的推动。在GATT和世界贸易组织的共同作用下,贸易障碍日益减少,国家干预行为日益规范,进出口关税大幅度降低,非关税壁垒逐步削弱,市场准入限制逐步降低,这些深刻变化都为战后国际贸易发展提供了有利的条件和宽松的发展环境。另外,第二次世界大战后信息技术的发展、电子商务的普及、贸易政策的透明化以及不发达国家获得的非互惠政策等,也推动了国际贸易自由化进程。总之,第二次世界大战后世界贸易政策的主流是贸易自由化。

(二)区域经济一体化程度加深

现代国际贸易格局呈现以美国、欧盟及日本为中心的三大贸易集团鼎立、众多中小贸易集团并存及中国贸易地位崛起的形态。从现代世界经济发展过程来看,面对贸易自由化趋势,各国主要有两种对策:多边贸易体制和区域经济一体化协定。随着全球多边贸易体制谈判进程屡遇重重阻碍,区域经济一体化协定以蓬勃势头在全球范围内开展,国家间的区域经济一体化组织及协定也纷纷出现。

目前区域经济一体化组织很多,规模不一,形式各异。影响力较大的主要有欧盟(EU)、北美自由贸易区(NAFTA)以及亚太经合组织(APEC)三大组织。随着三大区域经济一体化组织的形成及发展,广大发展中国家为避免自身因经济落后而无法与发达国家及区域经济一体化组织在同等地位上谈判及抗争,也纷纷走上联合发展的道路,在争取平等基础上同发展中国家经济一体化组织建立经贸关系。目前以发展中国家为主体的区域经济一体化组织多达30余个。例如,亚洲的拥有5亿多人口和2.4万亿美元GDP总量(2013年)的东南亚国家联盟(ASEAN);拉美地区的完全由发展中国家组成的南方共同市场(MERCO-SUR)、中美洲自由贸易区(FTAA)、安第斯共同体(CAN)、加勒比共同体(Caribbean Community);非洲地区相对落后的国家组成的西非经济共同体(ECOWAS)、中非国家经济共同体(ECCAS)、南非关税同盟(SACU)等。与发达国家组成的经济一体化组织相比,发展中国家的经济一体化组织在协定内容、成员发展程度、经贸合作范围等方面都相对落后。但值得一提的是,随着中国综合实力的提升,中国对外贸易发展速度加快,2013年进出口总额首次超过美国,成为世界对外贸易规模最大的国家。中国在地区事务中发挥的作用越来越大,借助各类经贸平台,已经成为推动世界经贸发展的重要力量。

综上所述,当前国际贸易格局的基本形态是:以美国为中心的北美自由贸易区和其积极推动的美洲自由贸易区不断取得新进展;以欧盟为中心的泛欧经贸集团基本形成;亚太经济贸易自由化和经济技术合作步伐加快,许多跨区域经济合作组织不断建立;以发展中国家为主导的弱小经济合作组织并存;中国在世界经济及地区经贸发展过程中的地位不断提升。以欧盟为领头雁,以美洲自由贸易区和亚太经合组织为两翼,众多发展中国家贸易集团紧随其后的新型"雁阵模式"贸易格局初现雏形。

应该认识到,区域经济一体化也是一把"双刃剑",它通过贸易创造、贸易转移等静态效应以及各类动态效应综合影响世界经济格局走势,同时也对多边贸易体制的建立构成威胁:一方面,区域经济一体化有助于某一区域内部的贸易自由化,能有效推动区域内国家合理分工与配置资源,优势互补,帮助区域内发展中国家或落后国家积极利用发达国家资本与技术摆脱贫困,也帮助发达国家利用发展中国家廉价劳动力降低生产成本,增强产品国际竞争力;另一方面,区域经济一体化又对区域外部非成员构筑了坚实壁垒,撼动了多边贸易体制的重要基石——非歧视原则,助长了新贸易保护主义盛行的势头,降低了世界贸易组织原则的适用性。区域组织中的大国主导、对非成员的歧视性政策以及形成的国际政治对抗等问题都会对世界贸易组织宗旨、精神及多边贸易体制谈判进程造成威胁。

(三)开放地区主义思维影响加深

国际贸易格局逐步由封闭型向开放型转变。伴随经济全球化程度加深,各国经济相互交融成为有机整体的趋势不断加强,20世纪90年代以后成立的区域经贸组织较以往的组织具有非常明显的开放性。新兴集团建立及规范的过程,伴随着两个转变:一个转变是从旧有的成立区域集团是为了巩固边界、增强壁垒的思维向成立区域集团旨在深化合作和加强世界各国经贸联系的思维转变;另一个转变则是从旧有的集团建立之初就是一个游离于世界经济之外的封闭体向集团建立之初就是世界经贸体系的有机组成部分的转变。以APEC为代表的区域经贸集团,从建立之初就高举开放的地区主义标牌,推动多边贸易体制谈判,促成多边贸易体制成果,为世界贸易组织的多边贸易体系谈判提供基础。

地区开放主义思维在其他大洲或其他大型区域的组织建设过程中也表现得很明显。欧盟从20世纪90年代的西北欧15国到2005年最大一次东扩,发展到现在28国的规模;北美自由贸易区在美国、加拿大、墨西哥3国联动的过程中,又探索向拉美国家延伸,未来将实现美洲自由贸易区;东盟10国积极与中国、日本、韩国等协作,成立东盟"10+3"机制。

上述大型集团在巩固区域内发展成果、加强与外部经济联系的过程中,都深刻体现着地区开放意识,而以发展中国家或新兴经济体为主导的众多小型区域集团则从建立伊始,就以开放为重要原则,主导和制定本集团系列的政策与措施,降低集团关税与非关税壁垒,吸引发达国家的资本与技术。

因此,以区域经济一体化和经贸集团化为趋势的国际贸易格局正处在由封闭型向开放型转变的过程中,无论是新成员的接纳还是取消针对贸易或投资的各类歧视性政策,都充满了开放性色彩。以APEC为例,该组织在成立之初就提出了该组织与世界贸易组织关于非歧视原则的一致性,并在此原则下采取非互惠的开放的地区主义,最大限度推动单边贸易自由化,在区域内逐步减弱对非成员的贸易壁垒,明确成员的经济体制与贸易政策不应对非成员构成歧视。值得注意的是,APEC正越来越明显地呈现出机制化趋势,表现在亚太地区次区域性经济合作发展迅猛。除中国—东盟自由贸易区外,环渤海经济圈、黄海经济圈、华南经济圈等其他经济合作形式也在积极筹划中。这些次区域性组织的建立,也将为最终建立亚太地区大型贸易集团创造条件。

(四)国际贸易格局呈现出多元性与单一性的混合发展趋势和灵活性与松散性的矛盾统一

(1)多元性与单一性的混合发展趋势。主要集团组织的形成过程,都经历了从低级形态向高级形态、从单一商品贸易自由化向商品及其他要素全方位贸易自由化的过程。例如,欧盟从最初的关税同盟发展到单一市场,再到经济联盟;北美自由贸易区从最初的美国、加拿大自由贸易协定发展到美国、加拿大、墨西哥三方的自由贸易区。在组建方式上,各种贸易集团一般具有从以小型集团为基础向大型集团推进的特点。这也是一个地区想直接建立一个大型贸易集团却面临重重阻碍的原因,通过先行建立区内若干小型集团,可以克服范围过大带来的协调成本过大的困难,这有利于区域贸易合作的开展和未来的大规模贸易集团的形成。欧盟向欧元区和北美自由贸易区向美洲自由贸易区推进等就是典型实例。在组织结构上,不同经贸集团的成员构成也反映了现代多边贸易体制的发展过程。欧盟的成功,说明发达国家之间的水平分工可以实现贸易自由化,而北美自由贸易区的成功,也说明发达国家和发展中国家间的垂直分工也是实现贸易自由的可借鉴模式。因此,多元性的市场与单一性的市场,以及多元性发展阶段的成员构成与单一性发展阶段的成员构成,都反映着现代贸易格局的矛盾与统一。

(2)很多新兴贸易集团也是灵活性和松散性的矛盾统一体。从理论上说,贸易集团的建立可以采取相对紧密的组成形式——通过协定、条约等制度性形式将不同成员结合在一起;也可以采取相对松散的组成形式——通过非制度性形式将不同成员结合在一起。前者以当前的欧盟为代表,后者则以当前的亚太经合组织为代表。但无论是欧盟还是亚太经合组织,都有逐步向灵活与松散矛盾统一的组织形式过渡的趋势。未来的大型经贸集团的成员,将包括不同制度、不同发展阶段、具有不同经济诉求的国家,通过更为灵活与松散的形式创造更为自由的贸易空间。

(五)贸易与投资的热点逐渐转向亚太地区

资本主义生产方式最先形成于欧洲,因此世界贸易中心首先在欧洲形成。随着生产力发展水平的不断提高,国际贸易中心由区域贸易中心向世界贸易中心发展。11世纪至15世纪是欧洲国际贸易发展的鼎盛时期,在这一时期,欧洲内部最重要的区域贸易中心主要出现在汉萨同盟以及意大利北部的威尼斯、中部的佛罗伦萨。第一次产业革命后,地中海失去了欧亚大陆贸易中心的地位,而大西洋沿岸的英国、法国、西班牙、葡萄牙、荷兰成为世界贸易最发达的国家。至20世纪初,欧洲西部和美国东北部成为世界经济最发达的地区。21世纪国际贸易中心出现了向亚太地区转移的趋势,原因如下:

(1)亚太地区有成为国际贸易中心的自然地理条件:① 该地区地域范围广大,自然条件类型多样,不同国家之间具有不同的比较优势,在物质资料生产、服务提供、知识产权交易方面通过贸易得到补充;② 该地区丰富的劳动力资源,为经济发展提供了丰富的劳动力,在生产和出口劳动密集型产品方面具有竞争优势;③ 该地区具有丰富的海洋和陆地资源;④ 该地区具有重要的交通地理位置,海上运输方便,许多重要港口均分布在亚太地区。

(2)亚太地区已具备成为国际贸易中心的经济基础。① 该地区经济增长迅速,2013年经济增长速度为6.7%,远高于世界其他地区。亚太经济合作组织成员的总人口数量达27亿人,占全球的40%,GDP和贸易总额分别占全球的60%和47%。世界三大独立经济体——美国、日本和中国均属亚太国家。② 该地区在国际贸易中的地位不断上升,已经成为世界经济的重要增长极。国际金融危机爆发后,欧美地区经济先后出现负增长,而亚太新兴经济体一直保持了相对较快的经济增长速度。③ 该地区科技实力长足进步,在世界经济竞争中处于领先地位。第二次世界大战后的第三次科技革命的中心已转移到太平洋地区。通过充分利用第三次科技革命的成果,日本和亚太新兴工业化国家与地区的工业化取得了巨大进展。当前,美国是世界科技的中心,日本已经跻身于新技术革命的前列,韩国、中国、东盟正在努力追赶,亚太地区逐步形成由科技发展不同层次的国家构成的高科技群体。

(3)大多数发达国家都把投资和贸易热点转向亚太地区。从历史上看,美国一直把对外投资和贸易的战略重点放在欧洲,但20世纪90年代以后,美国彻底改变了其战略目标,把对外经济和贸易的重点转移到亚太地区。在对亚太地区的经济关系中,增长最快的是对中国的经济和贸易。欧洲发达国家也紧盯亚太地区,制定了亚洲战略。20世纪90年代以来,亚欧首脑会议每两年轮流在亚洲和欧洲国家举办一次。中国是欧盟最重要的投资目的地和贸易伙伴。

综上所述,亚太地区具有巨大发展潜力,已成为美、欧等发达国家贸易与投资的焦点区域,国际贸易格局重心正逐步向亚太地区转移。

(六)国际贸易结构走向高级化

国际贸易中服务贸易和技术贸易发展迅猛,跨国公司对全球贸易的主导作用日益增强。

国际贸易结构的高级化与产业结构的升级互为依托,从其变化趋势看有以下两个突出特点:

(1) 伴随着各国产业结构的优化升级,国际服务贸易发展迅猛。近30多年来,国际服务出口规模已经从1980年的3671亿美元扩大到2016年的4.81万亿美元,占全球出口贸易额的23.16%。在行业结构上,国际服务贸易日益向金融、保险、电信、信息、咨询等新兴服务业倾斜,传统的运输业、旅游业所占份额持续下降;在地区分布上,发展中国家服务贸易所占份额继续扩大,东亚地区的增长尤其显著。

(2) 高技术产品在制成品贸易中的地位大大提高,尤以信息通信技术产品出口增长最快。与此同时,由于跨国公司纷纷把以信息技术为代表的高新技术产业向发展中国家转移,近年来,发展中国家技术密集型产品出口占全球的比重快速上升。

在经济全球化的推动下,生产要素特别是资本在全球范围内更加自由地流动,跨国公司通过在全球范围内建立生产和营销网络,推动了贸易投资一体化进程,并对国际经济贸易格局产生了深刻影响:

① 跨国公司已成为全球范围内资源配置的核心力量。2011年,全球跨国公司母公司已达11.2万家,它们掌握着全球约25%的产品生产,仅其海外子公司出口量就占全球出口量的34.66%,成为国际资本流动的载体。

② 国际贸易基础已由比较优势转变为以跨国公司数量和在国际范围内整合资源的能力为主的竞争优势。这就意味着,一个国家具备国际竞争优势的企业越多,就越可以在国际分工中更多地整合别国的资源。

③ 国际贸易格局由产业间贸易为主转向以产业内贸易、公司内贸易为主。主要表现为中间产品、零部件贸易在国际贸易中所占的比重增加。

④ 跨国公司产业转移不断加快,加工贸易在整个国际贸易中所占的比重持续提高,并已成为发展中国家对外贸易的增长点。

分析案例

全球贸易新格局正悄然形成

《嘉实多全球贸易晴雨表》报告指出三点贸易变化:

1. 新兴综合体挑战发达国家

新兴经济体正在挑战发达国家的地位,在过去的10年间,新兴经济体的人均GDP翻了一番,并且平均增长率远超发达国家。尽管发达国家依旧在全球50个贸易大国之间占主导地位,但3个发展最快的贸易国(尽管起步较低)是越南、伊拉克和卡塔尔,而3个发展最快的出口国则依次为卡塔尔、伊拉克和越南。这表明在速率放缓调低的同时,新兴经济体依靠基础设施投资及产能的提升正在强势崛起。

从细分领域来看,在汽车贸易方面,墨西哥成为新兴经济体追赶发达国家的成功案例,这主要归功于其作为美国原料供应国的地位以及在拉美供应链中所发挥的作用。在海上贸易领域,造船业的中心已经转移到韩国、中国等亚太国家新兴经济体。此外,《天然产品晴雨表》也暗示了这一趋势。

2. 生产向越南转移

越南是《工业贸易晴雨表》中所列的发展速度最快的贸易国。越南的低工资与政府给予的税收优惠,吸引了越来越多的外国企业在该国布局生产,其中包括普利司通、松下、三星、雅马哈以及福特、通用和本田等跨国汽车原型设备制造商。此外,越南还获得了部分原先由中国垄断的低价值电子产品订单,而进口集成电路板和出口半导体类产品也转由越南生产并出口。

3. 近期发达国家仍将处于主导地位

尽管新兴经济体有可能在将来成为贸易强国,但目前在全球10大贸易体中,欧盟的贸易额约占全球10大贸易体出口总额的40%,发达国家目前仍处于贸易的主导地位。

资料来源:赵方婷.国际贸易版图在改写,企业供应链布局待重塑[N].现代物流报,2015-07-14.

二、现代国际贸易格局形成的原因

现代国际贸易新格局的形成具有深刻的历史背景和广阔的现实基础,因而有其客观的必然性。

(一) 从地缘经济的演变历史来看

从地缘经济的演变历史来看,现代国际贸易新格局是国际贸易关系地缘化发展的一个崭新阶段。

地缘经济的历史源远流长。世界经济发展史告诉我们,相邻国家和地区之间由于在历史、民族习惯、宗教信仰、消费偏好等方面相似性较强,加之地理位置比较接近,因此具有建立和发展彼此间经济贸易往来的自然基础和社会基础。国际最初的经济贸易往来,差不多都是以地缘经济为基础发展起来的。只是由于生产力的迅速发展,地缘经济范围不断扩大,特别是在资本主义生产方式建立以后,分割的地缘经济才逐步形成一个统一的世界经济体系。但是,统一的世界经济体系的建立并没有使地缘经济寿终正寝,相反,地缘经济在国际贸易的发展史上一直具有重要的意义。特别是20世纪80年代以来,在世界经济相互依赖关系迅速增强的国际环境中,在强烈的竞争压力下,地缘经济更是以新的面目展现出来。现代地缘经济除了具有传统地缘经济的特点外,还具有以下几个特点:

(1) 经济地缘化的基础和政治、军事以及该地区在国际舞台上的总体地位之间具有越来越密切的关系。

(2) 经济地缘化的迅速崛起,不仅是为了发展地区内的经济贸易关系,更主要的是为了联合保护本地区的整体利益。

(3) 经济地缘化具有明显的组织性和制度化特征。

(4) 经济地缘化有进一步扩展的趋势。因此可以说,贸易集团化是经济地缘化在现代的集中表现,是经济地缘化发展的新阶段。

（二）从贸易一体化与贸易集团化的对立统一关系来看

从贸易一体化与贸易集团化的对立统一关系来看，现代国际贸易新格局是贸易一体化进程中的必然产物。

贸易一体化与贸易集团化这两种貌似对立的发展状态实际上为世界贸易发展的相同因素所支配。各国经济相互渗透、相互促进、共同影响、共同发展的趋势进一步增强，国际贸易一体化趋势已经成为不可阻挡的历史洪流，任何国家和地区都不愿意也根本不可能在自我封闭的经济体系中求得生存和发展。然而，国际贸易一体化趋势并没有消灭世界范围内的局部利益和国别利益以及为此而进行的竞争。相反，国际贸易的相互依存性越是增强，为谋取在国际贸易体系中的最大利益而进行的竞争就越是激烈。一方面，以集团化为典型标志的国际贸易新格局正是世界贸易一体化发展过程中的必然产物。在竞争激烈的世界市场中，具有共同利益的国家和地区通过一定的组织形式，形成一个具有更强国际竞争力的贸易集团，参与国际市场竞争是保护本区域各国或地区利益和增强国际竞争力的有效途径。另一方面，国际贸易集团化又是国际贸易一体化的一个发展阶段，也是国际贸易一体化的一种特殊表现形式。这两种表面上似乎相对立的趋势在科技革命所推动的经济国际化的基础上统一了起来。只要科技不断革新进步，世界生产力继续发展，国际贸易集团化和一体化都将进一步深化，它们彼此促进，并行不悖，共同适应日益膨胀的世界生产力发展的需要。

（三）从世界经济发展状态来看

从世界经济发展状态来看，现代国际贸易新格局是世界经济不平衡发展与平衡发展综合作用的结果。

如果认为世界经济发展不平衡是一个基本规律的话，那么平衡发展可以看成是伴随这个规律而经常出现的一种状态。世界经济不平衡发展是旧的世界贸易格局崩溃的重要原因。20世纪70年代以后特别是80年代以来，世界经济经历了重大的震荡和调整，各国经济发展水平很不平衡，在世界经济中的相对地位发生变动。世界经济的不平衡发展以及各国在世界经济中相对地位的变动产生的结果是：无论是原先具有优势的国家为了防止进一步丧失既有优势，还是经济地位相对上升的国家和地区为了打破原有格局建立有利于自己的新格局，都希望利用自己的经济实力，构筑自己的经济势力范围，增强各自在国际竞争中的力量，因此区域集团应运而生。

但是，当今世界经济不平衡发展的结果恰恰表现为各主要国家和地区经济实力的相对均衡化，世界经济的发展越不平衡，各主要国家和地区的经济实力就越趋于均衡。美国地位的相对下降和日本、西欧国家地位的相对上升就是对这种不平衡发展导致经济实力均衡化的最有力的证明。各主要国家和地区经济实力均衡化必然导致其间的经济贸易竞争愈加激烈。为了在激烈的竞争中站稳脚跟和保持有利的地位，以各自为中心建立区域性的贸易集团以巩固和扩大势力范围，是具有战略意义的对策。因此，国际贸易集团化的新格局实际上是世界经济发展的平衡和不平衡共同作用的结果。

（四）从全球贸易政策调整的趋势来看

从全球贸易政策调整的趋势来看，当代国际贸易新格局是自由贸易与保护贸易相互作用的结合体。

自由贸易和保护贸易仍然是国际贸易发展伴随始终的两种对立的贸易主张。就一定的国家而言，它是主张自由贸易还是主张保护贸易基本取决于该国在世界经济中所处的地位。20世纪80年代以来，国际贸易发展的历史表明，在目前和今后相当长的一段时期，不会出现一个国家可以完全支配整个国际贸易的局面，因而也不可能重新建立传统的自由体系。但是，自由贸易体系的衰败并不意味着自由贸易本身的过时。相反，由于自由贸易的公平性和高效率，它一直具有极大的吸引力。自由贸易相对于保护贸易而言，在任何条件下往往都具有更广大的市场。一国经济发展越是落后，其保护贸易倾向就越是强烈。虽然保护贸易是落后国家经济振兴的重要手段甚至是必由之路，但其代价也是极为昂贵的。因此，几乎所有实行保护贸易的国家和地区都会时刻怀念着自由贸易。特别是由于保护贸易的国际舆论压力日益增大以及对贸易伙伴所采取的保护贸易报复措施的恐惧的加强，保护贸易的公开市场越来越小。

诚然，对当今世界各国来说，都不需要完全的自由贸易和完全的保护贸易，如能把自由贸易和保护贸易结合起来，融为一体，则是所有国家都乐于接受的。而贸易集团正是适应了这种现实的需要。在贸易集团内，各国家和地区之间逐步实现贸易自由化，获得自由贸易的利益；在贸易集团与其他国家、地区或集团之间的贸易中则实行保护贸易主义，得到保护贸易的好处。因此，建立贸易集团便逐步成为一种全球性趋势。

从面向21世纪国际贸易的发展趋势来看，区域发展不平衡、以发达国家为中心的格局不会发生改变，中国成为贸易增长的最主要动力与源泉已成为全球共识。经济全球化和区域一体化协调发展，跨国公司成为主力军的作用日益显著。新兴贸易方式与电子商务的蓬勃发展，改变了传统的贸易模式，新业态不断形成。科技与创新的不断涌现促进商品贸易结构更加高级化，服务和技术贸易成为未来国际贸易的重要发展方向。区域贸易摩擦不断，贸易保护主义及其新形式进一步加剧贸易斗争。贸易政策的不确定性，及其与国际政治环境产生的交互影响，成为未来贸易争端的主要原因。

◆ **本章小结**

国际贸易是在一定的历史条件下产生的，是社会生产力发展到一定阶段的产物。从历史上看，虽然对外贸易产生于人类社会发展初期，但是直到资本主义生产方式确立以后才得到迅速发展。15世纪的地理大发现以及随后发生的欧洲殖民扩张，第一次把世界经济各个部分联系在一起。

20世纪90年代以来，国际贸易格局发生了巨大变化，由原来的以东、西方两个平行市场及意识形态为基础的经济活动，演变为以地缘和文化为基础的区域经济一体化活动。

现代国际贸易新格局，是国际贸易一体化进程中的必然产物；是国际贸易关系地缘化发展的一个崭新阶段;是世界经济不平衡发展与平衡发展综合作用的结果;是自由贸易与保护贸易相互作用的结合体。

◆ **关键词**

对外贸易　资本主义生产方式　国际贸易格局　经济全球化　区域经济一体化

◆ **思考题**

1. 国际贸易活动产生需具备哪些前提条件?
2. 封建社会贸易活动有哪些特点?
3. 国际贸易与资本主义生产方式之间的关系是怎样的?
4. 国际贸易发展的动因是什么?
5. 国际贸易格局的特点有哪些?
6. 国际贸易格局形成的原因有哪些?

思考案例

对外贸易对英国的重要性:一个历史证明

英国为国际贸易是"经济成长的发动机"学说提供了一个典型的实例。在17世纪和18世纪,殖民地贸易对英国的工业发展有十分重大的影响。这种三角贸易给予英国工业以三个方面的刺激。把用英国(和东方)的制成品换来的黑奴运到种植园去。在那里,他们生产糖、棉花、靛蓝、糖蜜和其他的热带产品。英国对这些产品的加工又创建了新的工业,而维持黑奴和他们的主人的生计又为英国工业提供了另一个市场。到1750年,在英国,凡是从事贸易或制造业的城镇,几乎没有一个不是用或此或彼的方式与三角贸易或直接的对殖民地贸易发生联系的。(这项贸易)所得到的利润是英国产业革命所需要的资本积累的一个主要来源。对西印度群岛的贸易所积累的资本,资助了瓦特和他的蒸汽机的发明。

对外贸易对于英国工业化的重要作用,可以用以下的统计数据来衡量。在1688年,英国贸易出口占国民收入的5%,100年后,这个数字增加到15%,到了19世纪80年代早期,出口值已占国民收入的30%。出口贸易的迅速增长是英国当时所发展的一种新型贸易(即对进口的原料进行加工,然后输出制成品)的结果。在18世纪50年代以前,毛织品的出口值占出口总值的50%,市场主要是南欧,而在18世纪80年代贸易大发展时期,主要出口货物已是棉纺织品,随后是金属制品,而主要市场先是美洲殖民地,随后是印度。1700年至1800年,英国出口工业的发展速度远远超过其他经济部门。在这100年内,出口工业增长了444%,而国内工业和农业只分别增长了约50%。出口贸易带动英国国民经济发展的效果是很明显的。英国制成品的海外市场的扩大与海外原料和食品供应来源的开辟,对英国工业化过程的各个阶段都具有战略上的重要性。到了19世纪末,英国经济已严重依赖世界市场,而英国经济的增长率及其格局也大部分是以世界市场上供需条件的变化为转移的。

资料来源:姚曾荫.国际贸易概论[M].北京:人民出版社,1987.

【**思考**】　为什么国际贸易大发展出现在资本主义生产方式确立之后?

应用训练

根据中国光伏行业协会和 Wind 数据显示,2018 年 1 月至 6 月我国光伏组件产量为 42GW,出口规模为 17.32GW,占总产量的 41.23％;"531"新政后我国光伏市场内需不足,急须扩展海外市场缓解产能消纳压力,出口对于我国光伏制造业的发展具有重要意义,预计我国光伏产品出口所占比重将持续提升。近年全球光伏发电新增装机容量保持较快增长,2013 年至 2017 年复合增长率达 27.55％。2017 年,中国、美国、印度、欧洲和日本光伏新增装机占全球光伏新增装机的比重分别为 54.73％、10.95％、9.94％、9.26％和 7.23％。从地区分布来看,近年欧洲光伏电站建设需求占全球的比重大幅下滑,全球新增逐步向中国、美国、印度、日本以及新兴市场转移。国际贸易主要产品方面,目前我国光伏产品国际贸易以出口光伏组件和硅片、进口多晶硅为主,其中光伏组件系我国最重要的光伏国际贸易产品。根据中国光伏行业协会数据显示,2018 年 1 月至 5 月我国出口硅片、光伏电池片和光伏组件 15.03 亿美元、4.66 亿美元和 54.75 亿美元,分别同比增长 44.2％、95.3％和 25.4％;进口多晶硅11.64亿美元,同比增长 33.3％。主要出口国家方面,2017 年印度占我国光伏组件出口量的31.7％,取代日本成为我国光伏组件第一大出口市场;美国占我国光伏组件出口量的5.6％,同比下滑8.1个百分点,我国光伏组件出口对美国的依赖程度有所下滑;澳大利亚、墨西哥、巴基斯坦、阿联酋、巴西等光伏电站新增需求较大的新兴国家对组件需求有显著的增加,现已逐步取代传统需求大国成为中国组件出口的主要目标市场;荷兰和德国等欧盟国家占我国光伏组件出口量的比重仍较小。

资料来源:鹏元资信评估有限公司.中国光伏产品国际贸易格局分析和展望[OL].和讯名家,2018-09-27. https://www.sohu.com/a/256656879_99917855.

试分析:我国光伏产品国家贸易的未来发展趋势。

相关数据资料

表 2-6　1961～2018 年间国际贸易额及 GDP　　　　　　　单位:亿美元

年份	出口额	进口额	进出口额	GDP	年份	出口额	进口额	进出口额	GDP
1961	1360	1430	2790	14039	1987	24908	25597	50505	167739
1962	1430	1510	2940	15077	1988	28253	29119	57372	187618
1963	1570	1640	3210	16224	1989	30213	31347	61561	196881
1964	1760	1830	3590	17776	1990	34250	35565	69816	220007
1965	1900	1990	3890	19388	1991	34299	35517	69847	230831
1966	2080	2180	4260	21039	1992	36850	37986	74843	246801
1967	2180	2280	4460	22367	1993	37079	37556	74635	250191
1968	2420	2520	4940	24130	1994	42236	42615	84851	268680
1969	2770	2870	5640	26550	1995	50513	50905	101418	298103

续表

年份	出口额	进口额	进出口额	GDP	年份	出口额	进口额	进出口额	GDP
1970	3170	3290	6460	28857	1997	53055	53576	106631	303326
1971	3540	3660	7200	31848	1998	52137	52861	104997	302187
1972	4190	4330	8520	36798	1999	54134	55037	109171	313369
1973	5800	5950	11750	44986	2000	60669	62276	122946	323467
1974	8400	8610	17010	52009	2001	57523	59352	116876	321580
1975	8770	9120	17890	58075	2002	60277	61538	121816	334083
1976	9920	10260	20180	62885	2003	70218	71751	141970	375892
1977	11280	11710	22990	71204	2004	85509	87717	173226	423018
1978	12974	13471	26445	84393	2005	97423	99827	197250	457407
1979	16391	16868	33259	97997	2006	112744	114762	227506	495631
1980	19936	20474	40411	110279	2007	129999	132357	262356	559066
1981	19763	20361	40124	113179	2008	150590	153008	303598	613780
1982	18576	19222	37798	112069	2009	115255	116244	231498	581321
1983	18125	18718	36543	114497	2010	152380	153050	305430	635084
1984	19093	19800	38893	118840	2011	182910	184870	367780	704416
1985	19300	20006	39306	124803	2012	183230	185670	368900	719184
1986	21281	21979	43260	147674	2013	187840	188740	376580	739821
					2018	194750	198670	393420	848400

资料来源：国际货币基金组织网站，《中国统计年鉴》。

第三章　国际分工与世界市场

本章结构图

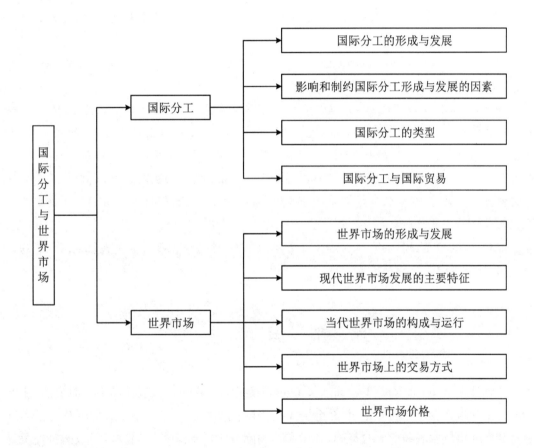

学习目标

了解国际分工的形成与发展；了解制约与影响国际分工的因素；掌握国际分工的类型；理解世界市场的形成和发展过程，并重点掌握国际分工及世界市场的一些基本概念。

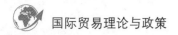

> **导入案例**

跨越国界的分工协作改变着中国制造

中国制造业从小变大、由弱变强,离不开融入全球分工协作体系的助力。跨越时代、跨越国界的强强联合、分工协作,打造了一个个被时代所铭记的"大国重器",深刻地改变着中国制造业。

2017年5月5日下午,首架国产大型客机C919在浦东国际机场一飞冲天,亿万国人的"大飞机梦"终成现实。几十年来,国人对大飞机的渴望始终热切,难以割舍的大飞机情结已融为"中国梦"的一部分。C919这一创新工程,不但要举全国之力,更要聚全球之智。国际上,几乎没有飞机是完全在一家工厂里生产出来的。正如GE旗下"昂际航电"相关负责人所言,在一个国际分工与合作的时代,每一个螺丝钉都要国产已经不可能,中国是世界的一部分,中国的飞机以及中国的航空工业也是世界的一部分。"在全球范围开放式地寻找优秀供应商提供产品部件和服务,并由主制造商进行定义和集成的飞机,这才是航空界认为的'国产',而C919就是这样的集大成者。"

作为C919的供应商之一,GE与"赛峰平股"合资成立的CFM国际公司为C919设计研发了行业首创的领先一流的全集成推进系统(IPS),包括CFM目前最先进的LEAP-1C发动机以及由奈赛公司(Nexcelle)开发的短舱和反推装置。GE与中航工业的合资公司"昂际航电"则为C919配备了至关重要的"神经系统"——综合模块化航电系统,向世界展示其最先进的飞机发动机、维修服务方案以及数字化产品服务,与中国同行共同探索和开创更为多元化的合作和发展契机。

资料来源:跨越国界的分工协作改变着中国制造,进博会里蕴含着更大机遇[OL].腾讯新闻网,2018-11-07.

第一节 国际分工

国际分工(International Division of Labor)是指世界各国在从事商品生产时,相互之间劳动分工和生产专业化的分工,是社会分工向国际范围扩展的必然结果。国际分工是国际贸易和世界市场发展和形成的基础,各国参与国际分工的形式和格局决定了该国对外贸易的结构、地理方向和贸易利益。

人类社会的经济发展史就是一部社会分工产生、发展的历史。分工指劳动分工,即劳动者从事各种不同的而且又相互联系的工作。马克思认为,分工就是"社会成员在各类生产之间的分配"。分工在人类历史发展的各个阶段都起着巨大的推动作用。最初的社会分工是原始氏族内部按年龄和性别实行的劳动分工,以提高共同劳动的效率。伴随三次社会大分工的出现,极大地推动了社会生产力的发展,并进一步导致阶级和国家的产生。当社会生产力进一步得到发展后,资本主义生产方式最终确立和扩张,社会分工超越了国界,在经济上把世界各国联系在了一起,逐步形成了国际间的专业化分工生产与合作,产生了国际分工。

一、国际分工的形成与发展

国际分工的形成和发展主要取决于两个条件:① 社会经济条件,包括各国的科技和生产力发展水平、国内市场的大小、人口的多寡和社会经济结构;② 自然条件,包括资源、气候、土壤、国土面积的大小等。生产力的发展是促使国际分工形成和发展的决定性因素,科技的进步是国际分工得以形成和发展的直接原因。

国际分工与资本主义机器大工业的发展联系在一起。机器生产了丰富多彩的制成品,但同时也对原材料、劳动力和土地提出需求。在机器将原材料、劳动力和土地合为一个新的产品的同时,又因机器"永无休止"的转动而滋生并扩大着生产者对市场的占有欲。市场的扩大本身表现为对原材料、劳动力、土地等生产要素需求的国际延伸,于是机器大生产在地理意义上得以扩展,国民经济的发展也就超越了国家的界限,通过国际贸易与世界各国的经济发展相联系。同时,这种生产国际化发展必然给社会分工带来发生一些新的变化。在历史上,曾经出现过三次社会大分工,但只有在国家出现和社会生产力发展到一定水平之后,才形成国际分工的条件。国内社会分工随着国际贸易的扩展而趋向于外向型的发展格局,并进一步在国际市场上发挥作用,最终演变为国际分工。

(一)国际分工的萌芽阶段(16世纪至18世纪中叶)

从地理大发现到产业革命开始,是国际分工和世界市场产生的萌芽阶段。

在资本主义以前的各个社会经济形态中,自然经济占主导地位,生产力水平低,商品经济不发达,各个民族、各个国家的生产方式和生活方式差距不大,因此,只存在着不发达的社会分工和不发达的地域分工。

到了14世纪,西欧的一些城市已经出现了具有资本主义萌芽性质的工场手工业。工厂手工业发展到一定程度后,客观上要求不断地扩大市场,因此刺激了欧洲新兴资产阶级的航海热潮,极力寻找通往东方的新航线。

15世纪末至16世纪初的地理大发现推动了生产力的发展,手工业与农业进一步分离,商品经济有了较快的发展,国际贸易开始迅速扩大,这些对欧洲的社会经济状况产生了深刻的影响。意大利地中海沿岸地区的贸易垄断地位被打破,欧洲贸易中心从地中海区域扩展到大西洋沿岸。葡萄牙的里斯本、西班牙的塞维利亚、荷兰的安特卫普、英国的伦敦等先后成为繁荣的国际贸易区,它们的贸易范围远及亚洲、非洲和美洲。

在贸易发展的带动下,分工也开始跨越国界。参加国际贸易的国家和民族迅速增加,除了原来的欧洲国家以外,还包括美洲、大洋洲、亚洲和非洲的大片地区,国际贸易的范围扩展到世界各大洲。世界市场开始出现,贸易的商品种类和数量也随之增多。除了金银、香料、丝绸、茶叶等源源流入欧洲,一些原来未曾到过欧洲的新商品(如美洲的烟草、可可、咖啡,印度的棉花等)甚至以前欧洲人很少食用的蔗糖、大米等也开始大量进入欧洲市场。当时欧洲一些国家执行殖民政策,运用暴力和超经济的强制手段,在亚、非、拉的一些国家建立种植园,开发矿山,并将这些国家作为其廉价原料和劳动力的来源地以及国内产品市场的延伸,形成资本主义国际专业分工的萌芽。

这段时期,是西欧各国进行资本原始积累的时期,社会生产力和社会分工依然处在较低水平,但是它发展了国际贸易的规模,扩大了世界各国的联系,为资本主义生产方式的最终确立和国际分工的进一步发展打下了基础。

(二)国际分工的形成阶段(18世纪60年代至19世纪60年代)

从产业革命开始到自由竞争资本主义时期结束,是资本主义国际分工形成和世界市场建立的阶段。

这个阶段,英国最早开始了产业革命,接着产业革命迅速扩展到其他国家。突出代表为纺织业的先进技术、设备的发明和广泛使用。产业革命的标志是蒸汽机的发明和广泛使用,最终使英国机器大工业生产方式得以确立,英国率先完成了产业革命。到19世纪中期,法国、德国、美国等主要资本主义国家也完成了产业革命,建立了机器大工业生产。产业革命的完成,标志着资本主义经济体系的确立,它加快了商品经济和社会分工的发展,也促进了国际分工的形成。这个时期国际分工的主要特点是:

(1)资本主义国际分工获得了新的发展。受地域条件或自然环境的限制,大规模生产所需的日益增多的原材料已非本国生产的原材料所能满足,这样就使工业发达国家不得不向国外寻找和建立原材料产地。在先进的工业国,机器生产使劳动生产率大大提高,这种迅速提高的劳动生产率所提高的产量也非本国的市场所能容纳。而且,机器大工业的建立也为这个阶段国际分工的发展提供了可能。机器大工业的建立为改革运输与通信工具提供了物质技术基础,使国际分工成为可能,把原料生产国家和工业品生产国联系在了一起。

(2)国际分工以英国为中心。这个时期形成的工业国与农业国即宗主国和殖民地之间的国际分工,这种国际分工是以英国为中心的。由于英国最早完成了产业革命,成为当时工业最发达的国家和世界工业中心,号称"世界工厂",并且垄断了世界贸易。当时世界上其他绝大多数国家还主要是农业生产国。马克思描述道:"英国是农业世界的伟大的中心,是工业太阳,日益增多的生产谷物和棉花的卫星都围绕着它运转。"

(3)世界市场上交换的商品种类发生变化。随着国际分工的发展,那些满足地方贵族阶级和商人阶级需要的奢侈品在国际贸易中减少。工业品特别是纺织品贸易显著增加。煤、金属和机器在国际贸易中的地位逐步上升。谷物、棉花、羊毛、木材等原料成为大宗商品。参与国际贸易的国家和地区已遍及全世界,国际贸易具有了世界性,成为世界贸易,世界市场也初步形成。

(三)国际分工的发展阶段(19世纪中叶至第二次世界大战)

第二次产业革命是国际分工的发展阶段的开端,使垄断代替了自由竞争。

这个时期的国际分工出现了新的特点。第二次产业革命以后,由于电力的发明应用以及其他一系列新技术的革新,许多新兴的工业部门诞生,如钢铁、化工和汽车制造等。这些新技术和新兴工业增加了社会生产,对原材料和市场的需求也相应增加,同时带动了电力和交通运输业的发展,为国际分工的进一步发展奠定了基础。在这个时期,垄断代替了自由竞争,资本输出成为主要的经济特征之一。过去,亚非拉国家只被卷入国际商品流通,而现在则被卷入世界资本主义生产,从而使宗主国同殖民地、工业品生产国同初级产品生产国之间的分工日益加深,形成了国际分工新体系。这个阶段,国际分工的特点主要有:

(1) 各国对国际分工的依赖性加强。原来的工业国中,重工业占据了主导地位;原来的农业国中,燃料和采掘工业有了发展。工业生产集中在欧洲国家、美国、日本,食品、原料生产集中在亚非拉国家。国际分工体系的形成加强了世界各国之间的相互依赖关系,各国加强了对国际分工的依赖性。

(2) 国际分工以经济部门为主。19世纪末,美国和德国在经济上发展迅速,而英国发展速度比较缓慢,英国原来所处的"世界工厂"的地位受到美国和德国的挑战,分工的中心从英国一个国家变为一组国家,这些工业国家的工业生产各有侧重,形成了以经济部门为主的国际分工。例如,美国专门负责电气化生产、汽车制造和谷物生产,德国主要负责染料、药品等化工产品生产,比利时专门生产钢铁,挪威专门生产铝,芬兰专门生产木材和木材加工产品等。

(3) 世界城市与世界农村的分离进一步扩大。社会分工的发展造成了城市和农村的分离,随着第二次产业革命的发展,工业国的农村人口占劳动人口数的比重不断下降。

(四) 国际分工的深化阶段(第二次世界大战以后)

第二次世界大战以后,兴起了第三次科技革命和产业革命。国际分工的深化阶段从第三次科技革命开始,这一阶段出现了电子、信息、服务、软件、航天、生物工程和原子能等新兴产业,并渗透到经济生活的各个方面,对国际分工产生了重大影响。同时,非殖民化过程开始,各殖民地纷纷开始独立。它们往往不甘心做发达国家的附庸,而以发展本国民族经济为主要任务,这使它们在国际分工中的地位发生了变化。这个阶段,随着生产专业化和生产国际化的不断加强,跨国公司发展迅速,资本输出的形式发生了变化。另外,一些社会主义国家成立并参与国际分工,也使国际分工发生了变化。经济一体化使国际分工向纵深发展。

这一阶段,国际分工发生重大变化,主要表现为以下特点:

(1) 工业国家之间的分工居于主导地位。第二次世界大战前的一二百年间,以经济结构不同、技术水平不同的工业国与农业国间的分工居于主导地位,其次才是经济结构相似、技术水平接近的工业国间的分工。但是,第二次世界大战后发达国家与发展中国家之间的贸易发展得比较缓慢,而发达国家与发达国家之间的贸易发展得比较迅速,在世界贸易中所占的比重不断提高。在战后世界贸易中,发达国家的出口约占世界贸易量的75%,而其中的75%是对发达国家的出口,这就是说,50%以上的国际贸易是在发达国家之间以工业品贸易的形式进行的,而发达国家与发展中国家之间以工业品交换初级产品的贸易只占世界贸易的20%以下。这说明,传统的以自然资源为基础的分工逐步发展为以现代技术、工艺为基础的分工,形成了以工业国之间的分工占主导地位的国际分工格局。

(2) 各国间工业部门内部分工日益深化。第二次世界大战前,工业国家间的分工主要表现为各国不同工业部门之间的分工。第二次世界大战后,随着科技的进步,社会分工日趋细致化,原有生产部门又进一步划分为更多更细的部门,国内市场的有限性已无法容纳无限的生产细分,于是在国内部门间分工向部门内分工发展的同时,越来越多的次部门开始走向世界,形成国家间的部门内部分工。

这主要是由于科技进步使各产业部门之间的级差化不断加强,不仅产品品种、规格更加多样化,而且产品的生产过程也进一步复杂化。这就需要采用各种专门的设备和工艺,以达到商品的特定技术要求和质量要求,而一般来说所需要的专用设备的数量不多,但要求精度较高。同时,为了达到产品的技术和质量要求还必须进行大规模的科学实验和研究,这就需要大量的科研费用。在这种情况下,只有进行大量生产,在经济上才有利。但这些往往又与国内有限的市场、资金设备以及技术力量发生了矛盾,这就促使各国部门内部的生产专业化迅速得到发展。

(3) 国际分工的领域逐步转向服务业。第二次世界大战后,随着服务业的迅速发展,服务业在各国经济生活中的重要性越来越突出。发达国家服务业产值占国内生产总值的比重和服务业从业人员占国内就业人数的比重均超过50%;而发展中国家的服务业在其国民经济内部发展也较快。因此,国际分工的广度从制造业向服务业延伸,服务贸易发展迅速且与有形货物的生产与贸易彼此间相互结合、渗透。

(4) 区域性经济集团内部分工趋势加强。第二次世界大战后,世界性经济一体化和区域性经济一体化的趋势并存,在世界性经济一体化不断发展的同时,区域经济一体化的进程也明显加快。欧洲经济共同体(现称欧盟)就是这一趋势的典型代表。一般说来,这些经济集团不同程度地存在着内向性和排他性。对内逐步降低和取消关税和非关税壁垒措施,促进了集团内成员之间商品贸易、服务贸易与投资的自由化;对外采取歧视性的关税与非关税壁垒等排他性措施,在不同程度上阻碍了经济集团与非成员之间分工与贸易的发展,其结果促使了经济集团内成员之间分工和贸易发展趋势的加强。

(5) 发达国家与发展中国家的分工形式发生变化。从国际分工产生到两次世界大战前,世界殖民体系中宗主国主要从事工业制成品的生产,而殖民地、附属国和落后国则主要从事以自然条件为基础的农业或矿业的生产。第二次世界大战后的科技革命和跨国公司的经营活动使某些工业产品的生产从发达国家向发展中国家或地区转移,加上许多发展中国家或地区扶植民族工业的发展,从而促使了发达国家与发展中国家或地区之间工业部门分工的发展。其主要表现为:① 少数经济发达国家成为资本、技术密集型产业国,广大发展中国家成为劳动、土地密集型产业国,它们各自内部以及相互之间又形成更细致的分工。② 高、新、尖的复杂加工工业与简单的加工工业(如食品工业、胶合板工业、工艺品工业、农矿原料的初步加工工业等)的分工。

二、影响和制约国际分工形成与发展的因素

国际分工的形成与发展受到各种因素的影响和制约,主要包括:

（一）社会生产力是国际分工形成和发展的决定性因素

（1）国际分工是生产力发展的必然结果。生产力的增长是社会分工的前提条件，一切分工包括国际分工都是社会生产力发展的结果，科学技术的进步对社会生产力发展的促进作用尤为明显。

（2）各国的生产力水平决定了其在国际分工中的地位。历史上，英国最早完成产业革命，生产力得到巨大发展，使其成为"世界工厂"，因此英国当时在国际分工中居于主导地位。继英国之后，欧美资本主义国家产业革命相继完成，生产力迅速发展，与英国一道成为国际分工的中心与支配力量。

（3）生产力的发展对国际分工的形式、广度和深度起着决定性的作用。随着生产力的发展，各种经济类型的国家都加入到国际分工行列，国际分工已把各国紧密地结合在一起，形成了世界性分工。各国参与国际分工的形式从"垂直型"向"水平型"过渡，出现了多类型、多层次的分工形式。

（4）生产力的发展决定了国际分工的产品内容。随着生产力的发展，国际贸易中的工业制成品、高精尖产品不断增多，中间产品、技术贸易、劳务贸易也大量出现在国际分工中。

（二）自然条件是国际分工产生和发展的基础

自然条件是一切经济活动的基础，不具备一定的自然条件，进行任何经济活动都是困难的。但应注意的一点是，随着生产力的发展，自然条件对国际分工的作用正在逐渐减弱。

（三）人口、劳动规模和市场制约着国际分工的发展

人口稀少、土地广阔的国家往往偏重发展农业、牧业、矿业等产业，而人口多、资源贫乏的国家往往大力发展劳动力密集型产业。

现代大规模的生产，使分工成为必要，这种分工跨越了国界就产生了国际分工。随着生产规模越来越大，分工就越来越细，任何一个国家都不可能包揽所有的生产，必须参与国际分工。

国际商品交换市场的规模取决于：投入交换的商品数量；有支付能力的人口密度；交换距离。在一个国家和地区，人口越是稠密，每个人的支付能力越高，市场就越大，从而分工的实现程度就越高。同样，交换距离也制约着世界市场规模，间接地影响着国际分工。交换距离如果太远，一则使易坏易碎的商品难以到达市场，再则负担不起体积大而价值小的商品的运费。反之，如果距离很近，那么几乎所有商品都能进入市场。在商品交换的其他条件相同的情况下，一个国家和地区的运输条件越好，交换距离越近，运费越低，市场规模就越大，该国参与国际分工和发展国际分工的可能性也就越大。

（四）资本国际化是国际分工深入发展的重要条件

资本国际化促进了国际分工的迅速发展。自19世纪末，资本输出就成为了资本主义国家重要的经济现象。第二次世界大战后，跨国公司的兴起，发展中国家外资政策的变化大大扩大了资本的国际化范围，对国际分工的深入发展起着重要的作用。

（五）国际生产关系决定了国际分工的性质

国际分工是生产力发展的结果，它反映了生产力的发展水平，同时它与生产关系也有着密切的联系。国际分工是社会分工超出国家界限的结果，因此，社会生产关系也会超出国界而形成国际生产关系。国际生产关系主要包括：生产资料所有制的形式，各国在国际分工中的地位以及它们在国际分配、国际交换和消费中的各种关系。

（六）上层建筑可以推进和延缓国际分工的形成和发展

上层建筑对国际分工的促进作用主要表现在以下几个方面：① 建立超国家的经济组织，调节相互的经济贸易政策，促进国际分工的发展；② 制定自由贸易政策、法令，推行自由贸易，加速国际分工的步伐；③ 通过殖民统治，强迫殖民地建立符合国际分工的经济结构；④ 发动商业战争，签订不平等条约，使战败国接受自由贸易政策；⑤ 执行对外开放政策。

上层建筑对国际分工的进程也可起延缓作用，如制定过度的保护贸易政策；追求盲目的"自力更生"，组成排他性的经济贸易集团等。

三、国际分工的类型

（一）按参与国际分工的国家之间的社会经济水平不同进行分类

可划分为垂直型、水平型及混合型三种不同类型的国际分工形式。

（1）垂直型国际分工。经济技术发展水平相差悬殊的国家（如发达国家与发展中国家）之间的国际分工。

垂直分工分为以下两种：

一是部分国家供给初级原料，而另一部分国家供给制成品的分工形态，如发展中国家生产初级产品，发达国家生产工业制成品，这是不同国家在不同产业间的垂直分工。同一种产品从原料到制成品，需经多次加工。经济越发达，分工越细密，产品越复杂，工业化程度越高，产品加工的次数就越多。加工又分为初步加工（粗加工）和深加工（精加工）。只经过初加工的为初级产品，经过多次加工最后形成的产品为制成品。初级产品与制成品这两类产业的生产过程构成垂直联系，彼此互为市场。

二是同一产业内技术密集程度较高的产品与技术密集程度较低的产品之间的国际分工，或同一产品的生产过程中技术密集程度较高的工序与技术密集程度较低的工序之间的国际分工，这是相同产业内部因技术差距而产生的国际分工。

从历史上看，19世纪形成的国际分工是一种垂直型的国际分工。当时英国等少数国家是工业国，绝大多数不发达的殖民地、半殖民地国家为农业国。工业发达国家按自己的需要强迫落后的农业国进行分工，形成工业国支配农业国、农业国依附工业国的国际分工格局。迄今为止，工业发达国家从发展中国家进口原料而向其出口工业制成品的情况依然存在，垂直型的国际分工仍然是工业发达国家与发展中国家之间的一种重要的分工形式。

（2）水平型国际分工。经济发展水平相同或接近的国家（如发达国家以及一部分新兴工业化国家)之间在工业制成品生产上的国际分工。当代发达国家的相互贸易主要建立在水平型国际分工的基础上。水平分工可分为产业内水平分工与产业间水平分工。

产业内水平分工又称为差异产品分工,是指同一产业内不同厂商生产的产品虽有相同或相近的技术水平,但其外观设计、内在质量、规格、品种、商标、牌号或价格有所差异,从而产生的国际分工和相互交换,它反映了寡占企业的竞争和消费者偏好的多样化。随着科学技术和经济的发展,工业部门内部专业化生产程度越来越高。部门内部的分工、产品零部件的分工、各种加工工艺间的分工越来越细。这种部门内水平分工不仅存在于国内,而且广泛地存在于国与国之间。

产业间水平分工则是指不同产业所生产的制成品之间的国际分工和贸易。由于发达资本主义国家的工业发展有先有后,侧重的工业部门有所不同,各国技术水平和发展状况存在差别,所以各类工业部门生产方面的国际分工日趋重要。各国以其重点工业部门的产品去换取非重点工业部门的产品。工业制成品生产之间的分工不断向纵深发展,由此形成水平型国际分工。

(3) 混合型国际分工。混合型国际分工是把垂直型国际分工和水平型国际分工结合起来的国际分工方式。德国是采取混合型国际分工的典型代表。它对发展中国家采取的是垂直型的国际分工,向其进口原料,出口工业品;而对发达国家采取的则是水平型的国际分工,向其进口的主要是机器设备和零配件。其对外投资主要集中在西欧发达的资本主义国家。

(二) 按产业差异进行分类

可以分为产业间国际分工和产业内国际分工。

(1) 产业间国际分工。指不同产业部门之间生产的国际专业化。第二次世界大战以前,国际分工基本上是产业间的国际分工,表现为亚非拉国家专门生产矿物原料、农业原料及某些食品,欧美国家专门进行工业制成品的生产。

(2) 产业内国际分工。指相同生产部门内部各分部门之间的生产专业化。第二次世界大战后发生的第三次科学技术革命对现代国际分工产生了深远的影响,使国际分工的形式和趋向发生了很大的变化,突出地表现在使国际分工的形式从过去的部门间专业化向部门内专业化方向迅速发展起来。这主要是由于科技进步使各产业部门之间的级差化不断加强,不仅产品品种、规格更加多样化,而且产品的生产过程也进一步复杂化。这就需要采用各种专门的设备和工艺,以达到商品的特定技术和质量要求,而一般来说所需要的专用设备的数量不多,但要求精度较高。同时,为了达到产品的技术和质量要求还必须进行大规模的科学实验和研究,这就需要大量的科研费用。在这种情况下,只有进行大量生产在经济上才能有利。但这些往往又与同一国的有限市场和资金设备以及技术力量发生了矛盾,这就促使各国部门内部的生产专业化迅速得到发展。产业内国际分工主要有三种形式:

一是同类产品不同型号规格专业化分工。在某些部门内某种规格的产品的国际生产专业化,是部门内国际分工的一种表现形式。

二是零部件专业化分工。许多国家为其他国家生产最终产品而生产的配件、部件或零件的专业化。目前,这种国际生产专业化在多种产品的生产中广泛发展。

三是工艺过程专业化分工。这种专业化不是为了生产成品而是专门为了完成某种产品的工艺,即它是在完成某些工序方面的专业化分工。以化学产品为例,某些工厂专门生产半制成品,然后将其运输到一些国家的化学工厂去研制各种化学制成品。

四、国际分工与国际贸易

国际分工对国际贸易发展速度产生影响。在国际分工发展快的时段,国际贸易发展也较快。国际分工是当代国际贸易发展的主要动力。在资本主义自由竞争时期,由于形成了以英国为中心的国际分工体系,英国成为"世界工厂",外贸发展迅速,在资本主义世界的国际贸易中所占比重从1820年的18%,提高到1870年的22%,而且贸易的增长超过了生产的增长。但在1913年到1938年期间,由于世界大战及经济危机的影响,国际分工处于停滞状态,国际贸易额在这个时期也出现增速急剧下降。

国际分工对国际贸易地理分布产生影响。国际分工的过程表明,处于分工中心地位的国家,在国际贸易中占据主要位置。从18世纪到19世纪末,英国一直处于国际分工的中心地位,从而在资本主义世界的对外贸易中占据重要位置。伴随其他国家在国际分工中地位的提升,英国地位开始不断下降。从全球贸易视角出发,19世纪末以来,发达资本主义国家在世界出口中所占比重也在逐年显著增高。发达国家之间的贸易活动占据主导地位,发展中国家与发展中国家间的贸易变为次要。从1913年到1984年,前者在全球贸易中的比重从43%上升到52%,而后者则从52%下降到17.1%。

国际分工对贸易商品结构产生影响。第二次世界大战之后,工业制成品在国际贸易中所占比重超过了初级产品所占比重。发展中国家出口商品中的工业制成品显著增长。中间性机械产品的比重开始增加,工业内部、公司内部贸易等逐年增加。服务贸易发展迅猛,特别是发达国家服务贸易占对外贸易比重显著增长。

国际分工对国际贸易利益产生影响。国际分工扩大了社会劳动范围,促使贸易参与国扬长避短,发挥比较优势,合理配置经济资源。节约了平均劳动时间,提高了国际社会生产力,促进国际社会进步。但国际分工体系中,发达国家之间的分工相对平等,发达国家与发展中国家之间的分工却存在着中心与外围的关系,两者之间存在控制与被控制、剥削与被剥削的不平等关系。这种分工体系下,发达国家享有国际贸易带来的绝大部分利益。伴随着发展中国家工业发展与成熟,发展中国家在国际分工舞台上的地位逐步得到改善,分享的贸易利益开始增加,但根本格局没有发生实质性变化。

第二节　世界市场

世界市场(World Market)是一个动态的、发展的概念,是商品经济的范畴,不是地理概念。世界市场指世界各国商品服务交换的领域,是国际分工联系起来的各个国家(或地区)商品流通的有机总体,各国市场是世界市场的组成部分,它反映着国际交换关系。

世界市场的产生和形成过程,是资本主义生产力水平不断提高的过程,也是国际贸易从区域性贸易发展成为囊括整个世界范围的贸易的过程。资本主义世界创造了世界市场,世界市场的形成满足了资本主义发展的需要。国际分工是国际贸易和世界市场形成与发展的基础,伴随科技革命的发展,世界政治、经济形势发生巨大变化,商品价格受到国际价值、供求关系、垄断、竞争、经济周期性波动等因素的影响越来越明显。

一、世界市场的形成与发展

(一)世界市场的萌芽

世界市场萌芽于16世纪至17世纪。地理大发现以前,由于人们对世界的认识不全面,所以当时只有区域性市场,没有世界市场。在各个区域性市场之间,产品的价格是不统一的,即使在一个国家的不同区域之间,同种产品的价格也可能会有很大差异。比如,在中世纪的英国,两个相隔只有十几英里(1英里=1.609千米)的城市里,小麦的价格可以相差40%。一个国家只有在形成统一的民族市场之后,才可能逐步形成统一的国内市场价格。当然,这并不意味着全国各地的价格完全相同,而是指全国各地通过国内市场的流通使各地的价格维持一种动态的平衡。

地理大发现为世界市场的产生和形成奠定了基础。欧洲航海事业的发展,使各个区域性的市场范围不断扩大,并使各个区域性的市场彼此联系起来。于是,亚洲、美洲、非洲、大洋洲的许多商品都开始出现在欧洲市场上,而其他地方对欧洲国家的各种产品特别是工场手工业产品的需求也增加了,这致使国际贸易额迅速增加,从而开始形成世界市场。欧洲各国为了争夺市场而开展激烈竞争,最终由大西洋沿岸的一些城市取代了原来地中海和波罗的海沿岸的一些城市(如汉萨同盟、地中海区域市场等),成为当时世界市场的中心。里斯本、安特卫普、阿姆斯特丹、伦敦变成具有世界商业意义的大都市。与世界性的贸易相适应的海上运输、银行、保险公司、交易所和股份公司相继出现。这时候在世界市场上交易的商品大多数是奢侈品,占支配地位的是商业资本,它对开拓市场和资本的原始积累起了很大的作用,并促使封建主义生产方式向资本主义生产方式过渡。这一时期是世界市场的萌芽期。

(二)统一的世界市场的形成

1. 世界市场形成的特点

18世纪60年代,在英国开始的产业革命标志着资本主义生产方式的胜利。产业资本取代了商业资本的地位,开始在世界市场上占据统治地位。世界市场的发展进入了一个新的时期。主要特点如下:

(1)大机器工业只有在不间断地扩大生产,夺取新市场的条件下才能生存,因此,这种扩大再生产的压力驱使资产阶级超越已有的市场范围去寻找新市场。生产技术和工艺的发展意味着需要更大的市场来容纳这种新的生产力。事实表明,19世纪,资本主义国家每一次新的工业快速增长,都是与国外新市场的开辟即世界市场的扩大同时发生的。

(2) 大机器工业既需要不断扩大的世界销售市场,同时也需要不断扩大的原材料供应来源。大机器工业成为吸纳各种农产品和矿产品原料的巨大市场。产业革命以后,英国等国工业迅速增长,使它们越来越多地到世界市场特别是到殖民地、半殖民地国家购买大生产所需的原材料。这样,资本主义大机器工业把越来越多的原料来源国卷入到世界市场上来了。

(3) 产业革命以后,工厂规模和数量的扩大使人口不断向城市集中,在发达资本主义国家形成了许多大工业中心城市。这些工业中心城市所需的大量食品及其他消费品已不可能单靠国内生产来供应,而是需要不断从世界市场去采购输入。

(4) 社会生产力的快速增长,加快了人们对荒芜原野的开发。19世纪,国际移民运动有了极大的发展,数以百万计的欧洲移民到了北美、大洋洲及其他地方。中国、印度等国的大批劳动力也以各种形式移往世界各地。这种国际劳动力市场的发展,无疑也促使世界各国之间的贸易规模不断扩大。

(5) 大机器工业为加强国内以及国际的经常性经济联系所需的交通运输工具提供了物质技术基础。大工业需要把大量原材料及产品做远距离的运输,而蒸汽机的发明和应用推动了铁路的大发展,轮船取代了帆船,电报的发明等极大地方便了世界市场各部分之间的联系。商品生产和交换越来越具有世界性的规模,世界各国之间的经济联系以及相互依赖程度都加强了。

2. 统一的世界市场形成的标志

产业革命以后的100年间,世界市场已有了很大的发展,但一直到19世纪中叶,世界市场上仍只有英国处于支配地位。西欧、北美诸国处于工业革命刚开始的阶段,刚刚开始大修铁路,以使本国的内地和国际市场更紧密地联系起来。从全世界的角度看,资本主义生产关系对中国等亚洲大陆国家来说才刚刚开始出现,此时还不能认为统一的世界市场已经完全形成。到19世纪末20世纪初,资本主义进入垄断时期,此时才可以认为最终形成了统一的无所不包的世界市场。其标志为:

(1) 帝国主义列强已把世界市场瓜分完毕。20世纪初,全球任何一个国家或地区都已处在资本主义生产关系的支配之下。欧洲一些国家和美国在19世纪中期开始的新科技革命中迅速地发展了自己的生产力,使它们的生产力水平开始接近最早实现工业化的英国。到19世纪末20世纪初,美国、德国的经济实力已超过英国。这些发达资本主义国家进入垄断经济阶段以后,加强了资本输出。为了保证本国产品的销售市场和原料产地,帝国主义国家纷纷掠夺殖民地,在世界范围内划分势力范围。到20世纪初,世界范围内已没有什么国家和地区的经济活动可以脱离世界市场了。

(2) 多边贸易、多边支付体系的形成。19世纪末,随着国际分工的发展,西欧大陆工业国和美国这些发达资本主义国家从不发达的国家和地区进口的农产品和原材料越来越多,而不发达国家和地区从西欧大陆和北美进口的产品数量则相对较少,因而欧洲大陆的工国和美国对不发达国家有大量的贸易赤字。与此同时,英国因实行自由贸易政策,从西欧大陆工业国和美国输入的工农业产品持续增长,出现了英国对这些新兴工业化国家的贸易赤字。当时世界上不发达国家和地区进口的工业产品很大部分来自英国,因此,又存在着不发达国家和地区对英贸易的赤字。这样就出现了对多边支付的需求。英国需要用其对不发达国家的贸易顺差来弥补对西欧大陆工业国和美国的贸易逆差;不发达国家和地区需要用它们对西欧大陆工业国和美国的贸易顺差来弥补其对英贸易的逆差;西欧大陆工业国和美国则需要用它们对英贸易的顺差来弥补对不发达国家和地区的贸易逆差。英国作为一个老牌资本主义国家在海外有大量的投资收入需要汇回,它的航运业、银行业、保险业每年也要从世界各地取得大量收入,这就使当时的英国成为世界多边贸易、多边支付体系的中心,伦敦因此而成为国际金融中心。这使得国际贸易参与国可以在伦敦完成国际债权债务的清偿,有助于资本输出和国际间的资金流动。

(3) 国际金本位制度的建立与世界货币的形成。世界市场与世界货币是密切相关的,两者相互促进,相辅相成。所谓世界货币是指在世界各国都能通用的、担任一般等价物的商品,它为进入世界市场的人们所接受。早期的世界货币是黄金和白银,是一种复本位制。1816 年英国过渡到单一的金本位制。但国际金本位制则是在 1873 年至 1897 年间建立的。当时,欧洲许多国家和美国、日本等主要资本主义国家纷纷放弃复本位制而采用单一的国际金本位制。到 20 世纪初,世界上大多数国家都实行了国际金本位制。国际金本位制的优越性在于:第一,它使世界市场上各国货币价值的相互比较有了一个尺度,并使各国货币之间的汇率保持稳定。第二,它给世界市场上各国的商品价格提供了一个互相比较的尺度,使人们很容易把商品价格从用一种货币表示转换为用另一种货币表示,有利于把各国的价格结构联系在一起,使当时的多边支付体系顺利发挥作用,是世界市场机制的一个重要组成部分。

(4) 各国共同受世界市场行情变化的影响。19 世纪末 20 世纪初,世界上已形成了许多大型的商品交易所,不少地方举办的博览会把世界各地的客商及产品汇集到一起。这一切都使世界各地的同类产品的价格有趋于一致的倾向,形成了许多产品的世界市场行情。这有利于航运、保险、银行和各种机构的健全,以及交通设施和运输工具的进一步完善。并且,通过长期的实践,世界市场上大体形成了一整套有利于各国贸易往来的规则和惯例,这保障了国际贸易的顺利进行。这一切都使世界市场的各个部分紧密结合在一起,各国的进出口贸易无不受到世界市场行情变化的影响。

资料链接

中国早已从世界工厂变为世界市场,印度、越南谁能接过这一重任?

历史上四个国家可以被称为世界工厂,分别是 18 世纪末期至 19 世纪中期的英国、19 世纪中后期至 20 世纪中期的美国、20 世纪 60 年代至 90 年代的日本,目前的世界工厂是中国。

中国已经拥有在服装、电子机器、家电、摩托车等领域的全球最大生产规模,并且成为最大出口国。中国正由世界最大的工业品供应国逐渐转变为全球最大、或者至少能与美国相媲美的世界最大市场。

所以,随着产业升级,作为最优潜力的东南亚,是否有机会成为新世界工厂呢?

能被称为世界工厂,必须具有较为完备的工业体系,世界工厂要能够承接市场上的大量订单,因此必须要有充足的产能。此外,还要具备产业转型的能力、廉价劳动力、流通便利性。

因此如果选择下一个世界工厂,印度获选的可能性很大,至于东南亚,只能在部分工业领域获得一杯羹。

资料来源:中国早已从世界工厂变为世界市场,印度越南谁能接过这一重任?[OL].网易号,2019-03-06.

二、现代世界市场发展的主要特征

(一)世界市场的规模大大增加

第二次世界大战后一系列殖民地国家获得独立,它们不再由宗主国来安排进入世界市场,而以独立主权国家的身份进入世界市场,世界市场的参与主体大幅增多。另外,各国卷入世界市场的深度也在增加,表现为各国对外贸易额占其国民生产总值的比重即外贸依存度有提高的趋势。1970年,世界各国的平均外贸依存度为11.4%,1980年上升为14.1%,1990年进一步上升为16.2%,现在该数值仍在上升。国际贸易的方式也呈现多样化。第二次世界大战后各国间的贸易除了传统的商品贸易之外,还有在国际开展的多种形式的资金、技术、服务等合作和联合投资,共同开发生产各种新产品、开发新市场已屡见不鲜。国际经济合作形式的多样化促进了国际贸易方式的多样化。像补偿贸易、来料加工贸易、租赁贸易等新的贸易形式在第二次世界大战后得到很大发展。

(二)国际贸易的商品结构发生了重大变化

由于第二次世界大战后国际分工格局的变化,国际贸易商品结构也发生了相应的变化。第二次世界大战前初级产品与工业制成品在世界贸易中所占的比重大约分别是60%与40%,第二次世界大战后这个比例开始倒过来了。

在工业制成品中,机械产品、电子产品等与新技术有关的产品所占比重在加大。造成这种情况的根本原因是:第三次科技革命带来了国际分工的深化;部门内分工的发展使国际贸易中的中间产品大大增加;大量的合成材料代替了原先的初级产品原料;发达资本主义国家的新技术使它们的农产品自给率提高。

(三)国际服务贸易发展迅速

第二次世界大战后的第三次科技革命和经济高速增长在加深国际分工的同时,也使各种生产要素在国家间的流动加强,于是国际服务贸易迅速发展起来,不但传统的服务贸易项目(如银行、保险、运输等)随着国际贸易发展而发展,其他新型的服务项目(如国际租赁、国际咨询、管理服务、技术贸易、国际旅游等)也在第二次世界大战后得到快速发展。服务贸易的增长速度大于同期货物贸易的增长速度。

（四）区域经济一体化和跨国公司给世界市场以巨大影响

世界各国经济联系日益加强，有一部分国家通过结成地区性经济集团，在区域范围内追求更加紧密的国际经济联系。于是在世界市场的范围内，存在许多跨国区域性市场。这些地区性经济集团，对内实行程度较高的自由贸易，对外则实行一定程度的歧视或排斥，如欧盟、北美自由贸易区等就是这样的区域经济一体化组织。看起来这似乎使世界市场被分割为一些板块，使世界市场变小，但世界上众多国家在参与到世界市场中去的时候，原本就实行内外有别的政策。因此，世界上有多少国家和地区就可以认为世界市场被分割为多少板块。只不过现在区域经济一体化使一些较小的板块合并为大一些的板块，并大大促进了集团内的国际分工和国际贸易。第二次世界大战后的贸易自由化大大打破了国家间的关税和非关税壁垒，使国与国之间或板块与板块之间的经济联系进一步加强。因此，第二次世界大战后的区域经济一体化并没有使世界市场变小，而是在世界自由贸易程度提高的同时，在某一区域内实行更高程度的自由贸易，因而区域经济一体化起着促进世界市场发展的作用。

第二次世界大战后跨国公司的大发展也给世界市场以巨大影响。跨国公司利用其雄厚的资本和科学技术上的优势，通过对外直接投资，绕过别国的关税和非关税壁垒，进入别国市场。它们采用多种组织形式和策略，垄断了世界的销售市场和原料产地，从而垄断了世界市场上很大一部分贸易。

（五）不同社会制度的国家在世界市场上的联系在加强

第二次世界大战前，作为唯一一个社会主义国家的苏联对参与世界市场是持警惕态度的。第二次世界大战后初期，出现了十几个社会主义国家，东、西方处于冷战状态，社会主义国家与资本主义国家的经济关系受到严重影响。我国于20世纪70年代末实行改革开放，与其他国家、地区建立和发展了多层次的经贸关系，并恢复了在世界银行、国际货币基金组织的合法席位，加入了世界贸易组织。自从党的十四大确立我国"建设社会主义市场经济体制"的目标之后，我国在世界市场上的竞争力不断增强，与世界市场的联系也更加紧密。作为最大的发展中国家，我国与其他广大发展中国家一起，积极要求改变原来不合理的国际经济秩序，建立新的国际经济秩序，以更有利于世界各国的发展。

三、当代世界市场的构成与运行

（一）国家构成

世界市场是一个由各种经济类型的国家组成的既统一又对立的复合体，各种经济类型及不同发展阶段的国家都在统一的世界市场上并存，既相互依赖，又相互竞争。对参加世界市场活动的国家的分类，目前采用较多的是联合国贸易与发展会议（UNCTAD）分类法，即将所有国家分为发达国家、发展中国家、东南欧和独联体国家。

（二）订约人（主体）构成

世界市场的订约人依照活动目的及性质划分为四类：① 以追求商业利润为目的而进行经济活动的企业以及为促进私营企业扩大出口而建立并代表企业家集团利益的企业主联合会；② 政府机构，包括作为直接采购方的政府机构、政府专门设立的干预机构以及政府批准设立的促进出口的机构等；③ 国际机构，诸如世界银行、国际货币基金组织以及联合国等；④ 一些其他机构，比如国际商品协定下设的干预基金等。

（三）交易的标的或对象构成

世界市场的交易对象构成也称交易的商品构成，具体包括有形商品（货物）和无形商品（服务）两大类。其中，有形商品的分类依据《联合国国际贸易标准分类》共分为10大类、66章、266组。

（四）世界市场活动的链体

(1) 有固定组织形态的国际市场。在固定场所按照事先规定好的原则和规章进行商品交易的市场，主要包括商品交易所、拍卖会、集市、博览会和展销会。

(2) 没有固定组织形态的国际市场。除了有固定组织形态的国际市场，通过其他方式进行的国际商品交易都可以纳入非固定组织形态的国际市场，大致分为两类：一类是单纯的商品购销；另一类是与其他因素结合的商品购销形式，如投标与招标、易货贸易、租赁贸易。

(3) 国际商品销售渠道。此是指商品从生产者到消费者手中所要经过的环节。其作用是：沟通生产与销售，节约企业推销商品所需的人力和时间；为贸易方提供各种方便；化解企业商品生产后的风险；满足消费者的不同需要。一般由三部分构成：① 出口国的销售渠道，包括生产企业或贸易公司本身；② 出口国与进口国之间的销售渠道，包括贸易双方的中间商；③ 进口国国内的销售渠道，包括经销商、批发商和零售商等。

(4) 运输和信息媒体网络。运输网络承担着世界市场上的各种运输服务，由铁路运输、公路运输、水路运输、航空运输、管道运输等共同组成。信息媒体网络则承担着市场上的信息传播和通信。国际贸易中的各种商业信息获取源主要包括企业内部信息网络及外部信息网络。企业外部信息网络又由诸多的结点构成，具体包括商业性信息提供机构、政府设立的贸易促进机构、使馆商务处、各种媒体及互联网等。

(5) 全球物流管理。物流活动超越国界的限制，延伸到其他国家和地区，其目的是降低运输费用，提高商品周转和竞争力，获取销售效益。它是把商品制造运输和销售有机结合，集采购、生产、运输、保管、信息和管理于一体的世界市场活动。21世纪国际物流进入大发展的时代，呈现信息化、网络化、智能化、柔性化、标准化和整体化的特点。

(6) 管理机构和组织。各种国际性的参与世界市场活动的管理机构和组织，主要是指世界贸易组织、国际货币基金组织等。

四、世界市场上的交易方式

世界市场上的交易方式种类较多，如单纯商品购销、包销、代理、寄售、招投标、补偿贸易等。

五、世界市场价格

世界市场价格又称国际价格,是指在一定条件下世界市场上形成的市场价格,是世界市场上一定时期有代表性的价格,通常以世界市场上占绝大多数的商品的成交价格为世界价格。

(一)世界市场价格形成的基础是国际价值

1. 国际价值与国别价值

世界市场价格(国际价格)的基础是国际价值,国际价值又在国别价值基础上形成。

国际价值是世界市场范围内的商品市场价值,它是由世界劳动的平均单位,即在世界经济现有条件下,在各国劳动者的平均劳动熟练程度和强度下,生产某种商品所需要的世界社会必要劳动时间决定的。国际价值的货币表现是国际价格,国际价值是国际价格变动的基础和中心。

国别价值是由一国生产该商品的社会必要劳动时间所决定的,该国社会必要劳动时间是在现有的社会正常的生产条件下,在社会平均的劳动熟练程度和劳动强度下生产某种商品所需要的劳动时间。

国际价值与国别价值的区别与联系如下:

(1) 国别价值是商品国际价值形成的基础。使国民劳动具有世界劳动的资格,最重要的条件就是以国际分工为基础的世界市场的形成和发展。

(2) 国别价值和国际价值具有质的同一性和量的差别性。商品的国别价值和国际价值作为人类劳动的凝结物,在本质上是完全相同的,而在量上是不同的。不同国家在同一劳动时间内所生产的同种商品的量不同,使其有不同的国际价值,从而表现为不同的国别价值。

2. 影响商品国际价值量变化的因素

(1) 劳动生产率。国际价值随国际社会必要劳动时间的变化而变化。国际社会必要劳动时间随着世界各国的社会必要劳动时间变化而变化。各国生产商品的社会必要劳动时间则随着劳动生产率的改变而改变。最终,各国劳动生产率的高低取决于多种因素,如劳动者的熟练程度,生产资料特别是生产工具的装备水平,劳动组织和生产组织的状况,科学技术的发展和应用程序,原料和零部件的优劣,各种自然条件等。

(2) 劳动强度。劳动强度指劳动的紧张程度,也就是指同一时间内劳动力消耗的程度。劳动强度同时均等地增加了,新的较高的劳动强度就会成为普通的社会劳动标准强度,从而影响国际上的劳动强度,进而影响国际价值。

(3) 贸易参与国的贸易量。如果绝大多数国际贸易商品是在大致相同的正常的各个国家社会必要劳动时间下生产出来的,则国际社会必要劳动时间就是该商品各个国家的社会必要劳动时间,那么商品的国别价值与国际价值基本上是一致的。如果投到国际市场上的该商品的总量仍旧不变,然而在较坏条件下生产的商品的国别价值,不能由在较好条件下生产的商品的国别价值来衡量,导致在较坏的条件下生产的那部分商品,无论和同在中间生产条件下生产的商品相比,还是和同较好条件下生产的商品相比,都构成一个相当大的量差,那么,国际价值就由在较坏条件下生产并出口的大量商品来衡量。如果在高于中等条件下生产的商品的出口量大大超过在较坏条件下生产的商品的出口量甚至在同中等条件下生产的商品的出口量相比也构成一个相当大的量差,那么,国际价值就由在最好条件下生产的那部分商品来衡量。因此,贸易国的贸易量也是影响国际价值的因素。

(二)世界市场价格的形成机制

1. 世界市场价格变动的主轴

(1)国际生产价格是国际价值的转化形态。资本主义生产方式建立前,在国内商品交换中,商品是按照价值进行交换的,价值一直是价格运动的中心。随着资本主义的发展和资本主义国内市场的形成,利润转化为平均利润,商品价值转化为生产价格。在以各国国内市场组成的世界市场上,随着商品国别价值向国际价值转变,世界市场上的商品交换不是以国际价值而是以各国平均生产价格的国际生产价格进行交换了。商品的国际生产价格成为国际商品变动的基础和中心。

(2)国际市场价格围绕着国际生产价格上下波动。价值规律要求商品交换依据商品的价值来进行,商品的国际价值转变为国际生产价格后,商品的国际生产价格成为国际市场价格变动的中心。但并不是说,在每一次商品交换时,世界市场价格都与世界生产价格相一致。因为在世界市场上,竞争和生产的无政府状态规律在起作用,商品的供给和需求经常是不平衡的:当供给超过需求时,世界市场价格会低于世界生产价格;当需求超过供给时,世界市场价格会高于世界生产价格。价格本身的变动,又会反过来影响供给和需求的变化,使它们逐渐趋向平衡,从而使世界市场价格接近世界生产价格。在世界市场上,商品的价格时而高于其价值、时而低于其价值,但不能长久地过分背离价值。

2. 世界市场价格的具体形成

(1)世界市场的供求关系决定世界市场价格。商品的世界市场价格围绕世界生产价格上下波动。而商品的世界市场价格是由世界市场上的供求关系决定的。

(2)影响供求关系的主要因素:

第一,垄断。垄断组织为了夺取最大限度利润,采取各种方法控制世界市场价格,总体来说包括直接方法和间接方法。直接方法包括:瓜分销售市场,规定国内市场的商品销售额,规定出口份额,减产;降低商品价格,使竞争者破产,然后夺取这些市场并规定这些商品的垄断价格;用夺取原料产地的方法垄断原料市场;开采原料并按垄断价格出售原料,获取国家订货,并按垄断价格出售这些订货;直接调整价格,即规定一定的价格,低于这一价格便不出售商品;跨国公司内部采用划拨价格,公司内部相互约定采购商品和劳务所规定的价格。间接的方法包括:限制商品生产额和出口额,限制开采矿产和妨碍新工厂的建立;在市场上收买"过多"产品并出口"剩余"产品。

第二,经济发展周期。在危机期间,生产猛然下降,大批商品找不到销路,存货积压,一般价格会下降;在危机过后,生产逐渐上升,对各种产品的需求增加,价格又开始上涨。

第三,各国政府采取的政策措施。主要有支持价格政策、出口补贴政策、进出口管制政策、外汇政策、税收政策、战略物资收购及抛售政策等。

第四,商品的质量、包装以及商品销售过程中的各种因素。主要包括付款条件的难易、运输交货是否适时、销售季节的超前与错后、使用的货币、成交数量的多少乃至服务质量的好坏等多种因素。

3. 世界市场价格的种类

(1) 世界"自由市场"价格是指在国际不受垄断或国家垄断力量干扰的条件下,由独立经营的买者和卖者之间进行交易的价格。世界"自由市场"价格的特点是:由较多的买主集中在固定的地点,按一定的规则,在规定的时间进行交易,常常能较客观地反映商品供求关系的变化。联合国贸易发展会议所发布的统计数据把美国谷物交易所的小麦价格、玉米(阿根廷)的英国到岸价格、大米(泰国)的曼谷离岸价格、咖啡的纽约港交货价格等36种初级产品的价格列为世界"自由市场"价格。

(2) 世界"封闭市场"价格是指买卖双方在一定的约束关系下形成的价格。在这种情况下,商品在国际上的供求关系一般对"封闭市场"价格不会产生实质性的影响。"封闭市场价格"主要包括调拨价格(转移价格)、垄断价格、区域性经济贸易集团内的价格及国际商品协定下的决定价格。① 调拨价格是指跨国公司为了达到最大限度地减轻税负,逃避东道国的外汇管制等目的,在公司内部交易时规定的购买商品价格。② 垄断价格是指国际垄断组织利用其经济力量和市场控制力量决定的价格。在卖方垄断价格下,该价格高于商品的国际价值的价格;在买方垄断价格下,该价格低于商品的国际价值的价格。③ 区域性经济贸易集团内的价格是指在区域性经贸集团内部形成的价格,如欧盟的共同农业政策中的共同价格。④ 国际商品协定下的决定价格通常采用最低价格和最高价格等办法来稳定商品价格:当有关商品的世界市场价格降低到最低价格以下时,就用缓冲基金收购商品,减少商品供应量,使价格回升;当商品的世界市场价格超过最高价格时,则扩大出口或抛售缓冲库存中的存货,加大商品供应量,使商品价格回落。

◆ **本章小结**

国际分工是指世界各国在从事产品生产时,相互之间劳动分工和生产专业化的分工,是社会分工向国际范围扩展的必然结果。国际分工是国际贸易和世界市场发展和形成的基础,各国参与国际分工的形式和格局决定了该国对外贸易的结构、地理方向和贸易利益。

按参加国际分工的国家的自然资源和原材料供应、生产技术水平和工业发展情况的差异来分类,国际分工可划分为垂直型、水平型及混合型三种不同的形式。按分工是在产业之间还是产业内进行,国际分工可以分为产业间或产业内国际分工。

世界市场是一个动态的、发展的概念,属商品经济的范畴,不是地理概念。世界市场指世界各国商品服务交换的领域,是由国际分工联系起来的各个国家(或地区)商品流通的有机总体,各国市场是世界市场的组成部分,它反映着国际交换关系。

◆ **关键词**

国际分工　世界市场　世界市场价格

◆ **思考题**

1. 影响国际分工的主要因素是什么?
2. 国际分工的类型怎样划分?
3. 统一世界市场形成的标志是什么?
4. 当代世界市场的特征有哪些?
5. 当代世界市场的构成是怎样的?
6. 国际价值和国别价值之间有怎样的关系?

思考案例

高盛最近的一份报告指出,在苹果智能手机的全球供应链中,中国的生产成本占25%～35%,其中15%左右为零部件加工和最终组装所投入的劳动力成本。该报告估算,如将在中国的iPhone生产与组装全部移到美国,iPhone的生产成本将提高37%。为此,美国通过工序和产品调整以适应生产自动化,提高生产率,5年后有望消化部分新增成本。在苹果公司利润不变的情况下,iPhone售价将上涨15%。当然,这种情况不会成为现实。……在中美这种分工格局下,如果中国劳动力成本上升过快或两国出现贸易壁垒,不仅影响到iPhone美国供货商的生产链、利益格局和iPhone的售价,还会波及其他国家iPhone供货商的生产和利益。贸易壁垒一旦是双边的,影响则更为复杂。……中美作为世界贸易超级大国,双边贸易规模巨大,都深度融入全球供应链。但中美分属不同区域生产网络,两国在产品价值链上的分工多处于东亚生产网络中。在这种分工格局下,任何分工基础或外部条件变化都会带来较为复杂的影响。请思考贸易政策对国际分工格局的影响。

资料来源:陶涛.iPhone价值链中的国际分工[OL].第一财经APP,2018-05-20.

应用训练

打火机是一个有百年以上历史的传统产品,至今世界上还保留着不少百年历史的品牌。20世纪50年代,欧洲盛产打火机,60年代末,日本、韩国等地以价格优势迅速取而代之,成了世界打火机生产基地。80年代初,打火机行业逐渐向中国沿海的温州转移。到1980年代末,小小的温州已经拥有500多家金属打火机厂。同时,专业化分工也越来越细,大大小小的配件厂迅速串珠成链,温州市区的信河街成了世界有名的"火机配件一条街"。1999年,温州金属打火机的年产量达到1亿只,其中70%以上出口,占据全球70%的份额。

面对温州一下蹿出3000多家打火机厂,当时的日本等国的厂商全傻了。温州的打火机,初看与日本打火机差别并不大,虽然做工粗糙,工艺简单,可是,它便宜!它的价格还抵不上日本工人生产它的工钱的一半!日本广田公司原是日本最大的打火机厂家,在被温州同行打得喘不过气的时候,决定关闭日本的生产线,到温州进行贴牌生产。

回溯二十世纪八九十年代,这个由近30个零件组成的打火机照亮了市场经济萌动期的温州人,脱贫致富的冲动促使他们对其拆装研究并批量生产,直至占据世界垄断地位。然而,这个温州制造业曾经的当家花旦之一,现在却面临着资金短缺、成本急增以及政策制度上的诸多问题。从最辉煌时期的3000多家企业,到如今的百余家,"打火机已经从温州最红火、最风光的行业,跌到最夕阳、最挣扎的行业了"。

资料来源:周瑜.温州打火机:落寞的昔日巨头[N].东方早报,2012-01-19.

试分析:以温州打火机制造产业为例,中国制造业如何才能占据国际分工和世界市场主导地位,真正成为具备强劲竞争力的产业?

第四章 国际贸易理论

本章结构图

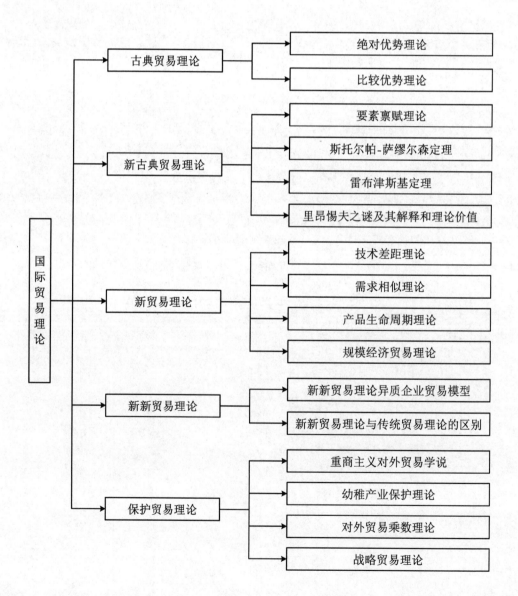

第四章　国际贸易理论

学习目标

了解重商主义、幼稚产业保护理论、外贸乘数理论、战略贸易理论及新新贸易理论，掌握绝对优势理论、比较优势理论、要素禀赋理论、里昂惕夫之谜及新贸易理论。

导入案例

以新的比较优势实现经济高质量发展

按照李嘉图的相对比较优势理论，发展中国家就应当一直生产衬衣之类的劳动密集型产品，发达国家就应当出售关键产业的核心技术，然而在现实经济活动中，以美国为首的发达国家恰恰对关键产业的核心技术实行了贸易保护。对现实经济活动的不可解释性，使得相对比较优势理论暴露出其先天的不足。

首先，李嘉图把适用于个人之间的交易原理推演到了国家之间，认为在个人之间适用的、正确的原理，在国家之间同样适用、同样正确，这显然是不对的。更何况李嘉图是站在发达国家的立场上思考问题的，如果照此实施，欠发达国家只能永远生产低端产品，因为这是他们的比价优势。如果永远做低端产品，那就只能永远成为发达国家的附庸。在现实经济活动中，一些发展中国家之所以能够成为发达国家，就是因为他们不满足于简单地制造低端产品，而是为了国家真正的独立和发展，依靠产业政策发展了很多关键产业领域的尖端技术，从而使本国的经济发展不受制于人。也就是说，他们并没有陶醉于做衬衫，而是在做衬衫的同时还学会了做技术含量更高的产品。逐渐地，一些本来需要向发达国家购买的产品现在不买了，可以自己生产了。世界经济史证明，适时地摆脱传统的比较优势，提升自己的创新能力，是一个发展中国家保持经济持续发展的正确选择。

其次，比较优势的内涵是因时代不同而不同的，是动态的。在人类社会产业层次比较低、技术含量普遍不高的阶段，传统的、自然资源的比较优势在经济交往中起着比较重要的作用。在科学技术迅猛发展，创新对经济发展的贡献越来越大的时候，比较优势体现为在科学技术的某一方面具有优势。为什么一些自然条件处于不利地位，似乎没有传统比较优势的国家能成为竞争中的佼佼者，比如以色列，农业技术却相当发达，原因就在于一国在关键核心技术上具有了比较优势。

最后，创新能力比任何自然资源都重要。创新能力是一国经济发展根本的、最具有决定性的比较优势。近现代经济发展史证明，在市场经济条件下，创新才是人类社会发展的根本动能，也是一国经济发展处于不败之地的根本条件。创新需要被激发，要有能够激发创新的制度安排，因此，要想在创新能力方面获得比较优势，前提是要有一个利于创新的环境和制度安排。

对于一个经济追赶型的国家而言，在发展的起始阶段，可以发挥自然资源的比较优势，以此换得发展之初最基本的资本和技术。当最初的发展已经实现，需要强身健体的时候，就要对传统的比较优势主动割舍、积极扬弃，及时转变经济发展方式，在技术创新和掌握核心技术上下功夫。发展中国家需要自由贸易，但同样需要产业政策来推动形成具有国际竞争力的产业,否则就会在自由贸易的过程中丧失竞争力。通过适当的产业政策形成在一些关键产业领域的核心竞争力,是后发国家步入发达国家的必由之路。

我国经济已经从高速增长阶段转向高质量发展阶段。经济高质量发展包含十分丰富的内容,但最基本的是强身健体,是做强产业。这就要求我们必须掌握关键产业的核心技术,形成与现代科学技术水平相适应的比较优势。而要获得科学技术方面的比较优势,就需要千方百计、切切实实地推进实质性创新。

资料来源:李义平.以新的比较优势实现经济高质量发展[N].光明日报,2018-08-07.

第一节 古典贸易理论

资料链接

马克思国际贸易理论

1. 研究方法和研究对象

马克思国际贸易理论是马克思经济学理论体系的一个重要组成部分。马克思从辩证唯物主义和历史唯物主义的角度出发,考察了国际贸易的起源、发展、变化以及未来的发展趋势。同时运用了逻辑分析的方法,遵循从简单到复杂、从抽象到具体、从一般到特殊的顺序,通过对历史沿革的叙述,深入探讨了国际贸易的性质及其与资本主义生产方式之间的本质关系。马克思认为,对外贸易既是资本主义生产方式的前提,也是资本主义生产方式的产物和结果。世界贸易和世界市场不仅在16世纪揭开了资本的近代生活史,作为实现资本原始积累的重要途径和手段,对促进资本主义生产方式的确立起到了积极的决定性作用。在资本主义生产方式确立之后,不断扩大对外贸易就成为这种生产方式自身发展的内在要求,而这种生产方式也为对外贸易的扩大提供越来越有力的支持。马克思从本质上揭示了国际贸易与资本主义生产方式之间互为条件、相互促进的密切关系。

2. 理论基础

作为马克思国际贸易理论基石的是马克思的国际价值理论。国际价值理论是马克思劳动二重性学说在国际范围内的应用。马克思认为:"国家不同,劳动的中等强度也就不同;有的国家

马克思

高些,有的国家低些。于是各国的平均数形成一个阶梯,它的计量单位是世界劳动的平均单位。因此,强度较大的国民劳动比强度较小的国民劳动,会在同一时间内生产出更多的价值,而这又表现为更多的货币。"马克思在这里明确指出了商品的国际价值不是由某个国家的社会平均劳动时间决定,而是由世界劳动的平均单位来决定。因此,在国际贸易中,国际价值和国内价值是互相转化的。较低的国内价值可以转化为较高的国际价值;反之,较多的国内价值也可以转化为较少的国际价值。

3. 政策主张

在对外贸易政策方面,马克思认为,决定一国采取哪种贸易政策的根本依据是生产力发展水平和国内产业结构的需要,保护贸易政策和自由贸易政策都是资产阶级国家按照自身利益要求而制定的。因此,从本质上讲,资本主义对外贸易政策服务于垄断资本的需要,无论采取何种政策,都是在现代资本主义生产制度的范围内兜圈子,并不能真正改变无产阶级受剥削的历史地位。无产阶级如果想要改变贫苦和受压迫的命运,必须采取彻底的革命,推翻资产阶级的统治。

从根本上讲,马克思研究国际贸易的目的在于揭露资产阶级在国际市场范围内对无产阶级进行剥削的本质。

资料来源:尹栾玉. 马克思国际贸易理论与克鲁格曼新贸易理论之比较[J]. 马克思主义研究,2007(5):28-32.

亚当·斯密的绝对优势理论和大卫·李嘉图的比较优势理论被人们称为古典贸易理论。从本质上讲,古典贸易理论是从生产技术差异的角度来解释国际贸易的起因与影响的。只不过,在古典生产函数中,劳动是唯一的生产要素,因此,生产技术差异就具体化为劳动生产率的差异,在这种情况下,劳动生产率差异就是国际贸易的一个重要起因。

一、绝对优势理论(Theory of Absolute Advantage)

亚当·斯密在1776年出版的《国民财富的性质和原因的研究》(《国富论》)中提出了绝对优势理论,又称绝对成本说(Theory of Absolute Cost)、地域分工说(Theory of Territorial Division of Labor)。

(一)亚当·斯密的绝对优势理论内容

(1)分工可以提高劳动生产率,增加国民财富。斯密认为:"交换是出于利己心并为达到利己目的而进行的活动,是人类的一种天然倾向。人类的交换倾向产生分工,社会劳动生产率的巨大进步是分工的结果。"他以制针业为例说明其观点:"分工前,一个粗工每天至多能制造20枚针;分工后,平均每人每天可制造4800枚针,每个工人的劳动生产率提高了几百倍。"由此可见,分工可以提高劳动生产率,增加国民财富。

(2)分工的原则是成本的绝对优势或绝对利益。斯密进而分析道:"分工既然可以极大地提高劳动生产率,那么每个人专门从事他最有优势的产品的生产,然后彼此交换,则对每个人都是有利的。即分工的原则是成本的绝对优势或绝对利益。"他以家庭之间的分工为例说明了这个道理:"如果购买一件东西所花费用比在家内生产的少,就应该去购买而不要在家内生产,这是每一个精明的家长都知道的格言。裁缝不为自己做鞋子,鞋匠不为自己裁衣服,农场主既不打算自己做鞋子,也不打算自己缝衣服。他们都认识到,应当把他们的全部精力集中用于比邻人有利地位的职业,用自己的产品去交换其他物品,会比自己生产一切物品得到更多的利益。"

(3) 对各国产生良好效果。国际分工是各种形式分工中的最高阶段,在国际分工基础上开展国际贸易,对各国都会产生良好效果。斯密由家庭推及国家,论证了国际分工和国际贸易的必要性。他认为,适用于一国内部不同个人或家庭之间的分工原则,也适用于各国之间。国际分工是各种形式分工中的最高阶段。他主张,如果国外的产品比自己国内生产的要便宜,那么最好是输出在本国有利的生产条件下生产的产品,去交换国外的产品,而不要自己去生产。他举例说,在苏格兰,可以利用温室种植葡萄,并酿造出同国外一样好的葡萄酒,但要付出比国外高30倍的代价。他认为,如果真的这样做,显然是愚蠢的行为。每一个国家都有其适宜于生产某些特定产品的绝对有利的生产条件,如果每一个国家都按照其绝对有利的生产条件即生产成本绝对低于进行专业化生产,然后彼此进行交换,则对所有国家都是有利的,世界的财富也会因此而增加。

(4) 国际分工的基础是有利的自然禀赋或后天的有利条件。斯密认为:"有利的生产条件来源于有利的自然禀赋或后天的有利条件。自然禀赋和后天的条件因国家不同而不同,这就为国际分工提供了基础。因为有利的自然禀赋或后天的有利条件可以使一个国家生产某种产品的成本绝对低于别国而在该产品的生产和交换上处于绝对有利地位。"

各国按照各自的绝对有利条件进行分工,从事专业化生产,然后彼此进行交换,将会使各国的资源、劳动和资本得到最有效的利用,将会大大提高劳动生产率和增加物质财富,并使各国从贸易中获益。这便是绝对优势理论的基本精神。

例如,据表4-1可知,分工前,英、法两国分别在布与小麦的生产率上各具有绝对的成本优势。以斯密的观点,英国应该分工生产布,法国应分工生产小麦。假设两国生产两种产品的劳动具有同等素质,且在两种产品生产部门之间可以移动,分工后,在投入的劳动总量没有增加的情况下,两种产品的产量分别从原来的2个单位增加到现在的3个单位,展现了分工带来的利益。假定两国间的劳动是同质且无差别的劳动,产品交换完全依成本的差异来进行。两国间布和小麦的交换比例是1∶1,双方按照这一比例向对方换回自己未生产的产品。交换后的利益如表4-1所示。

表4-1 绝对优势条件下的国际分工与贸易利益

状态	国家	布			小麦		
		劳动投入	产量	增加	劳动投入	产量	增加
分工前	英国	50	1		100	1	
	法国	100	1		50	1	
	合计		2			2	

续表

状态	国家	布			小麦		
		劳动投入	产量	增加	劳动投入	产量	增加
分工后	英国	50+100	3				
	法国				50+100	3	
	合计		3			3	
交换后	英国		3−1=2	1		1	
	法国		1			3−1=2	1

正是两国通过国际分工和国际贸易,增加了产品的产量和消费量,国际贸易使参与国际分工的两国都获得了利益。

(二)绝对优势理论简评

绝对优势理论是科学成分与非科学成分的混合,其正确的方面是深刻指出了分工对提高劳动生产率的巨大意义,各国之间根据各自的优势进行分工,通过国际贸易使各国都能得利;其错误主要表现在认为交换引起分工,而交换又是人类本性所决定的。事实上,交换以分工为前提,在历史上分工早于交换。同时,交换也不是人类本性的产物,而是社会生产方式和分工发展的结果。

绝对优势理论合理地解决了具有不同优势的国家之间的分工和交换的合理性。但是,这只是国际贸易中的一种特例。如果一个国家在各方面都处于绝对的优势,而另一个国家在各方面都处于劣势,那么,它们应该怎么办?对此,斯密的理论无法回答,这个问题的解决是大卫·李嘉图的功劳。

资料链接

重农学派的贸易观点

重农学派是18世纪50年代至70年代法国资产阶级古典经济学派。弗朗斯瓦·魁奈(Fransois Quesnay)是重农学派的创始人,代表作《经济表》。雅克·杜尔阁(Jacques Turgot)进一步发展了重农学派的理论,并把重农学派的经济纲领付诸实施,是其后期的主要代表,代表作《关于财富的形成和分配的考察》。1765年至1772年,杜邦·德·奈穆尔(DuPont de Nemours)曾主编重农学派的杂志。他编辑出版魁奈的著作,就以"重农主义"(Physiocratie)作书名。后来,这一经济学派就称为"重农学派"。17世纪末至18世纪中叶,法国处于封建主义过渡到资本主义的转变时期,农业在经济上占有很大优势。但是,法王路易十四和路易十五先后实行牺牲农业发展工商业的重商主义政策,使农业遭到破坏而陷入困境,国家财政枯竭,经济问题甚为严重。于是出现了反对重商主义政策,主张经济自由和重视农业的重农主义经济学说,重农学说的理论基础是"自然秩序"论。认为自然界和人类社会存在的客观规律是上帝制定的"自然秩序",即合乎理性的秩序,政策、法令等是"人为秩序"。只有适应自然秩序，社会才能健康地发展。

魁奈

杜尔阁

1. 观点主张

（1）自然秩序。自然秩序是重农主义体系的哲学基础，是在法国大革命前启蒙学派思想影响下形成的杜邦·德·奈穆尔在为重农主义体系下定义时，明确地称之为"自然秩序的科学"。

重农主义者指出，和物质世界一样，人类社会中存在着不以人们意志为转移的客观规律，这就是自然秩序。自然秩序是永恒的、理想的、至善的。但社会的自然秩序不同于物质世界的规律，它没有绝对的约束力，人们可以以自己的意志来接受或否定它，以建立社会的人为秩序。后者表现为不同时代，不同国度的各种政治、经济制度和法令规章等。

重农主义者指出如果人们认识自然秩序并按其准则来制定人为秩序，这个社会就处于健康状态；反之，如果人为秩序违背了自然秩序，社会就处于疾病状态。他们认为当时的法国社会就由于人为的社会秩序违反了自然的社会秩序而处于疾病状态，而他们的任务就是为医治这种疾病提出处方。

重农主义的自然秩序学说第一次确认在人类社会存在着客观规律，从而为政治经济学提出了认识客观规律的任务。这一认识成为古典政治经济学的传统，创立了把社会经济看作一个可以测定的制度的概念。这概念意味着社会经济受到一定客观规律的制约；经济范畴间存在着相互的内在联系；事物的发展具有理论上的可预测性。资产阶级古典政治经济学的全部理论和政策就是建立在这一概念上的。但由于他们的局限性，重农主义者既把人类社会客观规律看作永恒的规律，又把社会一个特定的历史阶段的规律看成同样支配着一切社会形式的抽象规律。

重农主义的自然秩序，实质上是被理想化了的资本主义社会。人身自由和私有财产是自然秩序所规定的人类的基本权利,是天赋人权的主要内容。自然秩序的实质是个人的利益和公众利益的统一,而这统一又只能在自由体系之下得到实现。于是重农主义者就从自然秩序引申出经济自由主义。

"自由放任"的准则,可能最早溯源于与柯尔贝尔同时代的法国商人勒让德而由魁奈予以箴言化,但只是到了重农学派才真正地成了新时代的战斗口号。

(2) 纯产品学说。纯产品学说是重农主义理论的核心。他们的全部体系都围绕着这一学说而展开;一切政策也以此为基础。重农主义者认为财富是物质产品,财富的来源不是流通而是生产。所以财富的生产意味着物质的创造和其量的增加。在各经济部门中,他们认为只有农业是生产的,因为只有农业既生产物质产品又能在投入和产出的使用价值中,表现为物质财富的量的增加。工业不创造物质而只变更或组合已存在的物质财富的形态,商业也不创造任何物质财富,而只变更其市场的时、地,两者都是不生产的。农业中投入和产出的使用价值的差额构成了"纯产品"。

重视农业是法国古典政治经济学的传统。法国古典政治经济学的创始人布阿吉尔贝尔自称为农业的辩护人,指出农业是一个国家富强的基础。重农主义者继承了这一传统,并以"纯产品"学说论证了农业是一个国家财富的来源和一切社会收入的基础,为这一传统观点提供了理论基础。

纯产品学说是重农学派的剩余价值学说。重农学派实际上是以农业资本来概括一般资本,以农业资本主义经营来概括资本主义生产。租地农场主,作为产业资本的实际代表指导着全部经济运动。农业按资本主义大规模经营方式经营,土地直接耕作者是雇佣工人。生产不仅创造使用价值,而且也创造价值,而生产的动机则为获得"纯产品"即剩余价值,而地租则是其具体的表现形式。

在"纯产品"的基础上,重农学派提出了废除其他赋税只征收一种单一地租税的主张。他们认为"纯产品"是赋税唯一可能的来源。"纯产品"归结为地租,于是地租就是唯一能负税的收入。在复合税制下,赋税的负担即使不直接加在地租上,也会通过转嫁间接地归于地主。因此不如直截了当地取消一切杂税,改而征收单一地租税。由于简化租制会减少征收费用,这种改革实际上减轻了地主的负担。

2. 资本的流通和再生产

在分析社会财富、资本的流通和再生产的尝试上,重农学派做出了重要贡献。他们既分析了资本在劳动过程中借以组成的物质要素,研究了资本在流通中所采取的形式;又在此前提下,把社会总产品的生产,通过货币的中介,在社会三个阶级间的流通过程,表现为社会总资本的再生产过程。同时,在再生产过程中,包括了对各社会阶级收入来源,资本和所得的交换,再生产消费和最终消费的关系,农业和工业两大部门之间的流通等的分析。这些都在魁奈的《经济表》中得到了全面表达。

资料链接

亚当·斯密简介

亚当·斯密生于苏格兰法夫的克尔克卡迪,1723年6月5日于克尔克卡迪受洗,担任关税查账员的父亲在他出生前便已去世。在大约4岁时,斯密曾被一群吉普赛人诱拐,不过很快便被他的叔叔救回。

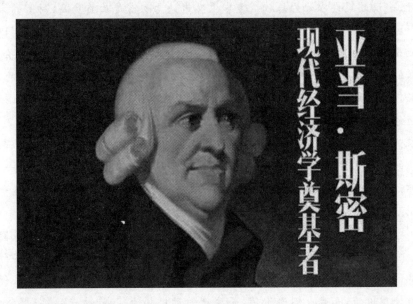

1737年,大约14岁的斯密进入了格拉斯哥大学,在哈奇森的教导下研读道德哲学。

1740年,他进入牛津大学贝利奥尔学院深造,但他后来说"在牛津的时期对他后来的毕生事业没有多少影响",他在1746年离开了牛津大学。

1748年,他在亨利·霍姆(Henry Home)的赞助下开始在爱丁堡演讲授课。最初是针对修辞学和纯文学,但后来他开始研究"财富的发展",年近30岁时,他第一次阐述了经济哲学的"明确而简易的天赋自由制度",他后来将这些理论写入《国民财富的性质和原因的研究》一书里。

1751年,他被任命为格拉斯哥大学的逻辑学教授,并在1752年改任道德哲学的教授。他的讲课内容涉及伦理学、修辞学、法学、政治经济学,以及治安和税收等领域。

1759年,他出版了《道德情操论》(The Theory of Moral Sentiments)一书。在当时,这些研究的发表使斯密获得了广泛名声。

斯密的授课逐渐远离道德理论,而改专注于法律学和经济学上。

1763年年底,政治家查理·汤孙德(Charles Townshend,也就是引荐斯密认识了大卫·休谟的人)提供斯密一份收入更为丰厚的工作,担任他的儿子——也就是后来的布鲁斯公爵的私人家教。斯密辞去了大学的教授职位,并在1764~1766年间和他的弟子一同游览欧洲(主要是法国),在那里斯密也认识了许多知识分子的精英,如雅克·杜尔哥(Jacques Turgot)和达朗贝尔,尤其重要的是弗朗斯瓦·魁奈(François Quesnay)——重农主义学派的领导人,斯密极为尊重他的理论。在回到可可卡地后,斯密在接下来10年时间里专注于撰写他的巨作——《国民财富的性质和原因的研究》,又称为《国富论》,在1776年出版。这本书备受推崇并且被普遍流传,斯密也随之声名大噪。

1778年,他获得了苏格兰的关税部长职位,得以和他的母亲一同居住在爱丁堡。1787年至1789年担任格拉斯哥大学校长。1790年7月17日于爱丁堡去世。

二、比较优势理论

大卫·李嘉图在1817年出版的《政治经济学及赋税原理》一书中提出了比较优势理论(The Theory of Comparative Advantage)。这一理论的问世,具有划时代的意义。

比较优势理论的主要假定前提是:① 只有两个国家,生产两种商品;② 自由贸易;③ 劳动在国内具有完全的流动性,但在两国之间则完全缺乏流动性;④ 每种产品的国内生产成本都是固定的;⑤ 没有运输费用;⑥ 不存在技术变化;⑦ 贸易按物物交换方式进行;⑧ 以劳动价值论(The Labor Theory of Value)为基础,劳动是唯一的生产要素,所有劳动都是同质的(Homogeneous),每单位产品生产所需要的劳动投入维持不变。故而任一商品的价值或价格都完全取决于它的劳动成本。

(一)比较优势理论的基本内容

李嘉图以上述假定为前提,认为各国不一定要专门生产劳动成本绝对低(即绝对有利)的产品,而只要专门生产劳动成本相对低(即利益较大或不利较小)的产品,便可进行对外贸易,并能从中获益和实现社会劳动的节约。

李嘉图在阐述比较利益论时,是从个人的情况谈起的。李嘉图由个人推及国家,认为国家间也应按"两优取其重,两劣取其轻"的比较优势原则进行分工。如果一个国家在两种商品的生产上都处于绝对有利地位,但有利的程度不同,而另一个国家在两种商品的生产上都处于绝对不利的地位,但不利的程度也不同。在此情况下,前者应专门生产比较最有利(即有利程度最大)的商品,后者应专门生产其不利程度最小的商品,通过对外贸易,双方都能取得比自己以等量劳动所能生产的更多的产品,从而实现社会劳动的节约,给贸易双方都带来利益。

例如,据表4-2可知,分工前英国生产呢绒和酒的劳动投入都比葡萄牙多,英国生产呢绒的劳动是葡萄牙投入量的近1.1倍(100/90),英国生产酒的劳动投入量是葡萄牙的1.5倍(120/80)。这表明虽然英国生产两种产品的投入都高于葡萄牙(都处于绝对劣势),但在生产呢绒上,效率相对酒要高一些。即英国在生产呢绒上具有比较优势,相应的葡萄牙在生产酒上具有比较优势。以李嘉图的观点,英国应该分工生产呢绒,则一年共可生产2.2单位的呢绒,葡萄牙应分工生产酒,则一年共可生产2.125单位的酒。这样,分工后,两种产品产量都高于分工前。两国间呢绒和酒的交换比例是1:1,双方按照这一比例向对方换回自己未生产的产品。交换后的利益如表4-2所示。

表 4-2 比较优势条件下国际分工与贸易利益

状态	国家	呢绒			酒		
		劳动投入	产量	增加	劳动投入	产量	增加
分工前	英国	100	1		120	1	
	葡萄牙	90	1		80	1	
	合计		2			2	
分工后	英国	100+120	2.2				
	葡萄牙				90+80	2.125	
	合计		2.2			2.125	
交换后	英国		2.2-1=1.2	0.2		1	
	葡萄牙		1			2.125-1=1.125	0.125

(二) 比较优势理论简评

比较优势理论为世界各国参与国际分工和国际贸易提供了理论依据，成为国际贸易理论的一大基石。

1. 现实意义

(1) 比较利益论在历史上起过重大的进步作用。它促进了当时英国资本积累和生产力的发展。

(2) 比较优势理论揭示了一个客观规律——比较优势法则，这从实证经济学的角度证明了国际贸易的产生不仅在于绝对优势的差异，而且在于比较优势的差异。

2. 缺陷和不足

(1) 比较优势理论建立在一系列假设前提基础上，把多变的经济世界抽象成静止的、均衡的世界，因而所揭示的各国从贸易中获得的利益是静态的短期利益，这种利益是否符合一国经济发展的长远利益则不得而知。

(2) 比较优势理论未能揭示出国际商品交换的价值规律，做出了"支配一个国家中商品相对价值的规则不能支配两个或多个国家间互相交换的商品的相对价值"的结论。认为由于资本在国际间不易流动，所以各国之间的利润率无法趋于一致，这就是一国包含少量劳动的商品之所以能与另一国包含多量劳动的商品相互交换的原因。因而，一切国外商品的价值是"由用来和它们交换的本国土地和劳动产品的数量来衡量的。"这样，李嘉图就把国际贸易中价值决定的问题转移为交换价值的决定问题。以交换价值来取代价值正是李嘉图的劳动价值论不完善的具体表现。

资料链接

大卫·李嘉图简介

大卫·李嘉图(David Ricardo),是英国产业革命高潮时期的资产阶级经济学家,他继承和发展了斯密经济理论中的精华,使古典政治经济学达到了最高峰。是英国资产阶级古典政治经济学的杰出代表和完成者。

李嘉图生于犹太人家庭,父亲为证券交易所经纪人。李嘉图12岁到荷兰商业学校学习,14岁随父从事证券交易工作。1793年他开始独立开展证券交易活动,25岁时拥有200万英镑财产,随后钻研数学、物理学。1799年读到亚当·斯密《国富论》后他开始研究经济问题,参加了当时关于黄金价格和谷物法的讨论,1817年发表《政治经济学及赋税原理》,1819年被选为下议院议员。

李嘉图以边沁的功利主义为出发点,建立起了以劳动价值论为基础,以分配论为中心的理论体系。他继承了斯密理论中的科学因素,坚持商品价值由生产中所耗费的劳动决定的原理,并批评了斯密价值论中的错误。他提出决定价值的劳动是社会必要劳动,决定商品价值的不仅有活劳动,还有投在生产资料中的劳动。他认为全部价值由劳动产生,并在三个阶级间

李嘉图

分配:工资由工人的必要生活资料的价值决定,利润是工资以上的余额,地租是工资和利润以上的余额。由此说明了工资和利润、利润和地租的对立,实际上揭示了无产阶级和资产阶级、资产阶级和地主阶级之间的对立。他还论述了货币流通量的规律、对外贸易中的比较优势学说等。

第二节 新古典贸易理论

19世纪末20世纪初,新古典经济学逐渐形成,在新古典经济学框架下,对国际贸易进行分析的新古典贸易理论也随之产生。

一、要素禀赋理论

要素禀赋论(Factor Endowment Theory),又称 H-O 理论,是现代国际贸易理论的新开端,被誉为国际贸易理论的又一大柱石,其基本内容有狭义和广义之分。狭义的要素禀赋论用生产要素丰缺来解释国际贸易的产生和一国的进出口贸易类型。广义的要素禀赋论包括狭义的要素禀赋论和要素价格均等化学说。

(一)要素丰裕度与要素密集度

要素禀赋(Factor Endowment)是指一国拥有各种生产要素的数量。要素丰裕度(Factor Abundance)是指在一国的生产要素禀赋中某要素供给所占比例大于别国同种要素的供给比例。衡量要素的丰裕程度有两种方法:① 以生产要素供给总量衡量,若一国某要素的供给比例大于别国的同种要素供给比例,则该国相对于别国而言,该要素丰裕;② 以要素相对价格衡量,若一国某要素的相对价格——某要素的价格和别的要素价格的比率低于别国同种要素相对价格,则该国该要素相对于别国丰裕。以总量法衡量的要素丰裕只考虑要素的供给,而以价格法衡量的要素丰裕考虑了要素的供给和需求两方面,因而较为科学。

要素密集度(Factor Intensity)指产品生产中某种要素投入比例的大小,如果某要素投入比例大,则称该要素密集程度高。根据产品生产所投入的生产要素中所占比例最大的生产要素种类不同,可把产品划分为不同种类的要素密集型产品(Factor Intensity Commodity)。例如,生产小麦投入的土地所占的比例最大,便称小麦为土地密集型产品;生产纺织品投入的劳动所占的比例最大,则称之为劳动密集型产品;生产电子计算机投入的资本所占的比例最大,于是称为资本密集型产品,以此类推。在只有两种产品(X 和 Y)、两种要素(劳动和资本)的情况下,如果 Y 产品生产中使用的资本和劳动的比例大于 X 产品生产中的资本和劳动的比例,则称 Y 商品为资本密集型产品,而称 X 为劳动密集型产品。

(二)要素禀赋理论的假设

要素禀赋理论基于一系列简单的假设前提,主要包括以下 9 个方面:

(1) 只有两个国家、两种商品、两种生产要素(劳动和资本)。这一假设目的是为了便于用平面图说明理论。

(2) 两国的技术水平相同,即同种产品的生产函数相同。这一假设主要是为了便于考察要素禀赋,从而考察要素价格在两国相对商品价格决定中的作用。

(3) X 产品是劳动密集型产品,Y 产品是资本密集型产品。

(4) 两国在两种产品的生产上规模经济利益不变,即增加某商品的资本和劳动使用量,将会使该产品产量以相同比例增加,亦即单位生产成本不随着生产的增减而变化,因而没有规模经济利益。

(5) 两国进行的是不完全专业化生产,即尽管是自由贸易,两国仍然继续生产两种产品,亦即无一国是小国。

(6) 两国的消费偏好相同,若用社会无差异曲线反映,则两国的社会无差异曲线的位置和形状相同。

(7) 在两国的两种商品、两种生产要素市场上,竞争是完全的。这是指市场上无人能够购买或出售大量商品或生产要素而影响市场价格。也指买卖双方都能掌握相等的交易资料。

(8) 在各国内部,生产诸要素是能够自由转移的,但在各国间生产要素是不能自由转移的。这是指在一国内部,劳动和资本能够自由地从某些低收入地区、行业流向高收入地区、行业,直至各地区、各行业的同种要素报酬相同,这种流动才会停止。而在国际间,却缺乏这种流动性。所以,在没有贸易时,国际间的要素报酬差异始终存在。

(9) 没有运输费用,没有关税或其他贸易限制。这意味着生产专业化过程可持续到两国商品相对价格相等为止。

(三) 要素禀赋论的内容及逻辑

1. 要素禀赋论的内容

要素禀赋论指一国的比较优势产品是应出口的产品,出口在生产上密集使用该国相对充裕而便宜的生产要素生产的产品,而进口在生产上密集使用该国相对稀缺而昂贵的生产要素生产的产品。简言之,劳动丰富的国家出口劳动密集型商品,而进口资本密集型商品;相反,资本丰富的国家出口资本密集型商品,进口劳动密集型商品。

2. 要素禀赋理论的逻辑

俄林在分析、阐述要素禀赋论时是一环扣一环,层层深入,在逻辑上比较严谨。其逻辑关系是:

(1) 国家间的商品相对价格差异是国际贸易产生的主要原因。在没有运输费用的假设前提下,从价格较低的国家输出商品到商品价格较高的国家是有利的。

(2) 国家间的生产要素相对价格的差异决定商品相对价格的差异。在各国生产技术相同,因而生产函数相同的假设条件下,各国要素相对价格的差异决定了各国商品相对价格存在差异。

(3) 国家间的要素相对供给不同决定要素相对价格的差异。俄林认为,在要素的供求决定要素价格的关系中,要素供给是主要的。在各国要素需求一定的情况下,各国不同的要素禀赋对要素相对价格产生不同的影响:相对供给较充裕的要素的相对价格较低,而相对供给较稀缺的要素的相对价格较高。因此,国家间要素相对价格差异是由要素相对供给或供给比例决定的。

通过严密的分析,俄林得出了结论:一个国家生产和出口那些大量使用本国供给丰富的生产要素的产品,价格就低,因而有比较优势;相反,生产那些需大量使用本国稀缺的生产要素的产品,价格便高,出口就不利。各国应尽可能利用供给丰富、价格低的生产要素,生产廉价产品输出,以交换别国价廉物美的商品。

3. 要素禀赋论的实例说明

假定美国和英国两个国家,使用资本和劳动两种生产要素,生产小麦和布匹两种商品。

若在美国,1 单位资本价格是 1 美元,1 单位劳动的价格是 2 美元;而在英国,1 单位资本价格是 4 英镑,1 单位劳动的价格是 1 英镑。假定英镑与美元完全等值,则美国与英国相比,资本便宜,劳动昂贵。若两国生产小麦与布匹的生产函数完全相同,生产 1 单位小麦需要 5 单位资本,1 单位劳动;生产 1 单位布匹需要 1 单位资本,10 单位劳动,则两国两种商品的生产成本完全不相同。

表 4-3 美国与英国的要素价格与商品价格

国别		美国		英国	
要素价格		资本 1 美元	劳动 2 美元	资本 4 英镑	劳动 1 英镑
生产函数	小麦	5	1	5	1
	布匹	1	10	1	10
商品价格	小麦	7		21	
	布匹	21		14	

从表 4-3 可以看出,美国生产小麦和布匹的成本比例是 1∶3,英国是 3∶2。美国在小麦上有比较优势,英国则在布匹上有比较优势。

资料链接

要素禀赋比较优势与经济发展

改革开放前,我国推行的资金密集型重工业优先发展战略是一种典型的赶超战略。不过,几乎所有实行赶超战略的国家或地区都没有达到赶超的目标。相反,一些没有采取赶超战略的发展中国家和地区却取得了快速缩小与发达国家的差距或赶上发达国家的成绩。日本和紧随其后的韩国、新加坡等被誉为"东亚奇迹"的发展经验是最为显著的例子。关于"东亚奇迹",学术界存在种种不同的解释。我认为最关键的原因是,东亚这些国家和地区实际遵行了比较优势发展战略,在它们经济发展的每个阶段都比较好地发挥了要素禀赋所决定的比较优势。在 20 世纪五六十年代,它们的劳动力相对丰富,资本相对稀缺,就以发展具备比较优势的劳动密集型产业为主。后来,随着经济发展,资本逐渐积累,人均资本拥有量提高,要素禀赋结构得以提升,才逐渐把产业结构提升到资本、技术密集型乃至信息密集型产业。形形色色的赶超战略的鼓吹者和实践者,都把产业结构和技术结构的差异看作发达国家与落后国家之间的根本差别,都把提升一个经济的产业结构和技术结构视为发展经济和赶超发达经济的同义语。为了提升产业结构和技术结构,执行赶超战略的国家或地区不得不高度动员有限的资源,人为地扶持、优先发展一两个资本密集型产业。问题在于,产业结构和技术结构总体水平的升级,都是经济发展过程中内生的产量。换句话说,是经济现象中要素禀赋结构变化的结果。要素禀赋结构是指经济现象中自然资源、劳动力和资本的相对份额。在任何国家和地区发展的早期阶段,要素禀赋结构的特征是资本的严重缺乏。在此要素禀赋条件下,推行资本密集型产业优先发展的战略,所能做到的仅仅是把有限的资本倾斜地配置到少数几个产业上,其他产业将得不到最起码的资本。结果,所扶持的产业,固然在扭曲价格和国家保护政策下可以成长起来,但在保护下必然缺乏竞争力。受压抑的产业因为得不到足够的资本,也难以形成有效的竞争力。因而,整个经济缺乏竞争力,综合国力的提高只能落空。而且,违背比较优势所形成的畸形产业结构与劳动力丰富的要素禀赋形成矛盾,大大抑制了对劳动力的吸收,形成资源利用的二元性质,使广大人民不能均等地分享经济发展的好处,相当大规模的人口处于贫困之中。

数据来源:林毅夫.要素禀赋比较优势与经济发展[J].中国改革,1999(8):14-16.

(四)要素价格均等化理论

要素价格均等化理论(Factor-price Equalization Theory),又称赫克歇尔—俄林—萨缪尔森定理(H-O-S)或称 HOS 定理。

俄林认为,在开放经济中,国家间因生产要素自然禀赋不同而引起的生产要素价格差异将通过两条途径而逐步缩小,即要素价格将趋于均等。第一条途径是生产要素的国际移动,它导致要素价格的直接均等化;第二条途径是商品的国际移动,它导致要素价格的间接均等化。俄林认为生产要素价格完全相同几乎是不可能的,这只是一种趋势。但是萨缪尔森用数学的方法证明了:在特定的条件下,生产要素价格均等不仅仅是一种趋势,国际贸易将使不同国家间同质生产要素的相对和绝对收益必然相等。这通常被称为要素价格均等化定理。

(五)要素价格均等化理论简评

1. 现实意义

赫克歇尔、俄林和萨缪尔森的要素价格均等化理论和要素禀赋论一样,都是在比较利益论的基础上的一大进步,有其合理性和可借鉴的意义。大卫·李嘉图及穆勒和马歇尔都假设两国交换是物物交换,国际贸易起因于劳动生产率的差异,而赫克歇尔、俄林和萨缪尔森是用等量产品不同货币价格(成本)比较两国不同的商品价格比例,两国的交换是货币交换,两国的劳动生产率是相同的,用生产要素禀赋的差异寻求解释国际贸易产生的原因和国际贸易商品结构以及国际贸易对要素价格的影响,研究更深入、更全面,认识到了生产要素及其组合在各国进出口贸易中的重要地位。他们研究所得出的结论有一定实用价值。

2. 缺陷与不足

赫克歇尔、俄林、萨缪尔森的理论有明显的局限性。和要素禀赋论一样,要素价格均等化理论所依据的一系列假设条件也是静态的,忽略了国际国内经济因素的动态变化,使理论难免存在缺陷。就技术而言,现实是技术不断进步,而进步能使老产品的成本降低,也能产生新产品。因而会改变一国的比较利益格局,使比较优势产品升级换代,扩大贸易的基础。再拿生产要素来说,远非同质,新旧机器总归有别,熟练工人与非熟练工人也不能相提并论。再看同种要素在不同国家的价格,全然不是要素价格均等化学说所指出的那样,要素价格会随着商品价格均等而渐趋均等,发达国家与发展中国家工人工资的悬殊、利率的差距,足以说明现实世界中要素价格无法均等。

资料链接

贝蒂尔·俄林简介

贝蒂尔·俄林生于瑞典。瑞典著名经济学家,现代国际贸易理论的创始人。

俄林

俄林先后在隆德大学、斯德哥尔摩商学院、剑桥大学、哈佛大学学习和深造。1924年,任丹麦哥本哈根大学经济学教授,1930年被聘到斯德哥尔摩商学院任经济学教授,1938年当选为议员,俄林不仅是经济学家,而且是瑞典著名的政治活动家,1944年,聘任瑞典主要反对党自由党的主席,在联合政府中任贸易部长,连任自由党主席达23年之久,1969年至1975年俄林担任诺贝尔经济学奖委员会主席,主持该奖项的评选工作。1977年,俄林因对国际贸易理论和国际资本运动理论做出了开拓性的研究,与英国剑桥大学的詹姆斯·爱德华·米德一同获得了当年的诺贝尔经济学奖。1979年8月逝世。

1922年,俄林在其博士资格预选论文中,第一次提出了自己的国际贸易理论初步大纲,这成为他后来关于国际贸易理论的基础。1924年,在其博士论文及答辩中,他提出的贸易理论被认为是第一次较完整地阐述了资产阶级经济学关于区际和国际分工的贸易理论体系。1931年,他把自己的贸易理论体系进一步加以充实、修改和提高,完成了著称世界经济学坛的著作《区际贸易和国际贸易》,书中提出了要素禀赋论及要素价格均等化理论。

二、斯托尔珀-萨缪尔森定理

斯托尔珀-萨缪尔森定理(The Stolper-Samuelson Theorem)指某一商品相对价格的上升,将导致该商品密集使用的生产要素的实际价格或报酬提高,而另一种生产要素的实际价格或报酬则下降。

这是由于商品相对价格上升,则这种商品产量增加,对密集使用的生产要素的需求增加。在生产要素的供给量既定的条件下,这种密集使用的生产要素的价格将上升。相应的另一要素价格将下降。

斯托尔珀-萨缪尔森定理的推论:国际贸易会提高该国丰富要素所有者的实际收入,降低稀缺要素所有者的实际收入。

这就解释了现实中一国进口行业为什么总是希望政府采取关税等贸易保护措施的原因:此举可以提高进口商品价格水平,减少竞争,提高本国同类产品价格和稀缺要素所有者的报酬。

三、雷布津斯基定理

雷布津斯基定理指的是,在要素和商品价格不变的情况下,一种生产要素的数量增加而另一种要素的数量保持不变,其结果是密集使用前者进行生产的产品数量将增加,而密集使用后者进行生产的产品数量将绝对减少。

这一定理的意义在于说明,如果两种要素按同比率增加,则要素增长的结果是"中性"的,因为要素增长后,一国的比较优势并未因此而发生改变;若增加的要素所生产的产品是其具有比较优势的产品,此时的比较优势比原有的优势更大,这种要素变化是有利于贸易的;反之,增加的要素所生产的产品不是其具有比较优势的产品,则不利于贸易。

分析案例

"荷兰病"

荷兰病(The Dutch Disease),是指一国特别是指中小国家经济的某一初级产品部门异常繁荣而导致其他部门的衰落的现象。20世纪50年代,已是制成品出口主要国家的荷兰发现了大量石油和天然气,荷兰政府大力发展石油、天然气业,出口剧增,国际收支出现顺差,经济显现繁荣景象。可是,蓬勃发展的石油、天然气业却严重打击了荷兰的农业和其他工业部门,削弱了出口行业的国际竞争力。到20世纪80年代初期,荷兰遭受到通货膨胀上升、制成品出口下降、收入增长率降低和失业率增加的困扰,国际上称之为"荷兰病"。

问题:请用雷布津斯基定理来解释"荷兰病"?

资料来源:冯德连,邢孝兵.国际经济学教程[M].北京:高等教育出版社,2010:73.

四、里昂惕夫之谜及其解释和理论价值

(一) 里昂惕夫之谜

依照要素禀赋论,一个国家拥有较多的资本,就应该生产和输出资本密集型产品,而输入在本国生产中需要较多使用国内比较稀缺的劳动力要素的劳动密集型产品。基于以上的认识,里昂惕夫利用投入、产出分析方法对美国的对外贸易商品结构进行具体计算,以验证H-O原理,结果发现美国出口商品的资本密集程度低于进口替代商品,验证结果与H-O原理预测相反。里昂惕夫发表其验证结果后,西方经济学界大为震惊,因而将此不解之谜称为里昂惕夫之谜。

(二) 里昂惕夫之谜的解释

(1) 劳动高效率论。里昂惕夫提出美国的劳动力比别国劳动力的熟练程度要高,美国工人的劳动生产率比别国高出三倍,较高的劳动生产率来源于良好的管理制度、教育和职业培训。这就解释了里昂惕夫之谜。

(2) 需求偏好说。不同国家经济发展水平不同,使人均收入水平、消费需求结构和偏好

等不同。例如,美国出口大米,是美国人食用大米少的缘故;虽资本丰富,但美国人特偏好消费资本密集型商品,这就可能阻碍资本密集型商品出口,反而进口,这种需求正好颠倒了美国在出口资本密集型商品方面的比较优势。

(3) 要素密集度逆转说。H-O 理论假定无论在哪国,X 始终是劳动密集型产品,Y 是资本密集型产品。而现实中一种给定的产品在劳动丰富的国家是劳动密集型产品,在资本丰富的国家是资本密集型产品。例如,小麦在不少发展中国家都是劳动密集型产品,而在美国却不是。这样,就可能引发里昂惕夫之谜。

(4) 贸易壁垒说。H-O 理论假设自由贸易、完全竞争,而实际上这种前提条件无法满足。美国经济学家鲍德温认为,为了解决国内就业,美国政府可能迫于工会的压力采取贸易保护措施,致使劳动密集型商品的进口关税和非关税壁垒比较高,限制劳动密集型商品的进口,以此来增强国内劳动密集型产业吸收劳动就业的能力。与此同时,把资本密集型商品的关税降低,人为地提高进口商品的资本密集程度,就可能导致里昂惕夫之谜。

(5) 自然资源说。要素构成的差别可能导致里昂惕夫之谜。H-O 理论中只有 L、K,没有自然资源等要素,而美国进口的许多产品属自然资源性质的。这些自然资源是其他商品的投入品,它们的使用价值属于要素性质,不属于最终商品性质。各国自然资源的种类和数量很不同。阿拉伯半岛石油丰富,几乎没有其他资源;日本只有很少的耕地,没有什么矿藏和森林;美国有充裕的耕地和煤;加拿大有除热带特有资源以外的所有自然资源。各国自然资源禀赋不同,直接影响到产品中的 K/L 比率。而实际上,一些产品既非劳动密集型产品,也非资本密集型产品,而是自然资源密集型产品。

(三) 里昂惕夫之谜的理论价值

(1) 在国际贸易纯理论的研究中首次引进了实证的数量分析方法。

(2) 里昂惕夫之谜拓宽了经济学家对国际贸易问题研究的视野,丰富和发展了比较优势理论。

(3) 里昂惕夫之谜揭开了国际贸易理论发展史上的一个新时代。国际经济学界把里昂惕夫之谜誉为国际贸易理论发展史上的里程碑。

资料链接

华西里·里昂惕夫简介

华西里·里昂惕夫生于圣彼得堡。1921 年,里昂惕夫考入了圣彼得堡大学,专修社会学,1925 年,取得了社会学硕士学位,毕业后被校方留任为助教。1927 年进入柏林大学博士研究生班继续深造,1928 年取得了柏林大学的博士学位。1958 年被聘为法国工业委员会通信员。1967 年,里昂惕夫被纽约大学授予终身教授职衔。1973 年,里昂惕夫因发展了投入产出分析方法及这种方法在经济领域产生和重大作用,而备受西方经济学界的推崇并因此获得诺贝尔经济学奖。

在青年时期,里昂惕夫的研究工作就开始涉及投入产出分析法的内容。早在 1925

年,当他还在柏林大学读书时,曾在德国的《世界经济》杂志上发表了《俄国经济平衡:一个方法论的研究》的短文,第一次阐述了他的投入-产出思想。1930年,他移居美国。20世纪三四十年代,他的工作重点是编制美国的投入产出表,并建立投入产出分析法的理论体系。20世纪五六十年代,里昂惕夫把投入产出分析看做是经济分析的一个全能工具。1966年,他出版了《投入-产出经济学论文集》一书。同年,他又出版了《经济学论文集:理论和理论的形成》一书。1974年,联合国委托里昂惕夫建立全球性投入模型,以研究20世纪最后20多年中世界经济可能发生的变化与国际社会能够采取的方案。《世界经济的未来》一书便是里昂惕夫进行此项研究的一项成果。

华西里·里昂惕夫

第三节 新贸易理论

20世纪60年代以来,超过三分之二的国际贸易发生在技术、资源和偏好均比较相似的发达国家之间。此外,发达国家之间的贸易主要以制成品贸易为主,即发达国家之间的贸易以产业内贸易为主。因此,这些新现象用以比较优势原理为核心的传统贸易理论已无法解释。国际贸易理论面临着新的挑战。

一、技术差距理论

技术差距理论(Technological Gap Theory)产生于1961年,代表人物为美国学者米歇尔·波斯纳(Michael Posner),他在《国际贸易与技术变化》一文中,提出了国际贸易的技术差距模型。该理论认为,技术实际上是一种生产要素,并且实际的科技水平一直在提高,但是在各个国家的发展水准不一样,这种技术上的差距可以使技术领先的国家具有技术上的比较优势,从而出口技术密集型产品。随着技术被进口国模仿,这种比较优势消失,由此引起的贸易也就结束了。

工业化国家之间的工业品贸易,有很大一部分实际上是以技术差距的存在为基础进行的。在创新国(Innovation Country)和模仿国(Imitation Country)的两国模型中,创新国研制一种新产品成功后,在模仿国掌握这种技术之前,具有技术领先优势,可以向模仿国出口这种技术领先的产品。随着专利权的转让、技术合作、对外投资或国际贸易的发展,创新国的领先技术流传到国外,模仿国开始利用自己的低劳动成本优势,自行生产这种商品并减少进口。创新国逐渐失去该产品的出口市场,因技术差距而产生的国际贸易量逐渐减少,最终被模仿国掌握,技术差距消失,以技术差距为基础的贸易也随之消失。

波斯纳在分析这一过程时,提出了需求滞后和模仿滞后的概念。所谓需求滞后是指创新国出现新产品后,其他国家消费者从没有需求到逐步认识到新产品的价值而开始进口的时间间隔。模仿滞后由反应滞后和掌握滞后所构成。反应滞后指技术进口国对技术创新产品产生需求后,从仅能靠从技术创新国进口该产品到进口国开始模仿生产该产品的时间间隔。掌握滞后指模仿国从开始生产到达到创新国的同一技术水平并停止进口的时间间隔。其长短取决于创新国技术转移的程度及时间、模仿国的需求强度以及对新技术的消化吸收能力等因素(如图 4-1 所示)。

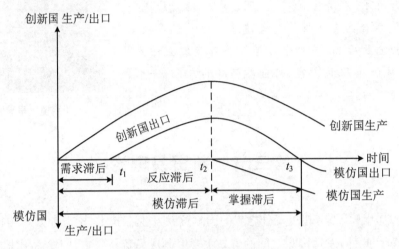

图 4-1 技术差距理论图解

二、需求相似理论

需求相似理论又称偏好相似理论(Preference Similarity Theory)或重叠需求理论(Overlapping Demand Theory),是瑞典经济学家斯戴芬·林德(Staffan Linder)于 1961 年在其论文《论贸易和转变》中提出的。

林德认为,国际贸易是国内贸易的延伸,产品的出口结构、流向及贸易量的大小取决于本国的需求偏好,而一国的需求偏好又决定于该国的平均收入水平。这是因为:① 一种产品的国内需求是其能够出口的前提条件;② 影响一国需求结构的最主要因素是平均收入水平。高收入国家对技术水平高、加工程度深、价值较大的高档商品的需求较大,而低收入国家则以低档商品的消费为主,以满足基本生活需求。所以,收入水平可以作为衡量两国需求结构或偏好相似程度的指标。例如,高尔夫球在欧美是普及运动,但在发展中国家却不是代表性需求;③ 如果两国之间拥有共同需求品质的情形,我们称存在重叠需求。两国消费偏好越相似,则其需求结构越接近,或者说需求结构重叠的部分越大。重叠需求是两国开展国际贸易的基础,品质处于这一范围的商品,两国均可进口和出口。

平均收入水平越高,对消费的需求的质和量都会提高;平均收入水平越高,对先进的资本设备需求越高。因此,两国人均收入相同,需求偏好相似,两国间贸易量可能最大。但如果人均收入水平相差较大,需求偏好相异,两国贸易则会存在障碍。

若两国中一国具有某种产品的比较优势,而另一国对这种商品没有需求,则两国无从发生贸易。因此,各国应当出口那些拥有巨大国内市场的制成品,即大多数人需要的商品,一国在满足这样一个市场需求的过程中,可以从具有相似偏好和收入水平的国家获得出口该类商品所必需的经验,以提升效率,具有相似偏好和收入水平的国家之间的贸易量是最大的。

三、产品生命周期理论

产品生命周期理论是美国哈佛大学教授弗农(Vernon)于1966年在其《产品周期中的国际投资与国际贸易》一文中首次提出的。

(一)技术发展具有阶段性

该理论认为,一个新产品的技术发展大致有三个阶段:创新阶段、成熟阶段和标准化阶段。产品生产技术发展的不同阶段产生对生产要素有不同需求。即使各国仍然拥有原来的生产资源的储备比例,其生产和出口该商品的比较优势也会由于产品生产要素密集性的变动而转移,如图4-2所示。

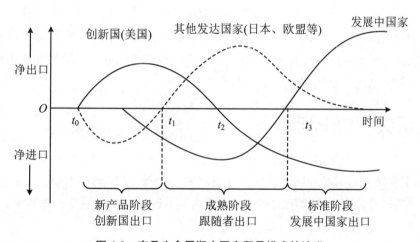

图4-2 产品生命周期中国家贸易模式的演进

(1)创新阶段。技术尚处于发明创新阶段,所需的主要资源是发达的科学知识和大量的研究经费,新产品实际上是一种技术密集型产品,而只有少数科学研究发达的国家才拥有这些资源,从而拥有新产品生产的比较优势。因此,新产品往往首先出现在少数工业发达国家。

(2)成熟阶段。大量生产成为主要目标。这时所需资源是机器设备和先进的劳动技能。产品从技术密集型变成资本密集型。资本和熟练工人充裕的国家开始拥有该产品生产的比较优势,并逐渐取代创新国而成为主要生产和出口国。

(3)标准化阶段。一方面,产品的技术已完成了其生命周期,生产技术已经被设计到机器或生产装配线中,生产过程已经标准化,操作也变得简单了。另一方面,生产该产品的机器本身也因成为标准化的产品而变得比较便宜。因此,到了这一阶段,技术和资本也逐渐失去了重要性,而劳动力成本则成为决定产品是否有比较优势的主要因素。此时,发展中国家成为该产品的主要生产和出口国。

(二) 产品周期理论的动态含义

产品生命周期理论是一个动态理论,其动态含义为:

(1) 生产要素的动态变化。工业制成品的生产要素随其生命周期不断变化。在新产品的生命周期的不同阶段,制造新产品所投入的要素比例是变动的。在新产品阶段,产品的设计尚需改进,工艺流程尚未定型,需要大量的科技人员和熟练工人,产品属于技术密集型。到了成熟阶段,产品已经定型,只需要投入资本购买机器设备,产品由技术密集型转向资本密集型。进入标准化阶段,产品和工艺流程已经标准化,劳动熟练程度不再重要,价格竞争成为能否占领市场的关键,产品属于劳动密集型。

(2) 贸易国比较利益的动态转移。根据产品生命周期各阶段的要素密集型的特点,比较优势将发生国与国之间的转移。就不同类型的国家而言,在产品生命周期的不同阶段比较优势是不同的,美国工业先进、科技力量雄厚、国内市场广阔,在开发新产品方面具有比较优势。其他发达国家拥有较为丰富的科研力量和较强的科技实力,生产某些产品具有比较优势,这些国家一方面可以把处于生命周期早期阶段的产品出口到发展中国家,另一方面又可以把处于后期阶段的产品出口到比他们发达的国家。发展中国家半熟练劳动资源丰富,在生产标准化产品上具有比较优势。因此,一种产品在它的生命周期的运动过程中,其比较优势会从一种类型的国家转向另一种类型的国家。

四、规模经济贸易理论

为国际贸易产生的原因提出新解释的主要是从20世纪70年代末发展起来的规模经济贸易理论,主要的贡献者是美国经济学家保罗·克鲁格曼(Paul Krugman)。这一理论以企业生产中的规模经济和世界市场的不完全竞争为基础解释第二次世界大战后增长迅速的工业国之间相同产业之间的贸易。

规模经济贸易理论的发展是建立在两个与以往理论不同的假设上:① 企业生产具有规模经济;② 国际市场的竞争是不完全的。

具体讲,在规模经济和垄断竞争的条件下,企业的长期平均成本随着产量增加而下降,企业面对的是市场需求曲线,市场需求量会随着价格的下跌而增加。在参与国际贸易以前,企业所面向的只是国内的市场需求。由于国内市场需求有限,企业不能生产太多产品,从而使生产成本和产品价格不得不保持在较高的水平上。如果企业参与国际贸易,产品所面临的市场就会扩大,国内需求加上国外需求,企业产量就可以增加。由于生产处于规模经济阶段,产量的增加反而使产品的平均成本降低,从而在国际市场上增加了竞争能力。

由于工业产品的多样性,任何一国都不可能囊括某一行业的全部产品,从而使国际分工和贸易成为必然。但具体哪一国集中生产哪一种产品,则没有固定的模式,既可以自然(竞争)产生,也可以协议分工。但这种发达国家之间工业产品双向贸易的基础是规模经济,而不是技术不同或资源配置不同所产生的比较优势。

资料链接

保罗·克鲁格曼简介

保罗·克鲁格曼于1953年出生于纽约长岛,犹太人,毕业于耶鲁大学经济学专业,1977年获得麻省理工学院博士学位。先后在耶鲁大学、麻省理工学院、斯坦福大学任教。1982年,克鲁格曼接受费尔德斯坦邀请到华盛顿任职,担任经济顾问团国际经济学首席经济学家。1991年,年轻的克鲁格曼获得被视为诺贝尔奖重要指针的美国经济学会克拉克奖。1994年,在亚洲经济一片看好声中,麻省理工学院经济学教授克鲁格曼语出惊人,在权威学术杂志《外交事务》双月刊上发表专文,批评亚洲模式侧重于数量扩张,轻技术创新,所谓的"亚洲奇迹"是"建立在浮沙之上,迟早幻灭"。在亚洲经济玫瑰满途的日子,克鲁格曼教授的论断犹如乐章中的不和谐音符,尖锐刺耳,举世为之哗然。三年后的金融风暴印证了他的独具慧眼,也奠定了他作为新一代经济大师的地位。克鲁格曼教授以其先知先觉的预见性而赢得了全世界的尊敬。2000年任普林斯顿大学公共事务和国际事务学院经济学教授。2008年获诺贝尔经济学奖。诺贝尔奖委员会授予他的颁奖词是"因为其在贸易模式上所做的分析工作和对经济活动的定位"。

第四节 新新贸易理论

资料链接

必须重建国际贸易理论

在全球化条件下,国际贸易的比较优势,已经从一个国家与另外一个国家的比较,变成了在开放的、全球化的时代,一个平台或载体与另一个平台或载体的比较,成为一个国家和地区能够承接产业转移和要素重组的能力比较。古典贸易理论的缺陷在于假定市场竞争是完全的,比较优势是取决于各个国家自己的比较优势,而且一国在某一产业的比较优势是国际贸易发生的根本原因,每个国家都因其各自的要素禀赋而参与国际分工。第二次世界大战后尤其是20世纪80年代以来,虽然出口国自身的比较优势仍对国际贸易有很大作用,但相当部分国际贸易不是出口国的自身优势,而是出口国可利用的劳动力资源、规模经济、技术创新、政策等优势,使其具有对全球产业转移和要素重组的聚合和支撑能力。只有从现代国际贸易的实际情况出发,在扬弃传统理论的基础上发展一套新理论,才能重新解释国际贸易领域里正在发生的巨大变迁,这是对全球经济学家的新挑战。

资料来源:陈文玲.必须重建国际贸易理论和贸易评价体系:为中国处理国际经贸关系立论之二[N].中国经济时报,2011-03-25(5).

2000年,在美国开工的550万家企业中,出口企业只占4%,而且在这些出口企业中,排名靠前10%的少数企业却占有美国出口总额的96%。进而又发现,出口企业的生产率高于非出口企业。但是,新旧贸易理论都没有能够对"出口企业是少数高生产率的企业"这一事实做出解释。

一、新新贸易理论的异质企业贸易模型

新新贸易理论突破以往贸易理论的局限,开始以异质企业为重点发展新的贸易理论,为贸易理论提供了一个新的研究方向。梅里兹(Melitz)提出了异质企业贸易模型,随后伯纳德(Bernard)、耶普尔(Yeaple)等学者进一步发展了异质企业贸易模型。

(一) 生产率与出口

梅里兹(Melitz)的研究结果显示国际贸易能够引发生产率较高的企业进入出口市场,而生产率较低的企业只能继续为本土市场生产甚至退出市场。国际贸易进一步使得资源重新配置,并流向生产率较高的企业。产业的总体生产率由于资源的重新配置获得了提高,这种类型的福利是以前的贸易理论没有解释过的贸易利得。

(二) 出口与对外直接投资

霍普曼(Helpman)、梅里兹(Melitz)和耶普尔(Yeaple)引入企业异质性特征后,认为只有生产率较高的企业才会成为跨国公司,生产率处于中等水平的企业出口,而生产率较低的企业只在国内市场销售。

二、新新贸易理论与传统贸易理论的区别

从研究的范围来看,传统贸易理论主要研究产业间贸易,新贸易理论主要是研究在规模递增和不完全竞争条件下的产业内进行了贸易,而新新贸易理论则从企业的异质性层面来解释国际贸易和投资现象。新新国际贸易理论更多的是对跨国公司的国际化路径选择做出解释,研究是选择出口还是对外直接投资FDI进行全球扩张战略。新新国际贸易理论从更加微观的层面——企业的角度来分析企业的异质性与出口和FDI决策的关系,关注企业国际化路径方式的选择问题。新新国际贸易理论主要有两个模型,一个是以梅里兹为代表的学者提出的异质企业贸易模型(Trade Model with Heterogeneous Firms),一个是以安特拉

兹为代表的学者提出的企业内生边界模型(Endogenous Boundary Model of the Firm)。前者说明同产业的不同企业在是否出口问题上的选择,后者说明一个企业在资源配置的方式上的选择。

第五节 保护贸易理论

资料链接

保护贸易理论是对自由贸易理论的修正和发展

著名经济学家厉以宁说:"在西方经济学中,自由贸易与保护贸易之争由来已久,并且始终不曾停止过。"但我们认为,自由贸易理论和保护贸易理论并非截然对立,世界各国从来就没有进行过真正的自由贸易。

(1) 保护贸易理论与自由贸易理论一样,都提倡积极主动参加对外贸易。形形色色的保护贸易理论无一是主张闭关锁国的,这些理论都提倡积极主动的对外贸易。

(2) 保护贸易理论修正了自由贸易理论的不现实假定,发展了自由贸易理论。传统的自由贸易理论假定前提的不现实性,因此出现了对其假定进行修正后产生的各种保护贸易学说和理论:① 保护幼稚产业论修正了传统自由贸易理论中贸易各国都处于相似经济发展水平的假定;② 发展中国家贸易条件恶化说是对传统自由贸易理论假定贸易各国都可从贸易中对等获益的修正;③ 凯恩斯主义贸易理论是对传统自由贸易理论假定各国总处于贸易平衡状态的修正;④ 最优干预政策理论是对传统自由贸易理论市场完美无缺假定的修正;⑤ 不完全竞争和规模经济贸易理论是对传统自由贸易理论的完全竞争和规模收益不变假定的修正;⑥ 企业内贸易理论是对传统自由贸易理论的市场运行具有完全效率假定的修正;⑦ 技术外溢和技术创新贸易理论是对传统自由贸易理论技术固定不变和把技术作为外生变量假定的修正;⑧ 国际竞争优势论修正了传统自由贸易理论的比较优势论。

(3) 西方资本主义的发展实践表明,保护贸易是它们事实上实行的贸易政策,是其实行工业化和保护本国经济的重要手段。

资料来源:刘东勋,翟志成,陈多长.保护贸易理论是对自由贸易理论的修正和发展[J].国际贸易问题,1998(9):6-10.

国际贸易理论分为自由贸易理论和保护贸易理论。自亚当·斯密时代以来,大多数经济学家一直倡导自由贸易。但是,历史上为贸易保护所作的辩护从未停止过,有些贸易理论对各国的对外贸易政策产生了很大影响。

一、重商主义对外贸易学说

(一)产生的历史背景

15世纪末,西欧社会进入封建社会的瓦解时期,资本主义生产关系开始萌芽;地理大发现扩大了世界市场,给商业、航海业、工业以极大刺激;商业资本发挥着突出的作用,促进了各国国内市场的统一和世界市场的形成,推动了对外贸易的发展;与商业资本加强的同时,西欧一些国家运用国家力量支持商业资本的发展。随着商业资本的发展和国家支持商业资本的政策的实施,产生了从理论上阐述这些经济政策的要求,逐渐形成了重商主义的学说。

(二)重商主义的观点

该主义认为,金银是财富的唯一形式,即衡量一国富裕程度的唯一尺度是金银,而获得金银的主要渠道就是国际贸易。为此,重商主义主张政府干预对外贸易,鼓励本国商品出口,通过对外国商品采取限制措施来获得顺差。其本质是追求贸易顺差,认为顺差会导致金银流入,这样国家就会富裕。

重商主义的假定条件为:本国非充分就业。这样货币的增加会促进经济的发展,就业和产出会增加,但不会引起通货膨胀,顺差的保持有利于本国经济发展。

重商主义的发展经历了两个阶段:早期的重商主义和晚期的重商主义。前者主要代表人物有英国的约翰·海尔斯(John Hales)和威廉·斯塔福德(William Stafford)等,主张尽量不买或少买,这样就把少买多卖原则绝对化了,持续吸收国外货币到本国,并禁止货币输向国外,被称为货币差额论。后者最重要的代表人物是英国的托马斯·孟(Thomas Mun),认为对外贸易只要保持顺差就可以了,对进口不排斥,只要不超过出口,故又被称为贸易差额论。

(三)重商主义贸易学说简评

1. 现实意义

(1)在理论上,重商主义贸易学说冲破了封建思想的束缚,开始了对资本主义生产方式的最初考察,指出了对外贸易能使国家富足。同时,重商主义贸易学说(晚期)认识到货币不仅是流通手段,而且具有资本的职能,只有将货币投入流通尤其是对外贸易,才能取得更多的货币。重商主义贸易学说的理论观点代表了资本原始积累时期处于上升阶段的商业资本的利益,因而具有历史进步意义。

(2)在政策上,提供了关于国家干预对外贸易的一系列主张,当时西欧各国实行重商主义贸易政策后,促进了商品货币关系的发展,加速了资本的原始积累,促进了资本主义生产方式的建立,推动了历史的进步。况且,重商主义贸易政策中,许多主张和措施对当今世界各国制定对外贸易政策依然有一定的影响,一些措施如积极发展本国工业、鼓励原材料进口和制成品出口等仍有借鉴意义。

2. 缺陷和不足

（1）重商主义的政策结论仅在某些情况下站得住脚,并非在一般意义上能站得住脚。

（2）重商主义把国际贸易看作一种"零和游戏"的观点显然是错误的。

（3）重商主义把货币与真实财富等同起来也是错误的。正是基于这样一个错误的认识,重商主义才轻率地把高水平的货币积累与供给等同于经济繁荣,并把贸易顺差与金银等贵金属的流入作为其唯一的政策目标。

> **资料链接**

托马斯·孟简介

托马斯·孟(Thomas Mun),1571 年出生于伦敦,1641 年去世。孟出身于一个家庭手工业者和商人家庭,从小就失去了父亲。母亲再嫁后,他由继父抚养成人。孟的继父非常富有,是英国东印度公司的创办人之一。成年之后,孟在继父的小店和办事处当了几年学徒,在此期间逐渐显露一些商业悟性。此后几年,孟先后赴意大利、土耳其和近东几个国家从事商业活动,很快就积累了不少财富。这些经历使他积累了比较丰富的贸易经验,特别使他对对外贸易有了较深的认识,并形成了一些较为独到的见解。1615 年,孟第一次被选进东印度公司董事会。17 世纪 20 年代初,英国成立了一个专门的国家贸易委员会,孟成为这个委员会中的一员。此后,脱颖而出的孟逐渐成为董事会中很有影响力的成员之一。到了晚年,孟已经成为英国著名富翁。

托马斯·孟

但是,富足并没有让孟高傲自大。孟处处谨言慎行,从不追名逐利,这使他成为伦敦金融界和商业界中最负声望的人物之一。

孟在贸易理论方面的探索也取得了丰硕的成果。他对世界经济发展产生深远影响的代表著作有《论英国东印度贸易:答对这项贸易的常见的各种反对意见》《1628 年东印度公司向国会下院提出的请愿与申述》《英国得自对外贸易的财富》等。

通过研究,孟发现早期重商主义的一些理论已不能适应当时英国资本主义经济进一步发展的需要。于是,他创造性地提出了晚期重商主义的理论体系和政策主张。

二、幼稚产业保护理论

幼稚产业保护理论(Infant Industry Theory)最早由美国政治家亚历山大·汉密尔顿(Alexander Hamilton)于 1791 年提出,他向国会呈交的《关于制造业的报告》,论证了发展制造业的重要性,提出了国家扶持制造业发展的措施。在 19 世纪中叶由德国的史学派先驱弗里德里希·李斯特(Friedrich List)加以系统化。其基本内容是某个国家的一个新兴产业,当其还处于最适度规模的初创时期时,可能经不起国外的竞争。如果通过对该产业采取适当的保护政策,提高其竞争能力,使其将来可具有比较优势,能够出口并对国民经济发展做出贡献的,就应采取过渡性的保护、扶植政策。这些政策主要运用关税保护之类的手段来实现。李斯特在1841年出版的《政治经济学的国民体系》一书中,系统地提出了保护幼稚产业的贸易理论。

(一)幼稚产业保护理论的主要内容

幼稚产业保护的思想可以归结为以下几个方面的核心内容:

1. 经济发展阶段论

李斯特将一国经济发展的历程分为五个阶段:原始未开化阶段、畜牧阶段、农业阶段、农工业阶段、农工商业阶段。他认为,在不同的经济发展阶段应采用不同的贸易政策,自由贸易并不适用于每个经济发展阶段。在农工业阶段,国家应采用保护主义的贸易政策,原因是此时本国工业虽有所发展,但发展程度低,国际竞争力差,不足以与来自处于农工商业阶段国家的产品相竞争。如果采用自由贸易政策,不但享受不到贸易利益,还会令经济遭受巨大冲击。

2. 生产力论

不管是斯密的绝对优势说还是李嘉图的比较成本说,都显示了明显的贸易利益。对此,李斯特认为,自由贸易固然有益,但这样的贸易利益不足以作为贸易自由化的依据。原因是,自由贸易理论是基于静态分析方法和世界主义的立场上的,这与现实世界不符。这样的贸易利益应被视为静态的贸易利益,按照比较优势进行贸易,尽管在短期内,落后国家能够获得一些贸易利益,但从长远来看,该国生产财富的能力不能得到应有的发展。任何时候,各民族的利益都高于一切。当自由贸易损害到一国实际或潜在利益的时候,该国有权考虑自己的经济利益。在经济发展的过程中,比较优势是动态的且可培养的。落后的国家在面临发达国家强有力的竞争时,为了促进生产力的成长,有理由采取产业保护措施。针对当时的经济背景,李斯特指出,对于德国、美国这样的处于农工业阶段的国家如果与处于农工商业阶段的英国进行自由贸易,虽然表面上在短期内德国、美国能够获得贸易利益,但在长期将损害其生产力,制约其创造财富的能力。一个国家要追求的是财富的生产力,而非仅仅是财富本身。"财富的生产力比之财富本身,不晓得要重要多少倍;它不但可以使已有和已经创造的财富获得保障,而且可以使已经消灭的财富获得补偿。"

3. 国家干预论

像重商主义一样,幼稚产业保护理论也强调国家在贸易保护中的重要作用。李斯特认为,政府不能作为"守夜人",要做"植树人",应制定积极的产业政策,利用关税等手段来保护国内市场。

4. 关税保护制度

李斯特认为,应采用关税制度来实现贸易保护。在该制度的设计上,应体现以下几点:

(1) 差别关税。以对幼稚产业的保护为出发点,对不同的产业征收不同的关税。比如,对与国内幼稚工业相竞争的进口产品征收高关税,同时以免税或低关税的方式来鼓励国内不能自行生产的机械设备的进口。

(2) 有选择性地保护。并非对所有工业都加以保护,保护是有条件的。只有那些经过保护可以成长起来的,能够获得国际竞争力的产业,才对其加以保护。对于那些通过保护也不能成长起来的产业则不予以保护。

(3) 适时调整。对幼稚产业的保护不是无休止的,而是有限期的,最高年限为30年,超过了规定的限期,该产业即便没有成长起来,也要解除对它的保护。

需要注意的是,李斯特并不否认自由贸易政策的一般正确性,他认为,当一个国家解决了落后问题,即实现了工业化后,是可以选择自由贸易政策的。这是幼稚产业保护理论与重商主义以及后面提到的贸易乘数理论的一个不同之处。

(二) 判定幼稚产业的标准

一般来讲,判定幼稚产业主要有以下三个标准:

1. 穆勒标准

当某一产业规模较小且其生产成本高于国际市场价格的时候,如果任由自由竞争,该产业必然会亏损。如果政府给予一段时间的保护,使该产业能够发展壮大,以充分实现规模经济,降低成本,最终使该产业能够完全面对自由竞争,并且获得利润,那么该产业就可以作为幼稚产业来加以扶植。

2. 巴斯塔布尔标准

经济学家巴斯塔布尔(Bastable)认为,判断一种产业是否属于幼稚产业,不仅要看该产业将来是否具有竞争优势,还要在将保护成本与该产业未来所能获得的预期利润的贴现值加以比较之后才能确定。如果未来预期利润的贴现值小于当前的保护成本,那么对该产业进行保护是得不偿失的,因此该产业就不能作为幼稚产业加以保护;如果未来预期利润的贴现值大于保护成本,那么对该产业加以保护才是值得的。

3. 肯普标准

肯普标准(Kemp's Test),也称外部经济学说,是经济学家肯普在综合成本差距标准、利益补偿标准的基础上提出的。与强调内部规模经济的前两个标准不同的是,肯普标准更加强调外部规模经济与幼稚产业保护之间的关系。

肯普认为,在内部规模经济的情形下,即使某一产业符合穆勒和巴斯塔布尔的标准,政府的保护也不一定是必要的。只有被保护的先行企业在学习过程中取得的成果具有对国内其他企业也有好处的外部经济效果时,对先行企业的保护才是正当的。

在此还需要特别说明,对幼稚产业的保护是指通过一系列政策制定使其免于与国外同类产业的激烈竞争,同时为其发展提供各种优惠条件,为其营造良好的国际、国内环境。

(三)幼稚产业保护理论简评

1. 现实意义

(1) 在幼稚产业保护理论中,李斯特采用民族主义代替古典学派的世界主义。尽管世界不同国家在国际贸易中存在利益冲突,但李斯特并未否认自由贸易政策的一般正确性。他认为,当一个国家解决了落后问题,即实现了工业化后,是可以选择自由贸易政策的。李斯特贸易保护理论反映了经济发展水平落后的国家独立自主地发展民族工业的正当要求和愿望,实行自由贸易政策还是保护贸易政策要结合本国的实际情况进行选择,实行贸易保护政策的立足点在于保护和促进本国的经济增长和发展生产力,以增强本国经济的国际竞争力。

(2) 李斯特不仅着眼于国际分工的静态利益,而且注意到贸易对一国产业结构动态调整的影响,其幼稚产业保护理论成为后来各种贸易保护理论的重要理论基础。

最后,李斯特的政策主张对德国的经济和社会生活产生了深远的影响,促进了德国资本主义经济的发展和封建制度向资本主义制度的过渡。亦对美国工业的发展、经济实力的增强起到了积极作用。

2. 缺陷和不足

(1) 对经济发展阶段的划分是以经济活动部门(主要为制造业)为基本标准的,划分标准不够严格。由于一国诸多经济活动部门并存,以这一划分标准来判别一国经济发展程度的高低是很难解释清楚的。

(2) 在生产力众多要素中,所罗列的构成要素过于庞杂和宽泛,众多不相关或至多是间接相关的因素(如宗教热忱等)也被纳入到分析框架中,使得该理论无法理清众多因素之间的相互关系以及对生产力增长究竟具有怎样的意义。

(3) 保护对象的选择缺乏客观、具体的标准。

三、对外贸易乘数理论

对外贸易乘数理论(Theory of Trade Multiplier)是约翰·梅纳德·凯恩斯(John Maynard Keynes)的主要追随者弗里兹·马克卢普(Fritz Marchlup)和罗伊·福布斯·哈罗德(Roy Forbes Harrod)等人在凯恩斯的投资乘数原理基础上引申提出的。

(一)对外贸易乘数理论的主要内容

凯恩斯认为投资的增加对国民收入的影响有乘数作用,即增加投资所导致的国民收入的增加是投资增加的若干倍。若用 ΔY 表示国民收入的增加,K 表示乘数,ΔI 表示投资的增加,则

$$\Delta Y = K * \Delta I$$

马克卢普和哈罗德等人把投资乘数原理引入对外贸易领域,分析了对外贸易与增加就业、提高国民收入的倍数关系,即

$$\Delta Y = K * (X - I)$$

其中，X 表示出口，I 表示进口，两者之差为顺差。马克卢普和哈罗德等认为，一国的出口和国内投资一样，属于"注入"，对就业和国民收入有倍增作用；而一国的进口，则与国内储蓄一样，属于"漏出"，对就业和国民收入有倍减效应。当商品、劳务输出时，从国外获得货币收入，会使出口产业部门收入增加，消费也随之增加，从而引起其他产业部门生产增加、就业量增多、收入增加。如此反复下去，收入增加将为出口量增加的若干倍。当商品劳务输入时，向国外支付货币，使收入减少，消费随之下降、国内生产缩减、收入减少。因此，只有当对外贸易为顺差时，才能增加一国就业量，提高国民收入。此时，国民收入的增加将为投资增加（贸易顺差）的若干倍。这就是对外贸易乘数理论的含义。

根据对外贸易乘数理论，凯恩斯积极主张国家干预经济，实行保护贸易政策。

（二）对外贸易乘数理论简评

1. 现实意义

凯恩斯的对外贸易乘数理论在一定程度上揭示了对外贸易与国民经济发展之间的内在规律，因而具有重要的现实意义。这一理论对于认清国民经济体系的运行规律，制定切实有效的宏观经济政策有一定的理论指导意义。

2. 缺陷和不足

（1）对外贸易乘数理论把贸易顺差视为与国内投资一样，是对国民经济体系的一种"注入"，能对国民收入产生乘数效应。其实，贸易顺差与国内投资是不同的：投资增加会形成新的生产能力，使供给增加，而贸易顺差增加实际上是出口相对增加，它本身并不能形成生产能力。因此，投资增加和贸易顺差增加对国民收入增加的乘数作用并不等同。

（2）对外贸易乘数在实践上是很模糊的，它常会受一国闲置资源和其他因素的影响，资源稀缺会限制该国国民收入的下一轮增长。

（3）这一理论忽视了对外贸易发挥乘数作用的条件。对外贸易的乘数作用并非在任何情况下都能发挥，只有在世界总进口值增加的条件下，一国才能继续扩大出口，从而增加国民收入和就业。如果世界的总进口值不变或减少，一国将无法增加出口，除非降低出口商品价格，但降低出口商品价格，企业会因利润下降而不愿扩大生产，从而无法增加产量，因此，增加出口也无从谈起。

四、战略贸易理论

资料链接

克鲁格曼的贸易理论

克鲁格曼认为，在过去几十年中，美国在世界经济中地位的最重要变化是贸易重要性的稳步上升，尤其是在处理市场控制能力、超额回报率以及创新和技术变革等问题时，我们都不能不慎重地考虑贸易政策,必须关注贸易特征的变化。在导致国际分工的各种力量中,技术显得越来越重要。

在许多产业中,竞争好像既不是由一国潜在的贸易特征决定的,也不是由大规模生产的静态优势决定的,而是由企业研发活动所产生的知识和经验决定的。技术革新可能对其他产业部门产生外溢效应,因此它在国际贸易中的重要作用需要重新估价。

国际贸易可以看作一个生产过程,在此过程中,一国相对便宜的商品被转化为较昂贵的商品。因此,对外贸易与其他经济活动一样,完全可以由分散化的市场机制去最有效地完成。人们对市场效率的信念部分地反映了国际经济的现实状况,然而极端的自由贸易观点同样是有缺陷的。

对于贸易政策基础的重新思考,提出了两种认为积极的贸易政策可以比自由贸易更能使一国受益的方法,其一是通过政府政策使国家获得较大份额的"租";其二是通过这些政策使得国家获得更多的外部正效应。在经济学中,"租"是指"某种要素所得到的高于该要素用于其他用途所获得的收益"。它可以是某个产业所获得的高于其他部门相同熟练程度的工人所能获得的工资。

新的贸易分析还认为,一国各产业之间为争夺有限的资本、劳动等资源而竞争,同时也与外国企业争夺市场,这意味着对国内某一部门的扶持或保护,将以牺牲其他部门的利益为代价。同时新的观点提出了战略性部门存在的可能。这是由于当今规模经济、经验优势以及创新在解释贸易模式中的作用日益重要,"租"越来越不可能因为竞争而消失。在有些产业,资本或劳动有时会获得比在其他产业部门高得多的收益。克鲁格曼特别提到,确认战略部门的标准之一,是看这一部门是否有大量的"租"存在,即该部门的资本或劳动的回报率是否特别高。

如果在某些部门中有重要的"租"存在,则贸易政策可以通过让该国在产生"租"的产业部门获得更大份额来增加国民收入。主要的贸易部门就是那些"租"不会轻易因竞争而消失的部门。

资料来源:夏业良. 新贸易理论与经济地理学的交融[N]. 文汇报,2008-10-20(10).

1985年,克鲁格曼与赫尔普曼合著《市场结构与对外贸易》,运用垄断竞争理论对产业内贸易问题进行了系统的分析和阐释,并建立了以规模经济和产品差别化为基础的不完全竞争贸易理论模型,即战略贸易理论(Strategic Trade Theory)。

(一)战略贸易理论的主要内容

战略贸易理论认为,在不完全竞争的现实社会中,在规模收益递增的情况下,要提高产业或企业在国际市场上的竞争能力,必须首先扩大生产规模,取得规模效益。而要扩大生产规模,仅靠企业自身的积累一般非常困难,对于经济落后的国家来说更是如此。对此,最有效的办法就是政府选择发展前途好且外部效应大的产业加以保护和扶持,使其迅速扩大生产规模、降低生产成本、凸显贸易优势、提高竞争能力。战略贸易理论建立在不完全竞争贸易理论的基础上,为国家进一步干预贸易活动提供了理论依据。

（二）战略贸易理论简评

1. 现实意义

战略贸易理论作为传统贸易理论的补充和发展，不仅在很大程度上解决了被传统贸易理论忽略或传统贸易理论不能很好解决的问题，从而使贸易理论更加贴近现实，而且改变了贸易政策选择的思维方式，使政策选择走出了比较优势的误区，由于现实的市场结构是以寡头垄断为特征的，因而自由贸易政策就可能不是一个国家唯一正确的政策选择。战略贸易理论学者根据产业组织理论和博弈论的研究成果，创造性地探讨了在不完全竞争和规模经济条件下，适当的干预政策对一国产业发展和贸易发展的积极影响，建立了战略性贸易政策的理论框架，论证了在一定条件下一国能够通过采取那些可给予其国内产业竞争优势的政策而获得利益。尽管战略贸易理论仍受到许多经济学家的批评，但它对目前的国际分工及贸易格局产生着越来越重大的影响。

2. 缺陷和不足

① 难以准确选择战略性产业，很可能因战略性产业选择错误而造成资源浪费。

② 战略性贸易政策是一种以邻为壑的贸易政策，以牺牲别国的利益来提高本国福利，这就令该政策很容易引发贸易摩擦，世界贸易规模将因此而缩小，贸易利益下降。

③ 政府通过贸易政策支持国内企业，这可能引发国内企业的"道德风险"，导致企业对政府的依赖，不利于企业和所属产业的发展与成熟。

◆ **本章小结**

斯密的绝对优势理论认为一国应生产并出口具有绝对优势的产品，进口不具绝对优势的产品。

李嘉图的比较优势理论认为一国应生产并出口具有相对优势的产品，进口比较劣势的产品。

赫克歇尔和俄林的要素禀赋论认为一国应生产并出口密集使用该国丰裕要素的产品，进口密集使用该国稀缺要素的产品。

赫克歇尔、俄林和萨缪尔森的要素价格均等化理论认为国际贸易将使不同国家间同质生产要素的相对和绝对收益必然相等。

斯托珀-萨缪尔森定理指某一商品相对价格的上升，将导致该商品密集使用的生产要素的实际价格或报酬提高，而另一种生产要素的实际价格或报酬则下降。

雷布津斯基定理指在要素和商品价格不变的情况下，一种生产要素的数量增加而另一种要素的数量保持不变，其结果是密集使用前者进行生产的产品数量将增加，而密集使用后者进行生产的产品数量将绝对减少。

里昂惕夫利用投入-产出分析方法对美国的对外贸易商品结构进行具体计算来验证赫-俄原理，结果发现美国出口商品的资本密集程度低于进口替代商品，这一验证结果与赫-俄原理预测相反。里昂惕夫发表其验证结果后使西方经济学界大为震惊，因而将此不解之谜称为里昂惕夫之谜。对里昂惕夫之谜的解释有劳动高效率论、需求偏好说、要素密集度逆转说、贸易壁垒说、自然资源说等。

20世纪60年代以来,约三分之二甚至更多的国际贸易发生在技术、资源和偏好均比较相似的发达国家之间。这些新现象用以比较优势原理为核心的传统贸易理论已无法解释。这些新现象用要素禀赋和技术差异等原因已无法解释。以技术差距理论、需求相似理论、产品生命周期理论及规模经济贸易理论为代表的新贸易理论对此作出了解释。

新新贸易理论突破以往贸易理论的局限,开始以异质企业为重点发展新的贸易理论,为贸易理论提供了一个新的研究方向。梅里兹(2003)提出了异质企业贸易模型,随后伯纳德、耶普尔等学者进一步发展了异质企业贸易模型。

保护贸易理论包括重商主义、幼稚产业保护理论、外贸乘数理论及战略性贸易政策理论等。

◆**关键词**

绝对优势理论　比较优势理论　要素禀赋理论　里昂惕夫之谜　新贸易理论

◆**思考题**

(1) 贸易差额论与货币差额论的区别是什么?
(2) 什么是要素丰裕度和要素密集度?
(3) 里昂惕夫之谜是什么?对其解释有哪些?
(4) 试比较新贸易理论与比较优势贸易理论之间的异同?
(5) 简述产品生命周期理论的主要内容。

思考案例

规模经济促进了加拿大汽车贸易的发展

1965年以前,加拿大与美国的关税保护使加拿大成为一个汽车基本自给自足的国家,进口不多,出口也少得可怜。加拿大的汽车工业被美国汽车工业的几个大厂商所控制。这些厂商发现,在加拿大大量建立分散的生产体系比支付关税更划算。因此,加拿大的汽车工业实质上是美国汽车工业的缩版,大约为其规模的十分之一。

但是,这些美国厂商在加拿大的子公司也发现小规模带来的种种的不利。一部分原因是在加拿大的分厂比在美国的分厂小,但更重要的原因可能是美国的工厂更加"专一"——集中精力生产单一型号的汽车或配件。而加拿大的工厂则不得不生产各种各样的产品,以至于工厂不得不经常停产以实现从一个产品项目到另一个产品的转移,不得不保持较多的库存,不得不少采用专业化的机器设备等。这样,加拿大汽车工业的劳动生产率比美国的大约要低30%。

为了消除这些问题,通过努力,美国和加拿大政府在1964年同意建立一个汽车自由贸易区(附带一些限制条件)。这一举措使汽车厂商得以重组生产,这些厂商在加拿大的各子公司大力消减其产品种类。例如,通用汽车消减了其在加拿大生产的汽车型号的一半,但是加拿大汽车工业的总体生产及就业水平并没有改变。加拿大一方面从美国进口自己不再生产的汽车型号,另一方面向美国出口加拿大仍生产的型号。在自由贸易区建立前的1962年,加拿大出口了价值1600万美元的汽车产品,然而却进口了5.19亿美元的汽车产品,但是到1968年,这两个数字已分别上升为24亿美元和29亿美元。换言之,加拿大的进口和出口均大幅度增长。

贸易所得是惊人的。到20世纪70年代初,加拿大汽车工业的生产效率也可与美国同行相媲美。

问题:该案例的启示是什么?

资料来源:董瑾.国际贸易理论与实务[M].北京:北京理工大学出版社,2014:56.

应用训练

1. 查找资料,有哪些国际贸易学者曾荣获诺贝尔经济学奖?
2. 从市场结构、供给与需求的视角,作图画出国际贸易的基础(决定因素或动因)。

课外导读

对马克思主义国际贸易理论和西方国际贸易理论及其关系的思考

马克思主义国际贸易理论包括马克思、恩格斯及其继承者列宁、斯大林、毛泽东、邓小平、习近平等人不断丰富和发展的有关国际贸易的理论与学说,其主要内容有:社会主义对外贸易理论与学说及其创立和发展,社会主义制度下对外贸易政策的制定与执行,资本主义制度下国际贸易的产生与发展、地位和作用,国际贸易(对外贸易)政策及其演变,以及与贸易有关的投资和知识产权等问题。

马克思一生著述颇丰,但是他却没有关于国际贸易理论方面的论著,不过在马克思的著述中,国际分工、世界贸易(对外贸易)、世界市场、国际价值、贸易政策等范畴并不鲜见。马克思主义国际贸易理论的基本观点是一个涵盖了国际贸易的产生与发展、国际贸易的地位与作用、国际贸易的本质与规律、国际贸易(对外贸易)政策与措施等在内的完整的理论体系。

马克思主义国际贸易理论体系与主要内容包括:

(一) 国际分工理论

分工是指劳动分工,即指劳动者从事各种不同而又相互联系的工作。马克思说,分工是指"社会成员在各类生产之间的分配"。在马克思的分工理论中,分工有自然分工和社会分工、工场手工业内部分工和社会内部分工的区别。国际分工是指由各个不同国家和地区组成的"国际社会"的"社会内部分工"。马克思与恩格斯还共同指出,"各民族之间的相互关系取决于每一个民族的生产力、分工和内部交往的发展程度。这个原理是公认的。然而,不仅一个民族与其他民族的关系,而且一个民族本身的整个内部结构都取决于它的生产以及内部和外部交往的发展程度。一个民族的生产力水平,最明显地表现在该民族分工的发展程度上。"由此可见,马克思认为国际分工是国际贸易的基础,国际贸易的发展受国际分工的影响。首先,国际分工水平决定国际贸易水平,一国或地区在国际分工中的地位决定其在国际贸易中的地位。在国际分工格局中处于中心地位的国家或地区，在国际贸易中也占据主导地位。其次，国际分工决定国际贸易商品结构和区域结构，国际贸易只是从交换形式上表现这种国际分工；一国或地区在国际贸易中的地位与其在世界市场上的地位密切相关。最后，国际分工影响一国或地区对外贸易政策的制定与执行，一国或地区在国际分工中的地位是其制定对外贸易政策的重要依据。一般而言，经济较发达的国家和地区，由于在国际分工中居于有利或者主导地位，大都倾向于自由贸易政策，经济较落后的国家和地区，由于在国际分工中处于不利或者从属地位，一般会采取保护贸易政策。

(二) 国际价值理论

"国际价值"是马克思在《资本论》中首次提出并科学完整地阐述的一个范畴。马克思不仅创立了科学的劳动价值论，而且把它应用到国际方面，提出了国际价值的范畴，揭示了价值规律的国际性质。他详尽地描述了商品的国内价值与国际价值转换的原因和过程，并且明确地提出了"世界劳动的平均单位"这一概念。马克思说："国家不同，劳动的中等强度也就不同；有的国家高些，有的国家低些。于是各国的平均数形成一个阶梯，它的计量单位是世界劳动的平均单位。""世界劳动的平均单位"是指在世界现有的一般生产条件下生产某种商品所需要的特殊的社会必要劳动时间。这样，世界市场商品交换的比例就不能以各国的"国民平均水平的强度"为依据。在国际交换时，如马克思所说："强度较大的国民劳动比强度较小的国民劳动会在同一时间内生产出更多的价值，而这又表现为更多的货币。"并且"生产效率较高的国民劳动在世界市场上也被算作强度较大劳动"。因此，世界市场商品交换的依据不是各国的国别价值（或国内价值），而是国际价值。由于各国的经济发展水平和劳动生产率不同，在相同时间内所生产的同种商品的数量不同，或者说，生产的同种商品的数量相同但所耗费的劳动时间不同，因而国别价值就不同。经济发展水平越高，劳动生产率越高，在同一时间内生产同种商品的量就愈多，获得的国际价值就越高；反之则相反。他又说："价值规律在国际上的应用还会由于下述情况而发生更大的变化：只要生产率较高的国家没有因竞争而被迫把它们的商品的出售价格降低到和商品的价值相等的程度，生产效率较高的国民劳动在世界市场上也被算作强度较大的劳动。"马克思的国际价值理论揭示了国际交换规律，为各国和地区发展对外贸易提供了理论依据。

(三) 世界市场理论

马克思认为，国际分工、国际贸易、世界市场之间是辩证关系，国际分工是国际贸易和世界市场产生与发展的基础。世界市场是国际货物、服务和技术交换的场所或领域，是国际分工的重要实现手段。没有国际分工就没有国际贸易，也就没有世界市场，国际贸易和世界市场是随着国际分工的发展而发展的，国际贸易的发展和世界市场的扩大也会促进国际分工的深化。马克思指出："大工业把世界各国人民互相联系起来，把所有地方性的小市场联合成为一个世界市场，到处为文明和进步做好了准备，使各文明国家发生的一切必然影响到其余各国。""世界市场不仅是同存在于国内市场以外的一切外国市场相联系的国内市场，而且同时也是作为本国市场的构成部分的一切外国市场的国内市场。"从这个意义上讲，世界市场就是以总体形态出现的各国市场的总和。"生产和交换的经济条件，在我们的时代，它们结合于世界市场这一概念之中。"世界市场的意义和世界市场理论的地位由此可见一斑。恩格斯在19世纪90年代的一些著作中谈到了当时世界市场出现的新特点:① 交通运输条件的发展,英国工业垄断地位的被打破;② 股份公司、交易所和垄断组织的巨大发展;③ 垄断组织和列强对殖民地和世界市场的瓜分。20世纪初,列宁根据资本主义的最新发展,指出了帝国主义的五个基本经济特征:"① 生产和资本的集中发展到这样高的程度,以致造成了在经济生活中起决定作用的垄断组织;② 银行资本和工业资本已经融合起来,在这个'金融资本'的基础上形成了金融寡头;③ 和商品输出不同的资本输出具有特别重要的意义;④ 瓜分世界的资本家国际垄断同盟已经形成;⑤ 最大资本主义大国已把世界上的领土瓜分完毕。"第二次世界大战以后,中国等一系列社会主义国家开始在世界上崭露头角,在这种情况下,斯大林提出了关于"统一的世界市场的瓦解与世界资本主义体系危机加深"的理论,即两个平行的世界市场理论。

(四) 国际服务贸易理论

在马克思主义经典著作中,有关国际服务贸易的论述主要有:① 国际服务贸易会加速传统社会向现代社会的转变。马克思主义国际服务贸易的内容较之货物贸易更加贴近人们的生活,国际服务贸易的发展会使人们的生活更加现代化,"因为对外贸易使它们能够把这种简单的产品变成任何形式的使用价值。"② 国际服务贸易促进国际货物贸易的发展。马克思指出:"电报的发明为投入辅助资本开辟了完全新的范围,铁路等等也是这样。"列宁也说过:"运输——对外联系的物质手段。"③ 国际服务贸易能够节约社会劳动和提高利润率。

(五) 经济全球化理论

马克思并没有明确地提出"经济全球化"的概念,也没有系统地论述过经济全球化的进程,但是马克思"六册计划"中关于对外贸易和世界市场的论述以及《资本论》等著作都蕴含了丰富的经济全球化思想。马克思、恩格斯在《德意志意识形态》《共产党宣言》等著作中从生产力发展和普遍交往方面论述了当时经济全球化的特征,指出了资本主义全球化的客观趋势。他们说:"不断扩大产品销路的需要,驱使资产阶级奔走于全球各地。它必须到处落户,到处开发,到处建立联系。""资产阶级由于开拓了世界市场,使一切国家的生产和消费都成为世界性的了。"两人用"正像它迫使乡村从属于城市一样,使未开化和半开化的国家从属于文明的国家、使农民的民族从属于资产阶级的民族、使东方从属于西方"这三个从属关系来揭示当时资本主义全球化趋势的实质。恩格斯曾预言,未来社会主义社会将是一个更加对外开放的社会。他说:"单是大工业建立了世界市场这一点,就把全球各国的人民,尤其是文明国家的人民,彼此紧紧地联系起来,以至每一国家的人民都受到另一国家发生的事情的影响。"列宁认为:"人类的整个经济、政治和精神生活在资本主义制度下已经愈来愈国际化了,社会主义会把这三个方面的生活完全国际化。"习近平讲:"'经济全球化'这一概念虽然是冷战结束以后才流行起来的,但这样的发展趋势并不是什么新东西。早在19世纪,马克思、恩格斯在《德意志意识形态》《共产党宣言》《一八五七——一八五八年经济学手稿》《资本论》等著作中就详细论述了世界贸易、世界市场、世界历史等问题。马克思、恩格斯的这些洞见和论述,深刻地揭示了经济全球化的本质、逻辑、过程,奠定了我们今天认识经济全球化的理论基础。经济全球化是我们谋划发展所要面对的时代潮流。"2017年10月18日,习近平在党的十九大所做的报告中提出:"主动参与和推动经济全球化进程,发展更高层次的开放型经济。"

(六) 对外贸易政策

对外贸易政策属于上层建筑,是为经济基础服务的。它反映了经济发展与当权阶级的利益和要求。追求本国、本民族经济利益和政治利益的最大化,是一国或地区制定对外贸易政策的基本出发点。马克思认为,对外贸易政策主要决定于生产力发展水平,生产力发展水平的变化是影响各国和地区对外贸易政策变化的基本因素。从本质上讲,资本主义对外贸易政策是服务于垄断资本需要的,无论实行哪种贸易政策,都是"在现代资本主义生产制度的范围内兜圈子""是实行保护关税制度还是实行自由贸易,对于最终结局是没有什么意义的""但总的说来,保护关税制度在现今是保守的,而自由贸易制度却起着破坏的作用。自由贸易制度正在瓦解迄今为止的各个民族,使无产阶级和资产阶级间的对立达到了顶点。总而言之,自由贸易制度加速了社会革命。"由于这个原因,马克思才赞成自由贸易。十月革命胜利后初期,为了维护苏维埃俄国对外经济关系的根本利益,列宁提出了对外贸易国家垄断制。苏维埃俄国的对外贸易一直是在国家垄断的基础上进行的,列宁一再指出,在俄国政权尚未得到完全巩固、经济还不十分发达的情况下,不能搞无计划的自由贸易。他说:"没有这种垄断,专靠缴纳'贡款',我们就不能'摆脱'外国资本的羁绊。"在新中国成立前夕召开的党的七届二中全会的报告中,毛泽东明确指出,人民共和国的国民经济的恢复和发展,没有对外贸易的统制政策是不可能的。他把对外贸易统制作为国家的基本经济政策,主要是基于如下三个方面的考虑:一是有助于建立独立完整的工业体系;二是有助于尽快地与世界各国和地区建立起公平的外交关系;三是有助于国家政权的巩固与发展。毛泽东的对外贸易统制政策在指导中国对外贸易实践、打破西方国家对中国的禁运封锁和维护国家主权与尊严等方面发挥了重要作用。

(七) 对外开放理论

马克思虽然没有使用过"对外开放"这个概念,但他在许多著作中都揭示过近现代国际经济关系中发展开放型经济、实行经济对外开放的客观必然性和根本动力以及对一国或地区经济发展的作用等。列宁在实践对外贸易政策的过程中,从理论上揭示了一条社会主义建设的重要规律,这就是社会主义国家不能搞闭关锁国,而必须同世界经济发生广泛的联系与合作。列宁反复告诫俄共(布)党员说:"如果我们不能恢复我国的经济,那么我们就落在而且将来还要落在资本主义列强的后面,我们就会挨打。"斯大林强调:"以为社会主义经济是一种绝对闭关自守,绝对不依赖周围各国国民经济的东西,这就是愚蠢之至。"毛泽东向来反对闭关自守、故步自封,主张"向外国学习"。在夺取全国政权之前,他就说过,中国获得独立后要和外国进行经济、技术合作与引进外资。在《论十大关系》这篇中国社会主义经济建设的纲领性文件中,毛泽东鲜明地提出:"我们的方针是,一切民族、一切国家的长处都要学,政治、经济、科学、技术、文学、艺术的一切真正好的东西都要学。""不但在第一个五年计划要向人家学习,就是几十个五年计划之后,还应当向人家学习。一万年都要学习嘛!"毛泽东主张对外开放、吸收外国的先进文明成果,着眼点在于发展、创新,赶超世界先进水平。他历来强调"继承和借鉴决不可以变成替代自己的创造""外国有用的东西都要学到,用来改进和发扬中国的东西,创造中国独特的新东西。""我们不能走世界各国技术发展的老路,跟在别人后面一步一步地爬行。我们必须打破常规,尽可能采用先进技术,在一个不太长的历史时期内,把我国建设成为一个社会主义的现代化的强国。"毛泽东在对外开放理论上进行了探索,并形成了关于中国对外开放的一些重要思想。邓小平吸取了毛泽东的思想,将对外开放上升为新时期的基本国策。他说:"中国长期处于停滞和落后状态的一个重要原因是闭关自守。经验证明,关起门来搞建设是不能成功的,中国的发展离不开世界。"他指出:"对外开放具有重要意义,任何一个国家要发展,孤立起来、闭关自守是不可能的,不加强国际交往,不引进发达国家的先进经验、先进科学技术和资金,是不可能的。""我们要利用外国的资金和技术,也要大力发展对外贸易。""对内经济搞活,对外经济开放,这不是短期的政策,是个长期的政策,最少五十年到七十年不会变。"习近平一直高度重视中国的对外开放问题。他说:"我们的事业是向世界开放学习的事业。关起门来搞建设不可能成功。我们要坚持对外开放的基本国策不动摇,不封闭,不僵化,打开大门搞建设、办事业。""人类的历史就是在开放中发展的。任何一个民族的发展都不能只靠本民族的力量。只有处于开放交流之中,经常与外界保持经济文化的吐纳关系,才能得到发展,这是历史的规律。"开放是国家繁荣发展的必由之路,中国开放的大门永远不会关上。实现"两个一百年"的奋斗目标、实现中华民族伟大复兴的中国梦,也要推进更高水平的对外开放。他强调:"现在的问题不是要不要对外开放,而是如何提高对外开放的质量和发展的内外联动性。我们必须坚持对外开放的基本国策,奉行互利共赢的开放战略,深化人文交流,完善对外开放区域布局、对外贸易布局、投资布局,形成对外开放新体制,发展更高层次的开放型经济。'一带一路'建设是扩大开放的重大战略举措和经济外交的顶层设计。"

(八)国际贸易(对外贸易)的地位和作用

马克思认为,一般来讲,生产决定交换,但在一定的条件下交换对生产也起反作用。他在《〈政治经济学批判〉导言》中说:"一定的生产决定一定的消费、分配、交换和这些不同要素相互间的一定关系。当然,生产就其片面形式来说也决定于其他要素。例如,当市场扩大,即交换范围扩大时,生产的规模也就增大,生产也就分得更细。"他指出:"奴隶制使殖民地具有了价值,殖民地造成了世界贸易,而世界贸易则是机器大工业的必不可少的条件。"马克思还认为,国际贸易可以提高利润率,可以使剩余产品的价值在世界市场上得到实现。他说:"投在对外贸易上的资本能提供较高的利润率,首先因为这里是和生产条件较为不利的其他国家所生产的商品进行竞争,所以,比较发达的国家以高于商品的价值出售自己的商品,虽然比它的竞争国家卖得便宜。只要比较发达的国家的劳动在这里作为比重较高的劳动来实现,利润率就会提高,因为这种劳动没有被作为质量较高的劳动来支付报酬,却被作为质量较高的劳动来出售。"对落后国家来说,"这种国家所付出的实物形式的物化劳动多于它所得到的,但是它由此得到的商品比它自己所能生产的更便宜。"他还说:"体现在对外贸易结果上的不仅是国民的劳动,而且是国民的剩余劳动。""只有对外贸易才使作为价值的剩余产品的真正性质显示出来,因为对外贸易使剩余产品中包含的劳动作为社会劳动发展起来,这种劳动表现在无限系列的不同的使用价值上。""资本主义生产建立在价值上,或者说,建立在包含在产品中的作为社会劳动的发展上。但是,这一点只有在对外贸易和世界市场的基础上'才有可能'。因此,对外贸易和世界市场既是资本主义生产的前提,又是它的结果。"关于国际贸易(对外贸易)的地位和作用,列宁、斯大林、毛泽东、邓小平、习近平等都有很多论述,囿于篇幅,这里不一一谈及。

资料来源:鲁晓璇,张曙霄.对马克思主义国际贸易理论和西方国际贸易理论及其关系的思考[J].经济学家,2018(1):20-28.

第五章 国际贸易政策

本章结构图

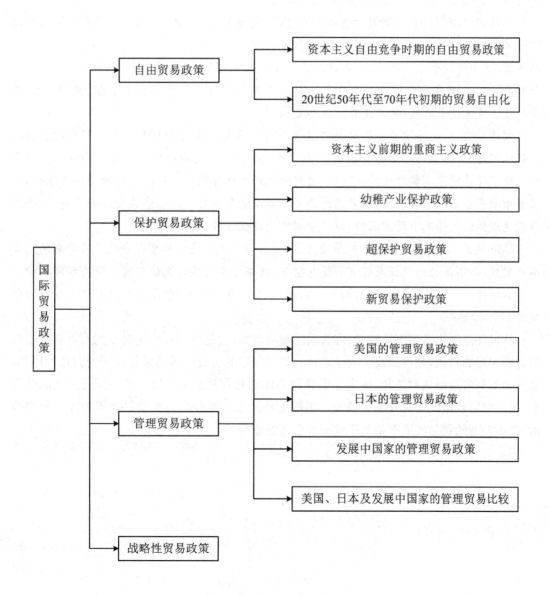

学习目标

了解国际贸易政策的概念、类型;理解自由贸易政策、保护贸易政策和管理贸易政策的概念和特点;熟悉自由贸易政策、保护贸易政策和管理贸易政策的区别;掌握战略性贸易政策。

导入案例

IMF再次下调全球经济展望　2019年增速预期为3.5%

IMF指出全球经济增速已经减弱,预计2019年全球经济将增长3.5%,2020年将增长3.6%,分别比2018年10月的预测低0.2和0.1个百分点。

2019年1月21日,国际货币基金组织IMF发布了最新一期的《世界经济展望》,为该组织继2018年10月以来,第二次下调增速预期,IMF指出全球经济增速已经减弱,预计全球经济2019年将增长3.5%,2020年将增长3.6%,分别比2018年10月的预测低0.2和0.1个百分点。2018年全球增长率估计为3.7%,与2018年10月《世界经济展望》预测一致,尽管一些经济体增长减缓,特别是在欧洲和亚洲。

该展望指出,全球增长面临的风险偏于下行。贸易紧张局势的升级可能超出增长预测已经体现的程度,这仍是经济前景面临的一个主要风险。金融状况自去年秋季以来已经收紧。除了贸易紧张局势升级外,其他一系列触发因素也可能引起风险情绪的进一步恶化,对经济增长产生不利影响,特别是考虑到公共和私人债务高企。这些潜在触发因素包括,英国在未达成协议的情况下退出欧盟,以及中国增长减缓程度超过预期。

IMF认为,各国共同面对的政策重点是,以合作方式迅速化解贸易分歧及其带来的政策不确定性,而不是进一步提高有害的贸易壁垒,破坏已在放缓的全球经济。所有经济体都必须采取措施,促进潜在产出增长,加强包容性,并在债务负担重、金融状况收紧的环境下增强财政和金融缓冲。

从世界范围内考察贸易政策,即为国际贸易政策,它是各国在一定时期内对进口和出口贸易所实行的政策,是各国政府为了某种目的而制定的对贸易活动进行管理的方针和原则,是各国贸易政策措施的总和,体现了世界贸易体制和贸易政策系统。从一国或地区的角度看,国际贸易政策就是对外贸易政策。国际贸易政策主要分为自由贸易政策和保护贸易政策,其他类型的贸易政策都是基于这两种形式的变种。

第一节 自由贸易政策

> **资料链接**
>
> **加快实施自由贸易区战略**
>
> 中共中央政治局于2014年12月5日就加快自由贸易区建设进行第十九次集体学习。中共中央总书记习近平在主持学习时强调,站在新的历史起点上,实现"两个一百年"奋斗目标、实现中华民族伟大复兴的中国梦,必须适应经济全球化新趋势、准确判断国际形势新变化、深刻把握国内改革发展新要求,以更加积极有为的行动推进更高水平的对外开放,加快实施自由贸易区战略,加快构建开放型经济新体制,以对外开放的主动赢得经济发展的主动、赢得国际竞争的主动。
>
> 加快实施自由贸易区战略是我国积极参与国际经贸规则制定、争取全球经济治理制度性权力的重要平台,我们不能当旁观者、跟随者,而是要做参与者、引领者,善于通过自由贸易区建设增强我国国际竞争力,在国际规则制定中发出更多中国声音、注入更多中国元素,维护和拓展我国发展利益。
>
> 资料来源:习近平.加快实施自由贸易区战略[N].广州日报,2014-12-07.

自由贸易形成于资本主义自由竞争时期,开始于当时经济最发达的英国。在资本主义进入垄断阶段后,自由贸易发展一度受阻。第二次世界大战以后,自由贸易又被重新推到前台,成为大多数国家一致推举的贸易政策与做法。

自由贸易政策是自由放任经济政策的一个重要组成部分。自由贸易政策是指国家对贸易行为不加任何干预,既不鼓励出口,也不限制进口,使商品自由进出口,服务贸易自由经营,在国际市场自由竞争。自由贸易政策主要为经济实力强的国家所采用,被其国内成长的产业集团所推动,它们是主要受益者。而对经济实力薄弱的国家和其国内幼稚产业来说,意味着国内市场被外国占领,它们是主要受害者,从而自由贸易被认为是"强者"的政策。

从历史上看,自由贸易政策盛行主要有两个阶段:第一个阶段是19世纪20年代至70年代初的资本主义自由竞争时期,英国带头实行自由贸易政策;第二个阶段为20世纪50年代至70年代初期,出现了全球范围的贸易自由化。

一、资本主义自由竞争时期的自由贸易政策

自由贸易政策产生于18世纪初,是18世纪新生资产阶级"自由放任"思想在对外经济关系上的延伸。英国是最早实行自由贸易政策的国家,它率先完成产业革命,成为19世纪全球最强大的工业国,1850年,英国的工业产量占世界工业产量的30%。同时,英国又是最大的殖民帝国,版图占地球陆地面积的1/4,殖民地总面积超过本土面积的10倍。英国是当

时的"世界工厂",其商品销向全世界,而原料和食品则购自全世界。这就决定英国必须冲破国内保护贸易的限制,积极推行自由贸易政策。经过长期斗争之后,英国在19世纪前期逐步取得了自由贸易政策的胜利。当时的自由贸易政策是国家对进出口贸易不设立任何障碍,不进行干预,让商品在国内外市场自由竞争,所以是一种开放性的贸易政策。当时英国采取的主要措施有:

(1)废除《谷物法》和《航海法》。《谷物法》是英国重商主义时期通过的限制谷物进口的政策法规,为使国内粮食价格保持在较高水平,用征收滑准关税的办法,限制谷物进口。1838年,英国资产阶级成立了全国性的反《谷物法》同盟,展开声势浩大的反《谷物法》的自由贸易运动。经过工业资产阶级与地主贵族之间的长期斗争,英国国会终于在1846年通过了废除《谷物法》的议案,工业资产阶级从中获得降低粮价、降低工资的利益,被视为英国自由贸易的最大赢家。1849年,废除了已实行近200年的《航海法》,宣布废除该法案后,英国的沿海贸易全部对其他国家开放。1854年,英殖民地的海运与贸易也全部开放,至此,重商主义时代制定的《航海法》被全部废除。

(2)改革关税制度。到19世纪初,经过几百年的重商主义实践,英国有关关税的法令达1000种以上。1825年,英国开始简化税法,废除旧税率,建立新税率。进口纳税的商品项目从1841年的1163种减少到1853年的466种,1859年减至419种,1860年减至48种,1882年再减至20种,所征收的关税全部是财政关税,税率大大降低。同时,英国简化了复杂的关税税则,绝大部分进口商品不予征税,并基本上废除出口税。

(3)签订自由通商条约。1860年,《英法通商条约》以及后来的《英意通商条约》《英荷通商条约》《英德通商条约》等,相互提供最惠国待遇,放弃贸易歧视,意味着英国自由贸易政策在国际上取得胜利。

(4)取消对殖民地的贸易垄断。1849年,《航海法》被废止后,英国的殖民地已可以对任何国家输出商品,也可以从任何国家输入商品。通过关税法的改革,废止了对殖民地商品的特惠税率,同时准许殖民地与别国签订贸易协定,开放殖民地市场,把殖民地贸易纳入自由贸易体系。

二、20世纪50年代至70年代初期的贸易自由化

第二次世界大战后,随着世界各国经济的恢复和发展,20世纪50年代至70年代初期,在全球范围内掀起了贸易自由化浪潮。这段时期,贸易自由化的表现主要有两个方面:

(1)关税大幅度降低。关贸总协定缔约方内部关税大幅度降低;欧盟对内取消关税,对外通过谈判达成关税减让协议,使关税大幅度降低;从1971年开始,20多个发达国家对170多个发展中国家实施制成品和半制成品的普惠制待遇。

(2)非关税壁垒逐渐减少。随着日本和西欧国家经济的恢复和发展,它们在不同程度上放宽了对进口数量的限制。到20世纪60年代初,西方主要国家间进口自由化率已达90%以上。

这段时期的贸易自由化在一定程度上是同贸易保护政策相结合的有差别、有选择的贸

易自由化,具有以下几个主要特点:

(1) 发达国家之间的贸易自由化程度远高于它们对发展中国家或社会主义国家的贸易自由化程度。

(2) 区域性经济集团内部的贸易自由化程度超过集团对外的贸易自由化程度。

(3) 工业制成品的贸易自由化程度远高于农产品的贸易自由化程度。在工业制成品中,机器设备的贸易自由化程度超过工业消费品的贸易自由化程度,特别是那些属于"敏感性"的劳动密集型产品,如纺织品、服装、鞋类、皮革制品和罐头食品等受到较多的进口限制。

国际贸易几百年的历史表明,完全意义上的自由贸易政策是不存在的,当今的自由贸易政策表现为国家取消对进出口贸易的限制和障碍,取消对本国进出口商品的各种特权和优惠的自由化过程。

第二节 保护贸易政策

资料链接

美国贸易保护政策促进经济崛起的历史经验与启示

美国独立后的首任财政部长亚历山大·汉密尔顿提出的幼稚产业保护理论奠定了美国贸易保护主义政策的思想基础;在任总统特朗普的贸易保护主义政策有着逆全球化、单边主义特征。

特朗普上台后,实施"全球收缩,美国优先"的经济政策,对内通过减税和加息等政策措施来推动制造业回流,对外通过惩罚性关税和设置技术壁垒保护本国产业。特朗普的贸易保护主义政策有着逆全球化、单边主义特征,试图推动以创新为导向的制造业全产业链模式在美国复苏。

回溯美国的产业发展史,我们发现,美国的贸易保护主义政策有着深刻的历史根源,并且是确保其经济崛起的利器。按照瑞士经济史学家保罗·贝洛赫(Paul Bairoch)的说法,美国是"现代贸易保护主义的发源地和堡垒"。

保护贸易政策是指一国采取各种限制进口的措施,以保护本国商品在本国市场上免受国外商品竞争,并对本国出口商品给予优惠和补贴,以鼓励商品出口,即奖出限入。它体现了一个国家对贸易活动进行干预,以限制外国商品、服务和有关要素参与本国市场竞争。

保护贸易政策在不同的历史阶段,由于其所保护的对象、目的和手段不同,可以分为以下不同形式:

一、资本主义前期的重商主义政策

重商主义政策是资本主义生产方式准备时期的代表商业资本利益的经济思想和政策体

系,起始于 15 世纪,全盛于 16 世纪至 17 世纪,18 世纪趋于衰落。为了积累国内财富,它主张国家必须干预对外贸易。重商主义经历了两个发展时期,即早期重商主义和晚期重商主义。早期重商主义流行于 15 世纪至 16 世纪,晚期重商主义流行于 16 世纪上半叶至 17 世纪中叶。早期重商主义又称为重金主义,主张绝对禁止贵重金属(黄金)外流,注重货币差额,主张扩大出口、减少进口或根本不进口,因为出口可以增加货币收入,而进口必须支出货币。规定本国商人外出进行贸易必须保证将一部分金银或国外货币带回国内,外国商人来本国进行贸易必须把销售所得全部用于购买本国商品,禁止货币和贵金属出口,由国家垄断全部货币贸易。晚期重商主义主张通过奖励出口,限制进口,保证出超,以达到让金银货币流入的目的。

二、幼稚产业保护政策

幼稚产业保护是指一国的某种商品可能有潜在的比较优势,但是由于缺乏专有的技术和最初较少的投入,该产业难以建立,或者虽已启动,亦难与许多现有的国外公司进行竞争。对幼稚产业进行暂时保护,提高该产业的竞争能力直至其有规模经济并形成长期的竞争优势为止。幼稚产业保护政策是 18 世纪至 19 世纪资本主义自由竞争时期美国、德国等后起资本主义国家实行的保护贸易政策。当时,这些国家的工业处于刚刚起步的幼稚阶段,缺乏竞争力,其产品没有力量与英国的工业品竞争,这些国家的政府代表工业资产阶级利益,为发展本国工业,采取保护贸易政策。其保护方法主要是建立严格的保护关税制度,通过高关税削弱外国商品的竞争能力,同时也采取一些鼓励出口的措施,提高国内商品的竞争力,以达到保护民族幼稚产业的目的。

三、超保护贸易政策

19 世纪末至第二次世界大战,垄断逐渐代替了自由竞争,成为社会经济生活的基础。此时,各国普遍完成了产业革命,工业得到迅速发展,资本主义社会的各种矛盾进一步暴露,世界市场的竞争开始变得激烈。尤其是 1929 年至 1933 年的世界性经济危机,使市场矛盾进一步尖锐化。于是,各国垄断资产阶级为了垄断国内市场和争夺国外市场,纷纷要求国家实行保护贸易政策。但是,这一时期的保护贸易政策与自由竞争时期的保护贸易政策有明显的区别,是一种侵略性的保护贸易政策,因此称其为超保护贸易政策。

超保护贸易政策是指,西方发达国家为维护国内市场的垄断价格和夺取国外市场而采取的一种带有侵略性的对外贸易政策,又称侵略性保护贸易政策。这与自由竞争时期的保护贸易政策具有明显区别:它不是防御性地保护国内幼稚工业以增强其自由竞争能力,为了保护国内高度发达或出现衰落的垄断工业,以巩固其对国内外市场的垄断。政策保护对象不是一般的工业资产阶级,而是垄断资产阶级。保护的目的不再是培养自由竞争的能力和限制进口,而是巩固和加强对国内外市场的垄断,并在此基础上对国内外市场进行进攻性的扩张。保护的措施与手段也趋于多样化,从关税壁垒扩大到非关税壁垒,同时还采用各种奖出限入的措施,实行"按倾销价格输出"的制度。

德国是实行超保护贸易政策最早的国家,19世纪70年代末开始恢复到60年代前的关税水平,80年代末又大幅度提高。20世纪30年代,德国为备战需要,在普遍提高工业品关税的同时,一再提高农产品关税。法国继德国之后也实行超保护贸易政策,从19世纪80年代开始不断调整税则,工农业产品关税不断提高。

四、新贸易保护政策

20世纪70年代以后,各国对世界市场的争夺更加激烈,保护贸易的理论和政策都出现了新的发展,称为新贸易保护主义。新贸易保护政策是相对于自由竞争时期的贸易保护政策而言的,它形成于20世纪70年代中期。在此期间,资本主义国家经历了两次经济危机,经济出现衰退,陷入滞胀的困境,国内就业压力增大,市场问题日趋严重。因此,以国内市场为主的产业垄断资产阶级和劳工团体纷纷要求政府采取保护贸易措施。此外,由于工业国家发展不平衡,美国的贸易逆差迅速上升,其主要工业产品受到日本、西欧国家等的激烈竞争,甚至面临一些新兴工业化国家以及其他出口国的竞争威胁。在这种情况下,美国一方面迫使拥有巨额贸易顺差的国家开放市场,另一方面则加强对进口的限制,因此,美国成为新贸易保护政策的重要策源地。美国率先采取新贸易保护主义措施,随后引起了世界各国贸易政策的连锁反应,各国纷纷效仿,致使新贸易保护政策得以蔓延。

新贸易保护政策以绿色壁垒、技术壁垒、反倾销和知识产权保护等非关税壁垒措施为主要表现形式,目的是规避多边贸易制度的约束,通过贸易保护,达到保护本国就业、维持在国际分工和国际贸易中的支配地位的目的。它在维护民族利益、保护资源与环境的旗帜下,行贸易保护之目的,具有名义上的合理性、形式上的隐蔽性、手段上的欺骗性和战略上的进攻性等特点。

新贸易保护政策之所以"新",是因其与传统的贸易保护政策相比,在保护手段上具有显著的特点:

(1) 保护措施由过去以关税壁垒和直接贸易限制为主逐渐被间接的贸易限制取代。第二次世界大战后贸易自由化倾向使关税水平大幅度降低,关税总协定的"约束性关税"又限制了成员运用关税的范围。为此,主要资本主义国家竞相设置非关税措施限制进口,以抵消关税下降造成的不利影响。

(2) 政策重点从过去的限制进口转向鼓励出口,谈判和协调成为扩展贸易的重要手段。由于限制进口容易受到其他国家谴责和贸易伙伴的报复,也由于面对竞争日益激烈的条件下市场扩张的需要,许多发达国家都把重点转移到鼓励出口方面,提高本国产品的出口竞争力。

(3) 保护政策从国家贸易壁垒转向区域贸易壁垒,实行区域内共同开放和区域外共同保护。20世纪90年代以来,经济区域化和集团化的发展,导致区域贸易壁垒强化,通过组成排他性的经济贸易集团,把非成员的产品排斥在外,以集团内或区域内的自由化来对抗集团外或区域外国家的竞争。

分析案例

特朗普贸易保护主义引反弹　多国宣布将实施反制措施

2018年5月31日,美国总统特朗普扣响了贸易战的扳机,决定对加拿大、墨西哥和欧盟的钢铝加征关税。据美国全国广播公司(NBC)报道,当地时间5月31日,美国宣布将于6月1日起对加拿大、墨西哥和欧盟征收钢铝关税。

美国商务部部长罗斯称,美国将对欧盟、加拿大、墨西哥钢铁征收25%的关税,铝征收10%的关税;而对阿根廷、澳大利亚、巴西钢铁和铝免税有一定限额。罗斯指出,加拿大和墨西哥与美国就北美自由贸易协定重新谈判尚无确切期限,因此将对两个邻国征收钢铝关税。而美国与欧盟的谈判虽然取得了进展,但是不足以继续豁免其关税。外媒评论称,"特朗普的枪口并未如外界猜想的那样只瞄准某个国家,而是'扫射了世界'。"

贸易战火的重燃,波及金融市场,美国三大股指集体下跌,截至周四收盘,标普500指数收跌18.74点,跌幅0.69%,报2705.27点;道琼斯工业平均指数收跌251.94点,跌幅1.02%,报24415.84点;纳斯达克综合指数收跌20.34点,跌幅0.27%,报7442.12点。

2018年3月,美国基于"232调查"的结果,以保护国家安全为由,宣布对进口钢铁加征25%的关税,对进口铝产品加征10%的关税。15天后,美国宣布对加拿大、墨西哥、欧盟、韩国、阿根廷、澳大利亚、巴西等经济体实行暂时豁免。4月30日,在豁免期结束前,美国再次宣布对加拿大、墨西哥、欧盟延长30天的豁免期,理由是美国仍在与三方就这一问题进行磋商。然而美国与三方的磋商并没有取得进展。5月31日,罗斯在媒体吹风会上表示,美国、加拿大、墨西哥三国就北美自由贸易协定更新问题进行的谈判"比预想得要长",而美欧之间的磋商也未取得足够的进展,还有许多问题需要解决。因此美国决定在豁免权到期后,正式对加拿大、墨西哥和欧盟的钢铝加征关税。

特朗普此举引起了的各国巨大反弹,仅在消息发布的几小时后就有多国表示不满,并称将对美国实施报复性反制措施。据NBC 6月1日报道,加拿大方面31日宣布,将对美国的钢铝征收128亿美元的报复性关税。此项关税将于7月1日生效,并将持续至美国取消对加拿大钢铝关税为止。据悉,加方将对美国征收钢铁25%、铝材10%的关税,并将在总金额上与美国的关税完全对等。

同为北美自贸区成员的墨西哥也表示会对来自美国的部分产品采取对等措施。墨西哥经济部5月31日发布公报表示,对美国针对欧盟、加拿大、墨西哥的钢铝产品征收高关税的决定表示反对,同时宣布对来自美国的部分产品采取对等措施。公报称,墨西哥将对来自美国的多种产品实施同等规模的对等措施,这些产品包括扁材钢、灯具、猪腿和猪肩肉、香肠和食物制剂、苹果、葡萄、蓝莓、奶酪等。公报指出,在美国政府停止针对钢铝产品征收高关税之前,墨西哥的上述反制措施将持续有效。

此外,据世界贸易组织5月22日发布的文件显示,俄罗斯、土耳其和日本已经告知世界贸易组织,美国征收高关税增加这三个国家钢铝产品出口成本,却没有根据世界贸易组织规则作出补偿,三国准备对美国产品征收与所增成本同等金额的报复性关税,加入借世界贸易组织机制反制美国钢铝关税的"战队"。

随着美国扣下扳机,这场轰轰烈烈的贸易大战已经展开,多线作战的特朗普能否承受住保护主义带来的"反作用力"尚未可知。

(资料来源:郑雨婷.特朗普贸易保护主义引反弹多国宣布将实施反制措施[N].金融时报,2018-06-02.)

问题:分析特朗普贸易保护抬头的原因及各国反制措施的后果。

第三节 管理贸易政策

资料链接

上海自贸试验区建立跨境服务贸易负面清单管理模式

新华社上海10月9日电 上海9日发布最新制定的《中国(上海)自由贸易试验区跨境服务贸易负面清单管理模式实施办法》和《中国(上海)自由贸易试验区跨境服务贸易特别管理措施(负面清单)》,标志着上海自贸试验区跨境服务贸易负面清单管理模式的建立。

当前,制造业服务化以及服务业外包化、数字化、高端化、融合化趋势加快,服务贸易成为引领全球贸易增长的新引擎。2017年,上海实现服务贸易总额1955亿美元,占上海市对外贸易的比重提高至29.1%,高出全国平均水平14.6个百分点。

"在这一基础之上,进一步探索跨境服务贸易负面清单管理模式,是一项立足上海、服务全国、对标国际的制度创新,具有重大意义。"上海市副市长吴清表示,一是有利于我国积极应对国际经贸格局变化,进一步融入全球价值链;二是有利于贯彻落实国家扩大开放的举措,为全国服务贸易创新发展探索经验;三是有利于自贸试验区不断深化改革和扩大开放,提升服务贸易国际竞争力。

据悉,实施办法旨在推进跨境服务贸易负面清单管理的法治化、制度化、规范化和程序化,构建与负面清单管理模式相匹配的权责明确、公平公正、透明高效、法治保障的跨境服务贸易事中事后监管体系,共15条内容。负面清单从自贸试验区深化改革开放的要求出发,本着遵循国际通行规则的原则,以国际化、透明度、开放度为标准。

据介绍,此次在自贸试验区探索跨境贸易负面清单模式着力于跨境交付、跨境消费、自然人流动,目的是进一步推动自贸试验区不断地扩大改革和开放,进行压力测试,当好领跑者,树立新标杆。下一步,上海将不断增强政策法规的透明度,扩大服贸领域的开放度,打造服务贸易开放新高地。

管理贸易政策(Managed Trade Policy)又称"协调贸易政策",是指国家对内制定一系列的贸易政策、法规,加强对贸易的管理,实现一国对外贸易的有序健康发展,对外则通过谈判签订双边、多边及区域贸易条约或协定,协调与其他贸易伙伴在经济贸易方面的权利与义务。它是以协调国家经济利益为中心、以政府干预贸易环境为主导、以磋商谈判为主轴的一种贸易政策。该政策是介于自由贸易和保护贸易之间的一种对外贸易政策，是协调和管理兼顾的国际贸易体制，也是各国对外贸易政策发展的方向。不同国家的管理贸易政策有所不同，各有特点。

管理贸易政策出现于20世纪70年代，是在国际经济联系日益加强而新贸易保护主义重新抬头的双重背景下逐步形成的。在这种背景下，为了既保护本国市场，又不伤害国际贸易秩序，保证世界经济的正常发展，各国政府纷纷加强了对外贸易的管理和协调，从而逐步形成了管理贸易政策。它是介于自由贸易和保护贸易之间的一种对外贸易政策，是一种协调和管理兼顾的国际贸易体制，是各国对外贸易政策发展的方向。

从管理贸易发展历程来看，美国的贸易制度是管理贸易的典型范式。日本为缓和巨额贸易顺差而引起的贸易摩擦，也实施将贸易政策与产业政策相结合，实行旨在保护国内成熟市场的管理贸易。20世纪90年代以来，越来越多的西方发达国家甚至一些发展中国家也纷纷效仿，实行不同程度的管理贸易政策。

一、美国的管理贸易政策

美国是奉行管理贸易最为突出的国家，美国的管理贸易具有以下几个特点：

（一）管理贸易法律化和制度化

管理贸易法律化和制度化主要体现在美国的两个贸易法中：《1974年贸易法》和《1988年综合贸易与竞争法》。第一个法案的通过标志着美国管理贸易正式开始运转，第二个法案的通过标志着美国管理贸易已趋于成熟，开始了从自由贸易政策向管理贸易政策的转变。另外，美国管理贸易的法律化和制度化也体现在美国的反倾销法中。这些法案一方面强化其贸易立法的作用，另一方面扩大了美国贸易立法的域外管辖范围，充分显示了美国单边协调管理贸易的加强。

（二）管理贸易手段采取多种协调管理方式

美国管理贸易的手段具有多样性，除采取单边协调管理的措施外，还积极采取双边及多边的管理形式。

在双边协调管理方面，美国加强具有针对性的双边贸易谈判，强调"对等"及"公平"贸易的互惠条件，并在此条件下，迫使日本、德国甚至"亚洲四小龙"等对美国有大量贸易顺差的贸易伙伴做出让步，如日本、德国以有限度地开放市场、扩大内需、实行出口多元化以及货币升值等来调整其与美国的贸易关系。同时，美国还积极活动，与加拿大和墨西哥成立北美自由贸易区，这些都是美国管理贸易的重要组成部分。

在多边协调管理方面，美国积极参加关税及贸易总协定(General Agreement on Tariffs and Trade, GATT)的乌拉圭回合多边贸易谈判并尽可能地发挥其巨大的影响力。美国在北美自由贸易区的基础上，提出"泛美自由贸易区"的设想，甚至还提出"新大西洋主义"，即以北约为主，以欧盟和欧安会（欧洲安全与合作会议）为辅的三环结构。这样美国既可协调世界格局变动所引起的美欧矛盾,还可使"新欧洲"发挥重要作用,保障美国在"新欧洲"的利益。除此之外,美国还对环太平洋经济区的设想持积极态度。

（三）管理贸易措施以非关税为主

经过 GATT 多年的不懈努力,关税在国际贸易中限制进口的作用已明显降低。美国在限制进口方面已经转入隐蔽性较强的非关税壁垒,出现了绕过 GATT 的"灰色区域"措施。其中,"自动出口限制"是"灰色区域"措施中最重要的方式。

20 世纪 70 年代中期以来,美国对来自日本的汽车,来自亚洲其他国家或地区的纺织品、服装、鞋帽、食品、旅游箱包等实行"自动出口限制",这极大地降低了这些国家这类商品在世界出口份额中的增长速度。

（四）突出对服务贸易及知识产权的管理

美国管理贸易的重点主要是劳动密集型的制造业产品、农产品及劳务产品等服务贸易。美国是世界上最大的服务贸易国,以智力服务为主的服务出口使美国的服务贸易存在大量顺差,而其他国家也竭力发展其服务出口,因此服务贸易领域的摩擦与争端激增。另外,随着国际技术贸易的迅猛发展,知识产权成为当今国际贸易的重要内容。作为世界上最大的知识产权贸易国,美国更注重其对知识产权的保护和管理。因此,美国的贸易政策对服务贸易与知识产权的管理更为突出。

（五）美国政府对贸易的强有力干预

美国的国际经济地位下降及其竞争力的削弱促使美国改变其贸易政策,更多地运用政府干预的手段来实现。美国政府制定产业政策与对外贸易相结合的贸易政策,即在公平贸易的思想指导下,积极保护与主动出击并举,在政府强有力的干预下增强经济竞争力,开拓国外市场。其具体做法主要是:选择一些高科技产业予以保护和资助,不靠多边贸易谈判,而是靠采取单方面的行动来惩罚损害美国产业的外国竞争者。

二、日本的管理贸易政策

日本的管理贸易政策是选择性的。

日本经济在第二次世界大战后处于接近崩溃的边缘,为迅速恢复经济,日本政府确立了"贸易立国"的思想,通过政府政策的培育和扶持来发展其出口产业,参与国际分工与国际贸易。因此,日本的贸易政策从第二次世界大战结束初期即体现出政府干预特色,其最显著的特点是将外贸政策与整个国家的产业政策结合起来,通过扶持本国产业,提高产品的国际竞争力以振兴出口,以对外贸易的扩大来促进本国经济的发展和产业结构的优化。

第二次世界大战后,日本在很长时期内广泛采取进口限制政策,同时也积极鼓励出口。这主要体现在日本 1949 年 12 月制定的《外汇与外贸管理法》《进口贸易管理令》,以及 1959 年 12 月制定的《出口贸易管理令》中。

20 世纪 60 年代以后,日本经济迅速恢复并高速发展,且受外部力量的压迫,因此日本政府着手推进贸易自由化。这一自由化过程具有鲜明的特点:根据产业和国际竞争力的状况,精心地、有步骤地制订各种计划和选择实行自由化的商品,即施行所谓的有选择、有节制、渐进式的贸易自由化。通过这一方式,促进了日本产业合理化和劳动生产率的提高。

20世纪70年代以后,日本为缓和因大量贸易顺差而引发的贸易摩擦,又采取了进一步政策,主要包括进一步开放日本市场,自动限制出口,扩大内需,增加制成品进口,同其他发达国家进行合作,扩大对外直接投资和加强与发展中国家的经济合作等措施。

日本管理贸易的特点主要有以下几个方面:
(1) 政府干预色彩极为浓厚,程度较强且周密。
(2) 管理贸易超法律化和制度化,但其性质是防御性的。
(3) 贸易自由化具有选择性,以实行贸易自由化的产业作为掩护,保护需扶持的产业。
(4) 更多地采取单边、双边协调管理的方式。

三、发展中国家的管理贸易政策

发展中国家的管理贸易政策是防御性的。

对于发展中国家来说,管理贸易是一个较为新鲜的名词。但实际上,大多数国家都已自觉或不自觉地实行着一种单边的管理贸易政策。

第二次世界大战后,世界贸易政策均有利于发达国家,发展中国家经过长期的奋斗,在整个世界贸易自由化进程中获得了部分有利于自身的贸易优惠待遇,包括关税保护、数量限制、一定的紧急保障、享受普惠制、单方面获得优惠等一系列待遇。发展中国家在这些优惠待遇的庇护下,长期采取一种较高关税、管制严格的外贸与外汇政策。正是在这种政策下,长期以来,发展中国家的"管理贸易"是一种偏向于保护贸易的政策。

20世纪80年代中期以来,越来越多的发展中国家单方面放宽了对其贸易体制的限制,对贸易政策进行改革。到20世纪90年代初期,贸易自由化在发展中国家的进程更快,包括南亚、拉美及东亚的一些发展中国家都在走上贸易自由化的道路,其范围之广、幅度之大引人瞩目。

在发展中国家中,拉美的发展最为"激进"。拉美国家(主要是墨西哥、智利、巴西等国)在大幅度取消数量限制的同时,也大举削弱贸易壁垒,降低出口关税税额,间接扶持扩大出口。因此,拉美国家的贸易政策改革属于降低政府干预程度以增加自由度的一种激进的贸易自由化改革。

南亚国家(主要是印度、巴基斯坦、斯里兰卡等国)则采取了一种中立的贸易自由化改革方式:一方面保留进口贸易壁垒,如高关税、数量限制等;另一方面又进一步促进出口,如减轻对生产出口产品所需的中间商品进口的直接限制,实行税收减免等。

东亚国家或地区(主要指中国、韩国、马来西亚、印尼、泰国、越南等)实行的是一种温和的贸易自由化改革方式:改革的第一阶段是消除出口障碍,主要做法是统一汇率,取消进口中间商品及资本商品的数量限制,实行出口退税等政策直接鼓励出口;第二阶段是在国际收支平衡得以巩固之后,进一步取消数量限制,并逐步降低关税。韩国、马来西亚、印尼、泰国已先后于 20 世纪七八十年代进入了第二阶段的改革。而部分国家和地区尚未进入第二阶段,但在扩大出口方面的改革已取得很大成效。可见,发展中国家的管理贸易已向自由化方向发展。

发展中国家的管理贸易有以下特点:

(1) 政策以防御性为主,目的是保护本国的幼稚工业及脆弱的国民经济体系。

(2) 政策具有单边性和持续性,发展中国家更侧重于单边协调管理贸易,且单边协调持续时间较长。

(3) 政策总体具保护主义色彩,发展中国家由于受本身的历史发展的影响,其管理贸易总体上是保护性质的。

(4) 政策具有不平衡性,发展中国家由于经济发展状况各不相同,所经历的社会发展历史也不尽相同,因此在管理贸易方面也具有不平衡性。

(5) 管理是以降低贸易障碍为主要方向,发展中国家几乎都在致力于降低数量限制及进行关税合理化改革。这标志着其管理贸易具有了自由化的特点与趋势。

四、美国、日本及发展中国家的管理贸易比较

从美国、日本及发展中国家所实行的管理贸易来看,都是既有保护又有自由的成分。但一般的都偏保护主义色彩,都是通过单边、双边或多边的协调方式来管理各国贸易关系及世界贸易体系的,其本质都是有组织的自由和有协调的保护。各国的管理贸易又有差别。

(1) 美国、日本的管理贸易都已法律化和制度化,而发展中国家的管理贸易只是一种国家干预措施。这在美国、日本显得更为成熟,而在发展中国家还只是刚刚起步不久。

(2) 美国的管理贸易具有侵略性和强加性;日本的管理贸易侧重于防御,目的是保护本国国内成熟的市场;发展中国家的管理贸易具有防御性,目的是保护本国的幼稚工业及脆弱的国民经济体系和市场体系。

(3) 美国更注意双边和多边协调,日本注重双边管理,而发展中国家主要是单边管制。尽管美国利用其"301 条款"进行单边协调,但总的来说美国更注意双边与多边的协调,它对世界贸易组织、区域经济一体化及具有针对性的双边贸易协定更为关注。日本则对双边协调情有独钟,因为这种协调具有针对性和灵活性,易于操作。发展中国家则主要是政府单边的贸易管理和干预,而同时又积极参与双边和多边协调。

(4) 美国的管理贸易范围更广。美国管理贸易已突破商品贸易的范围,扩大到了服务贸易、知识产权贸易以及与贸易有关的投资措施甚至环境保护领域。日本的管理贸易主要是商品贸易,有时也涉及服务贸易与知识产权贸易。发展中国家的管理贸易还只局限在商品贸易范围内。

(5) 美国的管理贸易更具隐蔽性。美国利用其"301 条款"对各有关国家进行调查与制裁,具有很强的隐蔽性。日本及发展中国家的管理贸易较之明晰,便于判别。

(6) 美国的管理贸易最具典型;日本的管理贸易具选择性,较为温和;发展中国家的管

理贸易较为原始。管理贸易创立于美国,美国的管理贸易措施也最为缜密、严厉,实施的范围最广,手段最全面,对世界经济的影响最大。日本的管理贸易则较为平和,手段也不像美国那样具攻击性。发展中国家的管理贸易还处于起步阶段,更多的只是政府的强制性干预而已,对国际经济的影响很小。

第四节 战略性贸易政策

资料链接

日本的战略性贸易政策

第二次世界大战后至20世纪70年代,日本政府对钢铁工业实施了战略性保护,从而推动了日本钢铁工业的快速发展。此事件后来被很多学者引用来作为实施战略性贸易政策的成功案例。这里有两个重要疑问需要解决:日本钢铁工业迅速发展是否真的得益于战略性贸易政策的实施?这种战略性贸易政策对日本整体经济发展是否有利?笔者认为,日本对其钢铁工业即使不实施战略性保护,而实行自由贸易政策,日本也可能形成具有比较优势的钢铁产业:一是日本储蓄率一直居高不下;二是随着技术的进步,运输成本不断下降;三是新资源与新能源的发现。可见,日本钢铁产业的快速发展是源于经济发展而非战略性贸易政策的实施。另外,日本钢铁产业的快速发展,对日本整体经济而言并非就达到了资源的最优配置。因为这些重要而稀缺的资源配置于钢铁工业而获得的收益实际上不及将这些稀缺资源配置于其他领域而获得的收益。事实上,即便在日本经济最繁荣的年代,其钢铁工业的资本投资收益率也仅仅只有制造业平均收益的一半左右。

资料来源:徐元康.基于政治经济学视角的战略性贸易政策研究:再评郭克莎先生的《战略性贸易政策》[J].宁夏社会科学,2015(2):151-156.

这里用美国波音公司和欧洲空中客车公司的例子来说明战略性贸易政策。假定这两家公司生产技术和能力相近,都有能力生产一种新产品,即一种有500个座位的大飞机。由于生产这种飞机具有规模经济效应,生产越多成本越低,生产量越小成本越大,甚至会出现亏损。进一步假定两家公司只能做出两种选择——生产或不生产。

表5-1所示为两家公司在不同情况下的利润和亏损(用负数表示)。每个方框有两个数字,左下方的代表波音公司的利润或亏损,右上方的代表空中客车公司的利润或亏损。如果两家公司都生产,两家公司都会亏本。如果两家公司都不生产,虽谁也不亏本,但谁也没有利润。只有在一家生产而另一家不生产的情况下,生产的那家才会有足够的生产量而获得利润。假设波音公司能够在空中客车公司进入市场以前,先占领500个座位大飞机的市场,空中客车公司就没有了进入市场的激励。此时的结果就是表5-1右上方的情形,即波音公司单独生产并获利。

表 5-1　波音公司和空中客车公司不同情况下的利润/亏损

波音公司 \ 空中客车公司	生产	不生产
生产	−5 / −5	0 / 100
不生产	100 / 0	0 / 0

现在假定欧洲政府希望通过积极的干预,帮助空中客车公司击败波音公司,占领全球市场。假设欧洲政府承诺,如果空中客车公司进入市场,欧洲政府将给予 25 个单位的补贴。这种补贴使两家的利润/亏损情况发生了变化(见表 5-2)。如果只是空中客车公司生产,总利润达到 125 个单位。即使两家都生产,空中客车在减去亏损后,仍有 20 个单位的利润。而波音公司没有补贴,其利润与亏损没有变化。

表 5-2　欧洲政府进行补贴后的利润/亏损

波音公司 \ 空中客车公司	生产	不生产
生产	20 / −5	0 / 100
不生产	125 / 0	0 / 0

在政府补贴的情况下,空中客车只要生产,就能获利,而不管波音生产与否。而波音公司只剩下两种可能:要么不生产,让空中客车生产;要么两家都生产,而自己承担 5 个单位的亏损。事实上,政府补贴使我们假设的波音公司先行动可能获得的优势不复存在,而空中客车却获得进入市场的优势。

从假设的例子可以看出,政府的保护政策可以使本国企业在国际竞争中获得占领市场的战略性优势并使整个国家受益。战略性贸易政策理论常常以此来说明保护政策在国际竞争中的重要性。

战略性贸易政策也受到了不少批评。批评者认为这种政策的实际运用所需要的信息要比可能得到的信息更多。这种政策可能引起别国的报复。由于信息的不充分性会导致政府决策的失误。假如波音公司在技术上比空中客车略高一等,如果两家都生产,空中客车公司亏损 20 个单位,而波音公司则赢利 5 个单位。在没有补贴的情况下,波音公司面对空中客车的竞争,仍然会进行生产,而空中客车公司的最好选择则是不生产,结局就是表 5-3 右上方的情况。

表 5-3　波音公司和空中客车公司另一种情况下的利润/亏损

波音公司 \ 空中客车公司	生产	不生产
生产	5 / −20	125 / 0
不生产	0 / 100	0 / 0

如果欧洲政府没有获得这一信息,仍然根据表 5-1 的情况,向空中客车公司提供 25 个单位的补贴,企图将波音挤出市场。但波音公司不会退出市场,而空中客车公司虽然得到了 25 个单位的补贴,却只得到 5 个单位的利润。表 5-4 左上方反映了这一结局。这时,空中客车公司得到的利润小于补贴。造成这一结果的原因在于,政府的补贴不能起到阻止波音公司进行生产的作用。

表 5-4　欧洲政府进行补贴后另一种情况下的利润/亏损

波音公司 \ 空中客车公司	生产	不生产
生产	5 / 5	125 / 0
不生产	0 / 125	0 / 0

◆ 本章小结

国际贸易政策主要分为自由贸易政策和保护贸易政策,其他类型的贸易政策都是基于这两种形式的变种。不同贸易政策各有自身的特点。

国际贸易政策演变的历史也是不同发展程度国家采取有利于本国经济发展政策的历史。发达国家的贸易政策在不同时期有不同的特点,一个国家选择哪一种国际贸易政策,取决于该国的经济发展水平和其在国际经济中所处的地位。不同的国家在同一历史时期实行的贸易政策会不同,一个国家在不同的发展时期实行的贸易政策也不会相同。

战略性贸易政策指在不完全竞争市场中,政府积极运用补贴或出口鼓励等措施对那些被认为存在着规模经济、外部经济或大量"租"(某种要素所得到的高于该要素用于其他用途所获得的收益)的产业予以扶持,扩大本国产业在国际市场上所占的市场份额,把超额利润从国外厂商转移到本国厂商,以增加本国经济福利和加强在有外国竞争对手的国际市场上的战略地位。

◆ 关键词

国际贸易政策　自由贸易政策　保护贸易政策　管理贸易政策　战略性贸易政策

◆ 思考题

1. 各国制定对外贸易政策的目的是什么?
2. 第二次世界大战后贸易自由化的主要特点有哪些?
3. 试述发达国家自由贸易政策的演变过程。
4. 发达国家在什么情况下会采取贸易保护政策?试举例说明。

思考案例

特朗普上任以来美国贸易政策的转变

美国总统特朗普就任以来,先后提出了退出跨太平洋伙伴关系协定(TPP)、重谈北美自贸协定(NAFTA),对钢铝产品进口开展"232调查",对中国开展"301调查"等贸易议题和政策,从而使未来美国贸易政策可能与奥巴马时期相对自由化的贸易政策相偏离,呈现出较强的贸易保护主义色彩。

从特朗普经济政策计划到退出 TPP 和重谈北美自贸协定及美韩自贸协定

特朗普在竞选总统时多次演讲,强调过去几届政府的错误贸易政策是美国传统制造业向国外转移、制造业投资下降、实际就业减少、美国贸易赤字急剧扩大而经济增长低迷的重要原因。他在底特律经济俱乐部发表其经济政策计划演讲时说,"希拉里支持了那些剥夺了底特律这个城市、这个国家的财富和工作的贸易协定。她支持了比尔·克林顿的北美自贸协定,支持中国加入世界贸易组织,又支持将减少就业的与韩国的自贸协定,还支持跨太平洋伙伴关系协定",不论是美韩自贸协定,还是北美自贸协定都并未如签订前预想的那样扩大就业,而是减少了就业机会,扩大了美国对韩国、墨西哥的贸易赤字,而 TPP 不过是将重演这些。因此,特朗普说,如果他当选,将退出 TPP,重谈北美自贸协定。现在回顾那次演讲,他新政中的经济政策,包括税收、贸易、基建投资,大致都是按当初计划来执行的。

2017年1月23日,特朗普上任总统第一天,便正式宣布美国退出 TPP;8月16日,特朗普政府开始与加拿大和墨西哥就北美自贸协定重新谈判;9月2日,特朗普指示其助手着手准备退出美韩自贸协定,但在遭遇美国国会、商界、农场主的大声反对后,9月7日,贸易代表莱特希泽对记者表示希望通过谈判对美韩自贸协定进行修改。目前 NAFTA 重新谈判涵盖及旨在修改的内容包括知识产权保护、监管规则、政府采购、劳工、环境、数字贸易、国有企业等方面。而2018年3月27日,美韩就 FTA 修订达成一致,对于韩国对美国汽车、钢铁、药品进口方面的调整达成协议。

从美国新任总统贸易议程看美国贸易政策转变

2017年美国总统贸易议程中列举了美国贸易政策的原则、目标和优先议程。原则是以为美国人争取更自由公平的方式扩大贸易,促进经济增长、扩大就业,提高与贸易伙伴的对等互惠,强化本国制造业基础,扩大农业、服务业、工业出口。这些目标将通过侧重于双边谈判而非多边协商、重新谈判和修改一些贸易协议的方式达成。优先议程包括:

（1）在贸易政策上保卫国家主权。主要强调依据美国在1995年世界贸易组织成立、继续参加时签署的争端解决谅解协议（DSU），世界贸易组织通过争端解决机制作出的发现、政策建议和法律要求不能增加或减少美国在世界贸易组织协议下的权利和义务。这点的言下之意，实际是美国在强调争端解决机制的非约束性。这与前些年强调的争端解决机制的强约束性相反（这与新任政府强调美国在贸易上采取单边行动的权利、寻求绕过DSU方法有关）。

（2）严格执行美国贸易法。强调美国国会过去通过了一系列保护美国市场不被不公平贸易行为（倾销、进口商品的补贴等）所扭曲的法律，这些法律符合关税协定。贸易救济也是世界贸易组织协议的基础和中心。多年来，美国厂商有权申请反倾销和反补贴贸易救济。需要时美国商务部也有权自己发起贸易救济。此外，1974年贸易法的201条款规定对受到进口增长严重伤害的本国产业，美国总统可进行救济。美国贸易代表办公室在必要情况下有权请求该保护性调查。1974年贸易法下的301条款授权美国贸易代表办公室采取行动应对那些违反国际贸易协定或不合理、歧视性、对美国商业造成负担或限制的外国行为。301调查可由私人部门的美国工人、企业请求发起，也可由美国贸易代表办公室决定发起。301条款运用恰当可成为鼓励外国采用更市场友好型政策的有力杠杆。美国支持真正的市场竞争，但认为世界很多重要市场和经济不时被外国政府的补贴、盗窃知识产权、汇率操纵、国有企业的不公平竞争行为、违反劳动法、强迫劳动等不公平行为所扭曲。

（3）运用杠杆打开外国市场。当局相信美国工人、农民、农场主、服务提供商、大小企业都应拥有在全球公平竞争的机会。但不幸的是，美国出口在许多市场面临障碍，有高关税的，也有非关税障碍。有外国生产者受补贴取得不公平竞争优势的；有些国家通过不合理地限制数据和服务流动或通过窃取商业机密伤害美国公司；有的则用技术性贸易壁垒，如不必要的管制来阻碍竞争；还有的通过货币操纵影响美国商品服务竞争力。为此，他们认为无论世界贸易组织规则、双边和多边贸易规则的起草、执行和运用均应找出办法修正以明确指出自由市场原则，还应明确要求参与国需有透明的法律和监管体系。

（4）谈判新的更好的贸易协议。认为美国近15年来的经济低增速、贸易赤字大幅增加、工业部门就业大幅减少、居民中位数收入不升反降的一个重要原因是中国入世。北美自贸协定是美国对加拿大和墨西哥高赤字的原因。美韩自贸协定的结果是2011年以来美国对韩国赤字急剧增长。为此，当局准备主要通过双边谈判，争取到更高标准的公平贸易条件，并对不公平贸易伙伴毫不犹豫地运用任何可能的法律手段。

按这些思路，2017年以来，美国政府频繁使用"双反"调查等救济措施打击不公平贸易行为。全年发起54次反倾销调查，下发32项反倾销命令；发起25次反补贴调查，发布11条新反补贴命令。此外，发起了301调查和特别301调查，以及根据1988年美国综合贸易与竞争法审查美国通信贸易协议的有效性等。这些可以看作第二项优先贸易政策议程的具体实践。而上文所提到的NAFTA重新谈判和美韩自贸协定修改协商则是2017年贸易政策议程中第四项优先议程（谈判更好的贸易协议）的具体操作。此外，美国阻止世界贸易组织争端解决机构任命新法官，导致该机构拖延甚至停止发布取证调查结果，则实际是弱化世界贸易组织争端解决能力的行为。预计未来还会有更多的具体贸易政策来推行美国优先和"自由公平对等"贸易理念。而这可能对他国对美国出口产生负面影响,引致对方贸易报复,反过来影响美国自身的出口。美国贸易保护主义政策还可能对其他一些国家产生示范效应,世界贸易组织作用的弱化对世界贸易的负面影响可能更加广泛。如果未来的博弈情况不能往各方妥协、扭转这些情况的方向走,世界贸易增长无疑可能受到负面影响。

资料来源:戴慧.特朗普上任以来美国贸易政策转变回顾与思考[J].中国发展观察,2018(11).

问题:结合上文资料,回答自特朗普上任以来美国贸易政策如何转变?这种转变对世界贸易格局有何影响?

应用训练

安排学生分组完成作业,按照国际贸易政策演变的时间轨迹,查找并整理中国和美国的对外贸易政策演变资料,并做出分析。

第六章 国际贸易措施

本章结构图

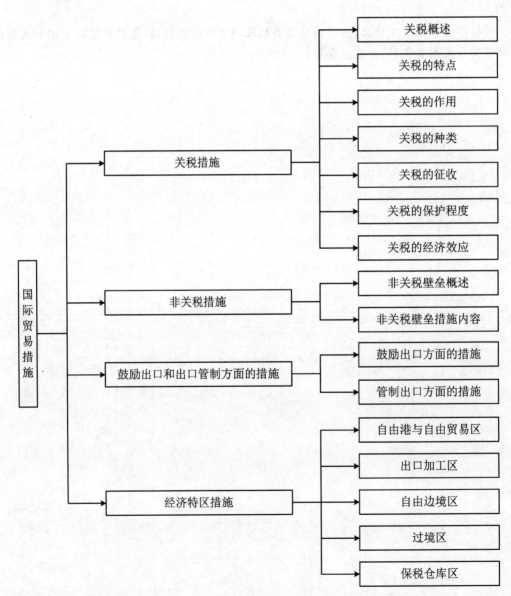

第六章 国际贸易措施

学习目标

了解对外贸易政策措施,如关税、非关税、出口鼓励、出口管制和经济特区等的具体内容与运用方法,理解贸易措施对本国及贸易伙伴的经济、贸易所带来的影响。

导入案例

中国对原产于巴西的进口白羽肉鸡产品提起反倾销调查

应国内白羽肉鸡产业申请,商务部于 2017 年 8 月 18 日发布公告,决定对原产于巴西的进口白羽肉鸡产品发起反倾销调查。立案后,商务部严格按照中国相关法律法规和世界贸易组织相关规则对被调查产品是否存在倾销和倾销幅度、被调查产品是否对国内白羽肉鸡产业造成损害及损害程度以及倾销与损害之间的因果关系进行了调查。根据调查结果和《反倾销条例》第二十四条规定,2018 年 6 月 8 日,商务部发布初裁公告,初步认定原产于巴西的进口白羽肉鸡产品存在倾销,国内白羽肉鸡产业受到实质损害,而且倾销与实质损害之间存在因果关系。

初步裁定后,调查机关对倾销和倾销幅度、损害和损害程度以及倾销与损害之间的因果关系进行了继续调查。2019 年 2 月 15 日,商务部发布 2019 年第 6 号公告,公布对原产于巴西的进口白羽肉鸡产品反倾销调查的最终裁定,裁定原产于巴西的进口白羽肉鸡产品存在倾销,国内产业受到了实质损害,且倾销与实质损害之间存在因果关系,决定自 2019 年 2 月 17 日起,对上述产品征收反倾销税,税率为 17.8%～32.4%,征收期限为 5 年。另外,商务部接受了部分巴西出口企业的价格承诺申请,对不低于承诺价格的相关产品不征收反倾销税。

第一节 关税措施

一、关税概述

(一) 关税

关税(Custom Duty, Tariff)是由政府所设置的海关在进出口商品经过一国关境时,对进出口商所征收的税收。

(二) 海关

海关是设在关境上的国家行政管理机构,关税征收是通过海关来执行的。它由国家授权,对外代表国家行使主权,对内代表中央政府行使对地方的权利。其任务是根据本国有关进出口政策、法令和规章,对进出口货物、货币、金银、邮件和运输工具等实施监管管理、征收关税、查禁走私、临时监管货物和统计进出口货物。此外,海关还有权对不符合国家规定的进出口货物不予放行、罚款直至没收或销毁等。

(三)国境与关境

关境是海关征收关税的领域,即适用同一海关法或实行同一关税制度的领域,包括领水、领陆和领空;国境是国家的领土边境。一般情况下,两者是一致的,但有些国家之间缔结关税同盟,同盟成员国适用同一关税制度,此时关境大于国境,而有些国家在本国境内设立经济特区,这些地区不属于关境范围,这时候关境小于国境。

课堂讨论

关境与国境的关系是:关境可以大于国境,可以小于国境,也可以等于国境。对这三种情况试分别举例说明。

二、关税的特点

关税作为国家财政收入的一个重要组成部分,既有与其他税收相同的特点,也具有自身独特特征。

(一)与其他税收相同的特点

(1)强制性。关税由国家凭借政治权利和法律强制征收,纳税人必须依法纳税,否则就会受到法律制裁。

(2)无偿性。国家征收关税后即交入国库,成为国家的财政收入,不再直接归还纳税人,也无需付给纳税人任何补偿。

(3)固定性。关税的征收按国家规定的税法税则计征,税率相对固定,不能随意改动。

(二)关税自身的特点

关税除具有一般税收的共性之外,作为一个单独的税种,又具有不同于其他税收的特点。

(1)关税属于间接税。关税征收对象是进出口商品,其税负是由进出口商先行垫付,而后把它作为成本的一部分计入价格,转嫁给最终的消费者。

(2)关税的税收主体和客体是进出口商和进出口货物。纳税主体是指在法律上负担纳税的自然人和法人,也称纳税人,关税的税收主体是本国的进出口商;纳税的客体也称课税课体或课税对象,关税的税收客体是进出口商品。

(3)关税是一国涉外经济政策的一部分。长期以来,世界各国根据本国经济实力在世界经济中的地位,一直把关税作为实施对外经济政策的重要手段,通过调整关税税率,缓和与有关国家的贸易摩擦与冲突等。

三、关税的作用

(一)关税可以调节一国进出口贸易

一国可以通过调整关税税率来调节进出口贸易,如在出口方面可通过低税率、免税和退税来鼓励商品出口,在进口方面可通过提高税率、降低税率或减免来调节进口。此外关税还可以调节贸易差额等。

(二)关税是一国实施对外贸易政策的重要手段

在一国对外贸易关系发展中,会针对不同国家采取不同的贸易政策,而不同的贸易政策会在该国的关税政策上有所体现。例如,采取自由贸易政策时,对多数商品进口采用较低关税税率甚至免征关税;采取保护贸易政策时,则对进口商品采用较高关税税率。

(三)关税可以推进一国产业结构的调整

一国是否鼓励进口竞争性产业的发展会体现在关税政策的采用上。如果一国鼓励进口竞争性产业的发展,会对该产业产品的进口采取高关税政策;反之,如果一国计划淘汰进口竞争性产业的发展,则对该产业产品的进口较少限制甚至不予限制。

(四)可增加一国的财政收入

关税是一个国家财政收入的重要组成部分。尤其是在经济不发达的国家,关税成为最重要、甚至主要的收入来源。

四、关税的种类

(一)按照商品流向分类

1. 进口税

进口税(Import Duties)是进口商品经过一国关境时或者从自由港、出口加工区、保税仓库进入国内市场时,由该国海关根据海关税则对本国进口商所征收的一种关税。这是一种主要税,被称为正税或正常进口关税。

一般来说,进口税税率随着进口商品加工程度的提高而提高。大多数国家的关税结构体现为:对工业制成品的进口征收较高的关税,对半制成品的进口税率次之,对原料的进口税率最低甚至免征。进口税征收的主要目的是保护性关税。

进口税主要分为普通税率、最惠国税率、普惠税率、特惠税率,税率大小由普通税率到特惠税率从高到低。

(1)普通税率。又称一般关税,是指对与本国没有签署贸易或经济互惠等友好协定的国家原产的货物征收的非优惠性关税。其税率最高,大多数国家一般只将其作为其他优惠税率减税的基础,并不是普遍实施的税率。

(2) 最惠国税率(Most-Favoured-Nation Rate of Duty)。最惠国待遇指缔约国各方实行互惠，凡缔约国一方现在和将来给予任何第三方的一切特权、优惠和豁免，也同样给予对方。最惠国税率是世界贸易组织成员之间在正常贸易下必须给予的关税待遇。其税率高于特惠税率，低于普通税率，但并非最低税率。

(3) 普惠税率。普惠税是普遍优惠制(Generalized System Preferences，GSP)下适用的进口关税。普遍优惠制简称普惠制，是发达国家给予发展中国家制成品和半制成品(包括某些初级产品)的一种普遍的、非歧视的、非互惠的关税优惠制度。这一制度是在发展中国家的强烈呼吁下，于1964年第一届联合国贸易和发展会议提出，1968年通过，并于1971年正式生效的。

普惠制的基本原则是普遍的、非歧视的和非互惠的。所谓普遍的，是指发达国家应对发展中国家或地区出口的制成品和半制成品给予普遍的关税优惠待遇。所谓非歧视的，是指应使所有发展中国家或地区都不受歧视，无例外地享受普惠制的关税优惠待遇。所谓非互惠的，是指发达国家应单方面给予发展中国家或地区关税优惠，而不要求发展中国家或地区提供反向优惠。普惠制的实施目的是扩大发展中国家的出口，增强其产品竞争力，增加发展中国家的外汇收入，改善其国际收支；促进发展中国家的工业化，加速发展中国家的经济增长。

目前，世界上已有30多个给惠国和国家集团，它们是欧盟、瑞士、挪威、日本、加拿大、澳大利亚、新西兰、俄罗斯、乌克兰、白俄罗斯、哈萨克斯坦、土耳其、列支敦士登公国等。享受普惠制待遇的有170多个发展中国家和地区。各给惠国分别制定了各自的普惠制实施方案，而欧盟作为一个国家集团给出共同的普惠制方案。目前，全世界共有17个普惠制方案。从具体内容看，各普惠制方案不尽一致，但大都包括了给惠商品范围、受惠国家或地区、关税削减幅度、保护措施、原产地规则、给惠方案有效期等六个方面。

第一，给惠商品范围。各给惠方案都列有自己的给惠产品清单和排除产品清单。一般农产品的给惠商品较少，工业制成品或半制成品较多，一些敏感性商品，如纺织品、服装、鞋类以及某些皮制品、石油制品等常被排除在给惠商品之外或受到一定的限制。

第二，受惠国家或地区。按照普惠制的原则，给惠国应该对所有发展中国家或地区都无条件、无例外地提供优惠待遇(非歧视性)。但实际上，发展中国家或地区能否成为普惠制方案的受惠国或地区是由给惠国单方面确定的。

第三，关税削减幅度。给惠商品的减税幅度取决于最惠国税率和普惠制税率之间的差额，即普惠制减税幅度＝最惠国税率－普惠制税率。假设，某一商品最惠国税率为10%，普惠制税率为免税，则该商品的普惠制减税幅度为10%。通常工业品的减税幅度较大，农产品的减税幅度较小。

第四，保护措施。各给惠国为了保护本国生产和国内市场，均在各自的普惠制方案中制定了程度不同的保护措施。保护措施主要表现在例外条款、预定限额及毕业条款三个方面。

① 例外条款(Escape Clause)。例外条款又称免责条款，是指当给惠国认为从受惠国优惠进口的某项产品的数量增加到对其本国同类产品或有竞争关系的商品的生产者造成或将

造成严重损害时,给惠国保留对该产品完全取消或部分取消关税优惠待遇的权力。

② 预定限额(Prior Limitation)。预定限额是指给惠国根据本国和受惠国的经济发展水平及贸易状况,预先规定一定时期内(通常为一年)某项产品的关税优惠进口配额,达到这个额度后,就停止或取消给予的关税优惠待遇,而按最惠国税率征税。给惠国通常引用预定限额对工业产品的进口进行控制。

③ 毕业条款(Graduation Clause)。毕业条款是指给惠国以某些发展中国家或地区由于经济发展,其产品已能适应国际竞争而不再需要给予优惠待遇和帮助为由,单方面取消这些国家或产品的普惠制待遇。毕业标准可分为国家(地区)毕业和产品毕业两种。例如,美国规定,一国年人均收入超过8850美元或某项产品出口占美国进口的50%即为毕业。美国自1981年4月1日开始启用毕业条款,至1988年年底,终止了16个国家的受惠国地位,免除了来自144个发展中国家和地区约3000多种进口商品的普惠制待遇。

第五,原产地规则(Rule of Origin)。为了确保普惠制待遇只给予发展中国家和地区生产和制造的产品,各给惠国制定了详细和严格的原产地规则。原产地规则是衡量受惠国出口产品能否享受给惠国给予减免关税待遇的标准。原产地规则一般包括三个部分:原产地标准、直接运输规则和原产地证书。

① 原产地标准(Origin Criteria)。货物的原产地是货物的"国籍"。原产地标准是一个国家或地区为确定货物的"国籍"(原产地)而实施的普遍适用标准。普惠制的原产地标准分为两大类:一类是完全的原产品,是指完全由受惠国或地区生产或制造的产品。另一类是含有进口成分的原产品,是指全部或部分使用进口原料或零部件生产的产品,但产品的性质和特征达到了"实质性变化"的程度,变成了另外一种完全不同的产品。

② 直接运输规则(Rule of Direct Consignment)。直接运输规则是指受惠国或地区的原产品必须从出口受惠国或地区直接运至进口给惠国。制定这项规则的主要目的是为了避免在运输途中可能进行的再加工或换包。但由于地理或运输等原因确实不可能直接运输时,允许产品经过他国领土转运,条件是货物必须始终处于过境国海关的监管下,未投入当地市场销售或再加工。

③ 原产地证书(Certificate of Origin)。原产地证书是指受惠国或地区必须向给惠国提供由出口受惠国政府授权的签证机构签发的普惠制原产地证书,作为享受普惠制减免关税优惠待遇的有效凭证。

第六,给惠方案有效期。根据联合国贸易和发展会议的决定,普惠制的实施期限以10年为一个阶段,并且第一个阶段从1971年7月开始。每个阶段结束时,联合国贸易和发展会议都要对普惠制进行全面审议。自欧共体(欧盟前身)于1971年7月首先实施普惠制方案后,其他给惠国先后公布实施各自的方案或按普惠制的原则修改原来的优惠方案。各个给惠方案有效期的计算,从该方案实施之日起往后顺延10年为一期。

(4) 特惠税(Preferential Duty)。特惠税又称优惠税,指对来自特定国家或地区的进口商品给予特别优惠的排他性的低关税或免税待遇,其他国家不得以最惠国待遇原则要求享受这种优惠关税,其税率一般低于最惠国税率。特惠税有的是互惠的有的是非互惠的。

非互惠的特惠关税。目前仍在起作用的且最有影响的是欧盟向参加协定的非洲、加勒比海和太平洋地区的发展中国家单方面提供的特惠关税。因这一协定是在西非多哥首都洛美签订，所以被称作洛美协定。

资料链接

《洛美协定》

《洛美协定》从1975年至今已经签约了5次，2000年5月签署的第五个《洛美协定》，即《科托努协定》，2003年4月生效，有效期将长达20年，每5年修订一次，前8年为过渡期，后12年为执行期。

《洛美协定》签订后，一些拉美国家对欧盟给予非加太国家的特殊"照顾"表示不满，并诉诸世界贸易组织。2002年，欧盟开始与非加太国家就《经济伙伴协议》进行谈判。但欧盟在新一轮贸易谈判中提出的条件令不少非加太国家难以接受，因此谈判久拖不决。目前欧盟准备逐步取消对非加太国家或地区提供单向贸易优惠政策，代之以向自由贸易过渡，双方最终建立自由贸易区，与世贸规则接轨，从而结束现行的单方面贸易优惠安排。

互惠的特惠税。互惠的特惠税不一定是对等的相同税率。互惠的特惠关税主要是区域贸易协定或双边自由贸易协定成员间根据协定实行的特惠税。如欧盟成员之间、北美自由贸易协定成员之间、中国与东盟国家之间实行的特惠税。

2. 出口税

出口税(Export Duties)是一国的海关在该国产品输往国外时对出口商所征收的关税。征收出口税的目的有：增加财政收入，增加国外生产成本，保障本国市场供应，防止跨国公司利用"转移定价"逃税。

3. 过境税

过境税(Transit Duties)又称通过税，是一国对于通过其关境的外国货物所征的税收。其征收目的是为了增加该国的财政收入，但所征税额较低，因此财政意义不大。

(二) 按照征税的目的分类

1. 财政关税

财政关税(Revenue Tariff)又称收入关税，是指以增加国家的财政收入为主要目的而征收的关税。

2. 保护关税

保护关税(Protective Tariff)又称经济关税，是指以保护本国工业和农业发展为主要目的而征收的关税。保护关税的税率越高，保护程度越强。保护关税分为工业保护关税和农业保护关税。发展中国家注重对幼稚产业的保护，而发达国家注重对夕阳产业的保护。

(三) 按照差别待遇和特定的实施情况分类

按照差别待遇和特定实施情况，关税可分为进口附加税、差价税、特惠税和普惠税。在前面已经对特惠税和普惠税做了阐述,因此本部分只对进口附加税和差价税进行介绍。

1. 进口附加税

进口附加税(Import Surtaxes)又称为特别关税,是进口国家在对进口商品征收正常进口税后,出于某种目的再加征的进口税部分。进口附加税不同于进口税,不体现在海关税则中,并且是为特殊目的而设置的,其税率的高低往往视征收的具体目的而定。一般是临时性的或一次性的。其目的为:应付国际收支危机,维持进出口平衡;防止外国商品低价倾销;对某一国家实行歧视或报复。进口附加税主要有以下几种:

(1) 反补贴税。反补贴税(Countervailing Duty)又称抵消税或补偿税,是对直接或间接地接受奖金或补贴的外国商品进口所征收的一种进口附加税。其征收目的是增加进口商品成本,抵消出口国对该商品所做补贴的鼓励作用。

补贴的含义:根据乌拉圭回合中所达成的新的《补贴与反补贴协议》中规定,认为补贴是政府或任何公共机构对企业提供的财政捐助和政府对收入或价格的支持。

反补贴税征收的条件:进口商品在生产、制造、加工、买卖、输出过程中接受了直接或间接的奖金或补贴;对进口国国内某项已建成的工业造成重大损害或产生重大威胁,或对国内某一工业的新建造成严重障碍;上述两个条件之间存在因果关系。

反补贴税征收的程序:① 申诉和调查。② 举证。③ 当事双方磋商解决问题。④ 如果磋商后补贴方愿意修改价格或同意取消或限制补贴,或采取其他措施消除补贴的影响,补贴诉讼可暂停或终止。⑤ 如果承诺没有伴随行动,可继续调查,算出补贴数额,征收反补贴税。⑥ 日落条款。即规定征收反补贴税的期限不得超过5年。

GATT对补贴与反补贴的规定:① 反补贴税的理解。为了抵消商品于制造、生产或输出时所直接或间接接受任何奖金或补贴而征收的一种特别关税。② 补贴的后果会对国内某项已建的工业造成重大损害或产生重大威胁,或对国内某一工业的新建造成严重阻碍。③ 反补贴税的征收额不得超过"补贴的数额"。④ 对于受到补贴的倾销商品,进口国不能同时征收反倾销税和反补贴税。⑤ 在紧急情况下,进口国可以未经缔约国全体事前批准的情况下,征收反补贴税,但应立即向缔约国全体报告,如未获批准,这种反补贴税应立即予以撤销。⑥ 对产品在原产国或输出国所征的捐税,在出口时退还或因出口而免征,进口国对这种退税或免税不得征收反补贴税。⑦ 对初级产品给予补贴以维持或稳定其价格而建立的制度,如符合该项条件,不应作为造成重大损害来处理。

(2) 反倾销税。反倾销税(Anti-Dumping Duty)是对于实行倾销的进口商品所征收的一种进口附加税。进口商品以低于正常价值的价格进行倾销,并对进口国的同类产品造成重大损害是构成征收反倾销税的重要条件。税额一般以倾销差价征收,目的在于抵制商品倾销,保护本国工业和市场。

倾销的含义:倾销是商品出口国以低于该商品国内市场销售的正常价格甚至低于该商品生产成本的价格在国外市场上销售商品,并对进口国造成了影响。

反倾销税征收的条件:① 倾销存在。② 损害存在。③ 倾销与损害之间存在因果关系。

反倾销税征收的程序:① 起诉。由申诉人以申诉书的形式向反倾销机构提出。② 立案。接到起诉书后一定时期内必须做出是否受理的决定（比如欧盟是30日内；美国是20日内）。③ 调查。反倾销机构一旦立案，马上开始调查。比如美国商务部要求出口商提交接到申诉前150天到该日后30天的价格资料。④ 裁决。反倾销调查时限一般不超过1年，但特殊的不超过15个月。美国规定为6个月，但实际上从投诉到结案至少需要287天，最长达397天。⑤ 复查。

GATT对反倾销的规定：

① 用倾销手段将一国产品以低于正常价格的价格挤入另一国市场销售时，对某一缔约国领土内已建立的某一项工业造成重大损害或产生重大威胁，或对新建工业产生阻碍，缔约国可以对倾销产品征收数量不超过这一产品的倾销差价的反倾销税。

② 正常价格。相同产品在出口国用于国内消费时在正常情况下的可比价格，如果没有这个价格，则是相同产品在正常贸易下向第三国出口的最高可比价格，或产品在原产国的结构价格。

③ 对于同一种产品，进口国不能同时征收反倾销税和反补贴税。

④ 为了稳定初级产品价格而建立的制度，排除在外。

另外，在乌拉圭回合中又进行了修改和补充：

⑤ 在倾销的确定上，新协议进一步限制了使用国内销售价格作为正常价格的场合，必要时更多地使用向第三国出口价格或结构价格来计算正常价格。

⑥ 在工业损害问题上，新协议采取了累积进口的规定。累积进口是指进口国在确定工业损害时可以同时考虑来自多个国家或地区的倾销产品对其工业所造成的综合损害影响。

⑦ 在反倾销立案调查的程序上，新协议规定：反倾销申诉中必须有实质性的证据，否则申诉不能成立；对于损害或损害的威胁，要求有实际的证据表明损害或威胁事实存在。

⑧ 在对发展中国家待遇上，重申对发展中国家予以特殊照顾。

2. 差价税

差价税（Variable Levy）又称差额税，当一国生产的某种产品国内价格高于同类的进口商品价格时，为了削弱进口商品的竞争能力，保护国内生产和国内市场，按国内价格与进口价格之间的差价征收关税，即差价税。差价税是一种滑动税。

五、关税的征收

（一）按照征收的方法或征收标准分类

1. 从量税

从量税（Specific Duties）是按照商品的重量、数量、容量、长度和面积等计量单位为标准计征的关税。征税时只要查明计量单位数，用计量单位乘以税率就可以计算出应纳的税额。其计量税额的计算公式是：

$$从量税额 = 商品数量 \times 每单位从量税$$

各国征收从量税时，大部分以商品的重量为单位征收。按重量计算的方法有毛重、半毛重和净重三种。

从量税的征收有其优点：

(1) 计税手续较为简便。不需审定货物的规格、品质、价格，便于计算。

(2) 对廉价进口商品抑制作用较大。由于单位税款固定，对质次价低的低档商品进口与高档商品征收同样的关税，所以对低档商品进口不利。

(3) 当商品价格下降时，其保护作用加强。当商品价格下降时，按从量税征收，因税额固定，税负相对增大，不利于进口。所以其保护作用得到加强，而财政收入不受影响。

但从量税的征收也存在其缺点：

(1) 税负不合理。同一税目的货物，不管质量好坏，价格高低，均按同一税率征税，税负相同。

(2) 对质优价高商品，因与质次价低的同类商品征收同样的关税，故其保护作用相对减弱。

(3) 当商品价格上涨时，其保护作用下降。当商品价格上涨时，税额不能随之变动，使税收相对减少，保护作用下降。

2. 从价税

从价税（Ad Valorem Duties）是以商品的价格作为征税标准的关税，其税率表现为商品价格的百分比。完税价格与税则中规定的税率相乘，则可得出应纳的从价税额。从价税额的计算公式是：

$$从价税额 = 商品总值 \times 从价税率$$

从价税的征收存在的优点：

(1) 税负合理。同类商品质高价高，税额也高，质次价低，税额也低。加工程度高的商品和奢侈品价高，税额较高，相应的保护作用较大。

(2) 物价上涨时，税款相应增加，既增加财政收入，又可起到保护关税的作用。

(3) 税率明确，便于比较各国税率。

(4) 征收方式简单。对于同种商品，可以不必因其品质的不同再详细分类。

同样，从价税的征收也存在缺点：完税价格不易掌握，征税手续复杂。

3. 复合税

复合税（Compound Duties）又称混合税。在税则的同一税目中定有从价税和从量税两种税率，同时使用两种税率计税称为复合税。复合税计税手续比较复杂。复合税额的计算公式是：

$$复合税额 = 从量税额 + 从价税额$$

复合税可分为两种：一种是以从量税为主加征从价税；另一种是以从价税为主加征从量税。

4. 选择税

选择税（Alternative Duties）是对于一种进口商品同时定有从价税和从量税两种税率，

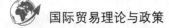

但征税时由海关选择其中一种征税。一般是选择税额较高的一种税率征收,在物价上涨时,使用从价税,在物价下落时,使用从量税。但有时为鼓励某种商品进口时,就选择较低的一种征收。

5. 滑准税

滑准税是一种与进出口商品价格反向运动的关税征收办法,即随着进口商品价格水平的提高,适用的税率水平在降低;随着价格水平的不断下降,而适用的税率却在提高。其目的是为了保证征税商品国内市场价格的相对稳定,减少国际市场价格波动对国内市场的影响。例如,我国财政部宣布 2012 年 1 月 1 日起,我国对关税配额外进口一定数量的棉花继续实施滑准税,并适当调整了滑准税计税公式。具体方式如下:

(1) 当进口棉花完税价格高于或等于 14 元/千克时,暂定从量税率为 0.570 元/千克;

(2) 当进口棉花完税价格低于 14 元/千克时,暂定关税税率按下式计算:

$$R_i = 8.23/P_i + 3.235\% * P_i - 1 \quad (Ri \leqslant 40\%)$$

其中,R_i 为暂定关税税率,对上式计算结果小数点后第 4 位四舍五入保留前 3 位,且当 Ri 按上式计算值高于 0.4 时,取值 0.4;P_i 为关税完税价格,单位为元/千克。

(二) 海关税则与国际贸易商品分类

1. 海关税则

海关税则又称关税税则,是一国对进出口商品计征关税的规章和对进出口的应税与免税商品加以系统分类的一览表。

2. 国际贸易商品分类体系

(1) 海关合作理事会税则目录(Customs Cooperation Council Nomenclature, CCCN)。CCCN 是以商品的自然属性为主,结合加工程度,将商品分为 21 大类、99 章、1015 项税目号。

(2) 联合国国际贸易标准分类(United Nations Standard International Trade Classification, SITC)。SITC 把商品分为 10 大类、67 章、261 组、1632 个分组、3188 个基本项目。

(3) 商品名称及编码协调制度(Harmonized Commodity Description and Coding System, HS)。HS 是一个新型的、系统的、多用途的国际贸易商品分类体系。它除了用于海关税则和贸易统计外,对运输商品的计费与统计、计算机数据传递、国际贸易单证的简化和《药品经营质量管理规范》(GSP)的利用等提供了一套可使用的国际贸易商品分类体系。它将商品分为 21 类、97 章、1241 个税目和 5019 个子目。

(三) 通关手续

通关手续又称报关手续,是指出口商或进口商向海关申报出口或进口时,接受海关的监督与检查,履行海关规定的手续。包括以下四个环节:

1. 货物的申报

货物运到进口国的港口、车站或机场时,进口商向海关提交有关单证和填写由海关提供的表格,向海关提出进口请求,同时提交全套的单证。

2. 单证审核

海关将审核单证是否齐全,填写是否正确、属实、全面,货物是否符合有关的政策与法规。

3. 货物的查验

货物的查验目的在于核实单货是否相符,防止非法进出口。

4. 货物的征税与放行

当办完通关手续,结清应付的税款和其他费用,经海关同意,货物即可通关放行。

六、关税的保护程度

目前,一般以平均关税水平来比较各国之间关税的高低,以名义保护率和有效关税率来表示关税保护程度。

(一)关税水平

关税水平(Tariff Level)是一国平均进口关税税率,其计算方法有以下几种:

1. 算术平均法

$$关税水平 = \frac{一国海关税则中所有税目的税率(最惠国税率)之和}{税目总数}$$

2. 加权算术平均法

(1)进口货值加权平均法

$$关税水平 = \frac{一国一定时期内所征收的进口关税总额}{该国同时期进口商品总额}$$

(2)有税进口货值加权平均法

$$关税水平 = \frac{一国一定时期内所征收的进口关税总额}{该国同时期有税商品进口总额}$$

(3)选择商品加权平均法

$$关税水平 = \frac{代表性商品进口关税总额}{代表性商品进口总额}$$

此方法只在特殊情况下使用。

总体而言,加权平均法充分考虑了不同商品进口价值在总进口值的比重对平均进口关税税率水平的影响。但是在进口货值加权平均法中,没有剔除免征进口关税商品的进口值,这样在进行国际比较时,如果国家之间免征进口关税,商品总值在总进口值中的比重不同,计算出来的关税水平就不具有可比性,因此,相比较而言,有税进口货值加权平均法更能真实地反映出各国在继续保留对某些进口商品设置保护壁垒的条件下其保护的平均水平。

(二)关税保护程度

从进口关税的结构来看,其征税对象可以分为两类:一类是制成品;另一类是作为国内制成品生产的中间产品或原料。对这两类进口品是否同时征税将会产生不同的保护效果：一是名义保护；二是有效保护。名义保护是某种进口商品进入该国关境时海关根据海关税则所征收的关税。而有效保护是整个关税制度对某类产品（加工工业）在其生产过程中给予净增值的影响。有效保护的概念是加拿大经济学家巴伯于1955年首先提出的，直到20世纪60年代作出了理论上的阐述后才开始被广泛的引用。相应的就有名义保护率和有效保护率。

1. 名义保护率

对于关税的名义保护率（Nominal Rate of Protection，NRP），世界银行的定义为"实行保护而引起的国内市场价格超过国际市场价格的部分与国际市场价格的百分比"。用公式表示为

$$关税的名义保护率 = \frac{国内市场价格 - 国际市场价格}{国际市场价格} \times 100\%$$

一国关税的名义保护率实际上就是该国对该商品征收进口关税的从价税率，因此名义保护率又称为名义关税税率。在其他条件不变的情况下，名义关税税率越高，对本国同类产品的保护程度就越高。

对于全部生产过程均在一国完成的产品，名义保护率能够真实反映现行进口关税税率对该国国内产品的保护程度，但对于一部分生产过程在国外完成，且这部分投入在进口时也被征收了关税的国内产品，名义保护率无法真实反映现行关税税率对该产品的保护程度。因此，提出了有效保护率的概念。

2. 有效保护率

有效保护率（Effective Rate of Protection，ERP）是用来测定关税或其他保护措施（主要是关税）对某类产品生产过程中每单位产出增加值的影响或提供的保护程度，又称有效关税，用一国实行保护而引起的国内增值的提高部分与自由贸易条件下的增值部分的百分比表示，计算公式为

$$ERP_j = \frac{V'_j - V_j}{V_j} \times 100\%$$

公式中，V'_j代表存在关税或其他保护措施条件下j行业单位产品的增加值；V_j代表自由贸易条件下j行业单位产品的增加值。

我们举例来说明此公式的运用。

假定在自由贸易条件下，某自行车的价格为200美元，其中生产过程中的购入价值为100美元，国内自行车生产商实现的增加值是100美元。现在，政府对该自行车进口征收40%的进口关税，而对购入价值部分不征收进口关税。此时，如果不考虑其他因素，该自行车的国内市场价格将升至280美元，国内生产商的增加值从原来的100美元上升到180美元，根据有效关税的计算公式，我们可以计算出现行对自行车进口适用的40%的关税税率对国内自行车制造商每辆自行车提供的有效保护程度为

$$ERP_{自行车} = \frac{(280-100)-(200-100)}{200-100} = 80\%$$

假设现在情况发生了变化,进口国家对购入价值部分也开始征收进口关税,税率为20%,根据有效关税计算公式,对进口自行车征收的40%的进口关税对国内自行车制造商每辆自行车提供的有效保护程度为

$$ERP_{自行车} = \frac{200 \times (1+40\%) - 100 \times (1+20\%) - (200-100)}{200-100} \times 100\% = 60\%$$

如果进口国家将购入价值部分的进口关税提高到40%,对进口自行车征收的40%的进口关税对国内自行车制造商每辆自行车提供的有效保护程度为

$$ERP_{自行车} = \frac{(280 - 100 \times 140\%) - (200-100)}{200-100} \times 100\% = 40\%$$

如果对购入价值部分的关税税率提高到100%则结果为

$$ERP_{自行车} = \frac{(280 - 100 \times 200\%) - (200-100)}{200-100} \times 100\% = -20\%$$

通过上面对不同情况下有效关税保护率的计算,可以发现,当进口最终产品的名义关税税率高于购入部分的名义关税税率时,对最终产品的有效关税保护税率高于名义保护税率。当进口最终产品的名义关税税率等于购入部分的名义关税税率时,对最终产品的有效关税保护率等于名义保护率。当进口最终产品的名义关税税率小于购入部分的名义关税税率时,对最终产品的有效关税保护率小于名义保护率甚至出现负的有效关税保护率,即关税实际上起到了保护最终产品进口或鼓励进口的作用。

生产过程中,投入物不一定只有一种,每一种投入物的关税税率也不一定一样,为解决这一问题,有效关税保护率还有下列计算公式:

$$ERP_j = \frac{t_j - \sum a_{ij} t_{ij}}{1 - \sum a_{ij}} \times 100\%$$

其中,t_j 表示 j 行业最终产品的名义关税税率;a_{ij} 表示自由贸易条件下,生产最终产品的各种投入占产品价格的比例;t_{ij} 表示对投入 i 征收的名义关税税率。

现采用新公式来检验一下结果是否与前面公式计算出的结果相同。

(1) 对自行车进口征收40%的进口关税,对生产过程购入价值部分进口不征收进口关税条件下,有效关税保护率为

$$ERP_{自行车} = \frac{40\% - 50\% \times 0}{1-50\%} \times 100\% = 80\%$$

(2) 对购入价值部分征收20%的进口关税,有效关税保护率为

$$ERP_{自行车} = \frac{40\% - 50\% \times 20\%}{1-50\%} \times 100\% = 60\%$$

(3) 对购入价值部分征收的进口关税提高到40%,有效关税保护率为

$$ERP_{自行车} = \frac{40\% - 50\% \times 40\%}{1-50\%} \times 100\% = 40\%$$

(4) 对购入价值部分的关税税率提高到100%,有效关税保护率为

$$ERP_{自行车} = \frac{40\% - 50\% \times 100\%}{1-50\%} \times 100\% = -20\%$$

由此看出,两个公式计算结果完全一致。

研究新公式可以发现,在对最终产品和购入价值部分(原材料等)征收的名义关税税率一定的条件下,有效关税或关税的有效保护程度的高低取决于购入价值部分在产品价格中的比重,随着购入价值部分比重的提高,关税对最终产品的有效保护程度将逐步降低。

3. 名义保护率与有效保护率的区别

名义保护率只考虑关税对某种成品价格的影响,没有考虑到由于对生产过程投入物征收进口关税及投入物价值占最终产品价值比例的不同而对成品提供保护程度的影响。而有效保护率则考虑到这一问题,从而真实地衡量了现行名义关税税率对产品所提供的实际保护程度。

七、关税的经济效应

关税的征收会对国际贸易产生很大的影响,带来一系列的经济效应。关税对国际贸易的影响是其对一国国内价格、贸易条件、生产、消费、贸易、税收、再分配以及国民福利等方面产生的综合影响结果。对关税的国际贸易影响分析主要有静态和动态两种分析方法,本书主要通过静态经济效应分析的方法来把握关税对国际贸易的影响。

在分析关税的经济效应时,将参与贸易的国家分为两类:

一类是贸易价格控制国家,这类国家在某种特定商品的国际贸易中具有举足轻重的影响力,是国际贸易中的价格制定者,其本身进出口数量的变化足以改变世界市场的供求关系,从而带动国际市场价格发生变化。

一类是贸易价格接受国家,这类国家在某种特定商品的国际贸易中占有的份额很小,不足以对世界市场产生实质性影响,只是国际贸易过程中的价格接受者。

两者在关税对国际贸易影响的显著差异在于对世界市场价格的影响力,前者的征税行为不仅影响其国内价格,还影响到世界市场价格。

(一)贸易价格控制国家关税对该国国际贸易的影响

假设在某种商品的国际贸易中,M 国为贸易价格控制国家,我们来画图演示国家关税对其国际贸易的影响。如图 6-1 所示,Q 代表产量,P 代表价格。S 曲线代表 M 国国内的供给曲线,D 曲线代表 M 国国内需求曲线,在该国对这种进口商品不征收关税的情况下,若世界市场价格为 P_0,该国国内市场价格也为 P_0,此时该国国内市场该商品生产量为 Q_0,消费量为 Q_3,该国该商品的生产量低于消费量,满足不了消费者的需求,需要进口,进口量为消费量与生产量的差额,即 $Q_3 - Q_0$。

假设现在该国对每个单位进口商品征收进口关税 t,如图 6-2 所示,D 曲线代表进口国需求曲线,S 曲线代表该商品在世界市场上的供给曲线,自由贸易情况下,需求曲线与供给曲线交于 Q_1,国际市场价格与进口国市场价格均为 P_0。

由于征税,该国国内市场价格将上升至 P_2,需求减少形成国际市场上该商品供过于求的局面,导致该商品的世界市场价格降低为 P_1,该进口国需求曲线从 D 曲线下移至 D' 曲线,此时进口量为 Q_2,进口量缩减为 $Q_1 - Q_2$。

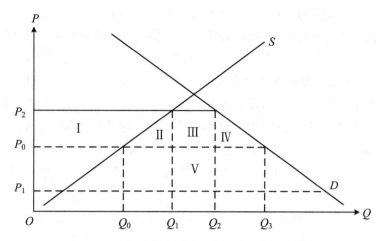

图 6-1　M 国某商品关税对该国国际贸易的影响

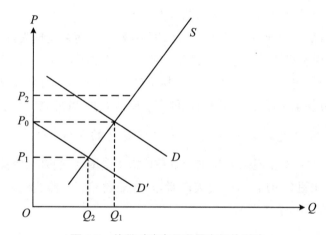

图 6-2　关税对该商品世界市场的影响

1. 关税的价格效应

如图 6-1 所示,征税将引起该国国内价格上涨,从 P_0 上升至 P_2,由于 $t = P_2 - P_1$,上涨幅度小于关税水平 t。

2. 关税的贸易条件效应

贸易条件是一国出口商品价格和进口商品价格的比值,前面讲过,征税将导致该商品的世界市场价格下降,即该国的进口价格下降,在其他因素不变的情况下,意味着改善了该国的贸易条件。

3. 关税的税收效应

如图 6-1 所示,该国国内生产量由 Q_0 增加至 Q_1,国内消费量由 Q_3 减少至 Q_2,进口量由 $Q_3 - Q_0$ 缩减至 $Q_2 - Q_1$,关税收入为进口量乘以关税量,即 $(Q_2 - Q_1) * t$,为图 6-1 中的Ⅲ＋Ⅴ。

4. 关税的利益再分配效应

这里涉及消费者剩余和生产者剩余的概念。消费者剩余是指消费者对每一单位商品所愿意支付的价格与实际支付价格的差,从图 6-1 上看,是位于实际购买价格水平之上需求曲线之下的面积。在未征税时,价格为 P_0,实际购买价格水平为 P_0,征税后,实际购买价格水平上升为 P_2,实际购买价格水平之上需求曲线之下的面积减少 Ⅰ+Ⅱ+Ⅲ+Ⅳ,即征税后消费者剩余减少 Ⅰ+Ⅱ+Ⅲ+Ⅳ,亦即消费者损失 Ⅰ+Ⅱ+Ⅲ+Ⅳ。生产者剩余是指生产者出售一定单位商品所实际得到的货币量和他愿意换取的最小货币量之间的差额。从图 6-1 上看,是位于价格水平之下供给曲线之上的面积。在未征税时,价格为 P_0,征税后,价格水平为 P_2,价格水平之下供给曲线以上的面积增加Ⅰ,即征税后生产者剩余增加Ⅰ,或者说生产者获利Ⅰ。

综上所述,政府的关税收入为 Ⅲ+Ⅴ,则总收益变动为生产者剩余变动+消费者剩余变动+关税收入,即 Ⅰ-(Ⅰ+Ⅱ+Ⅲ+Ⅳ)+Ⅲ+Ⅴ=Ⅴ-(Ⅱ+Ⅳ)。

因此,总收益变动有三种可能:① 当Ⅴ小于Ⅱ+Ⅳ时,总收益损失;② 当Ⅴ等于Ⅱ+Ⅳ时,总收益不变;③ 当Ⅴ大于Ⅱ+Ⅳ时,总收益增加。

按照前面所说,征税会导致该国价格上涨、贸易减少,从而蒙受损失,但为什么通过贸易价格控制国家的征税有可能带来总收益的增加呢?究其原因,是由于贸易大国具有强大的市场影响力,通过压低进口价格,改善自身贸易条件,使得一部分利益从国外出口商那里转移至本国,从而部分甚至全部补偿本国因征税导致价格上涨、贸易减少而蒙受的损失。

(二)贸易价格接受国家关税对该国国际贸易的影响

假设在某种商品的国际贸易中,N 国为贸易价格接受国,我们来画图演示该国关税对其国际贸易的影响。如图 6-3 所示,Q 代表产量,P 代表价格。S 曲线代表 N 国国内供给曲线,D 曲线代表 N 国国内需求曲线。

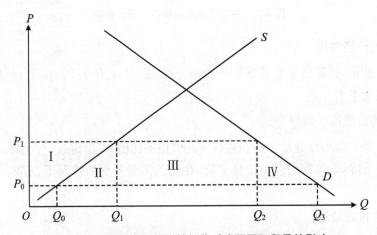

图 6-3 N 国某商品关税的征收对该国国际贸易的影响

在该国对这种进口商品不征收关税的情况下,若世界市场价格为 P_0,该国国内市场价

格也为 P_0，此时该国国内市场该商品生产量为 Q_0，消费量为 Q_3，该国该商品的生产量低于消费量，满足不了消费者的需求，需要进口，进口量为消费量与生产量的差额，即 Q_3-Q_0。假设现在该国对每个单位进口商品征收进口关税 t，关税的征收将导致该国对商品的进口数量下降，但由于该国是贸易价格接受国家，在国际贸易中占有的份额很小，不足以对世界市场产生实质性影响，故世界市场价格仍为 P_0，且 $P_1=P_0+t$，该国国内生产量增加至 Q_1，国内消费量减少至 Q_2，进口量缩减至 Q_2-Q_1。

1. 关税的价格效应

如图 6-3 所示，征税将导致该国国内市场价格从 P_0 上升至 P_1，上涨幅度为关税水平 t，如前所述，贸易价格控制一国国内价格上涨幅度小于 t，因此贸易价格控制该国国内价格上涨幅度比贸易接受国家要低。

2. 关税的贸易条件效应

贸易条件是一国出口商品价格和进口商品价格的比值，如前所述，征税并不会影响该商品世界市场价格，因此在其他因素不变的情况下，该国的贸易条件不变。

3. 关税的税收效应

如图 6-3 所示，该国国内生产量由 Q_0 增加至 Q_1，国内消费量由 Q_3 减少至 Q_2，进口量由 Q_3-Q_0 缩减至 Q_2-Q_1，关税收入为进口量乘以关税量，即 $(Q_2-Q_1)*t$，为图 6-3 中的 Ⅲ。

4. 关税的利益再分配效应

如图 6-3 所示，先看消费者剩余的变动，在未征税时，价格为 P_0，实际购买价格水平为 P_0，征收关税后，实际购买价格水平上升为 P_1，实际购买价格水平之上需求曲线之下的面积减少 Ⅰ+Ⅱ+Ⅲ+Ⅳ，即征税后消费者剩余减少 Ⅰ+Ⅱ+Ⅲ+Ⅳ，或者说消费者损失 Ⅰ+Ⅱ+Ⅲ+Ⅳ。再看生产者剩余的变动，在未征税时，价格为 P_0，征收关税后，价格水平为 P_1，价格水平之下供给曲线之上的面积增加 Ⅰ，即征税后生产者剩余增加 Ⅰ，即生产者获利 Ⅰ。

如前所述，政府的关税收入为 Ⅲ，则总收益变动为生产者剩余变动+消费者剩余变动+关税收入，即 Ⅰ-(Ⅰ+Ⅱ+Ⅲ+Ⅳ)+Ⅲ = -(Ⅱ+Ⅳ)。

关税的征收使该国产生了 Ⅱ+Ⅳ 的净损失，贸易价格接受国家对进口品征税只会降低自身的福利水平，因此，对于贸易价格接受国家而言，自由贸易是最佳选择。

第二节 非关税措施

一、非关税壁垒概述

非关税壁垒是指关税以外的一切限制进口的各种措施。与关税措施相比，非关税壁垒的特点有：① 非关税壁垒具有更大的灵活性和针对性；② 非关税壁垒更能直接达到限制进

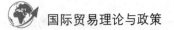

口的目的；③ 非关税壁垒更具有隐蔽性和歧视性。

二、非关税壁垒措施内容

（一）进口配额制

进口配额制（Import Quotas System），是指一国政府在一定时期内，对某种商品的进口数量或金额加以直接限制，在规定的期限内，配额以内的货物可以进口，超过配额不准进口，或对其征收更高的关税或罚款后才能进口。进口配额制可以分为绝对配额和关税配额两种。

1. 绝对配额

绝对配额（Absolute Quotas），是指在一定时期内，对某些商品的进口数量或金额规定一个最高限数，达到这个额数后，便不准进口，这种进口配额有全球配额和国别配额两种方式。

2. 关税配额

关税配额（Tariff Quotas），是指对商品进口的绝对数额不加限制，而在一定时期内，规定一定数额的进口配额，对在规定配额以内的进口商品，给予低税、减税或免税待遇；对超过配额的进口商品则征收较高的关税，或征收附加税或罚款。这实际上限制或禁止了配额以外的商品进口。关税配额按不同的方式又可分为以下几类：

（1）按商品进口的来源，可分为全球性关税配额和国别性关税配额。

（2）按征收关税的目的，可分为优惠性关税配额和非优惠性关税配额。前者是指在关税配额以内进口的商品，给予较大幅度的关税减让甚至免税，对超过配额的进口商品即按原来的最惠国税率征收关税；后者是指在关税配额内仍征收原来的进口税，但对超过配额的进口商品则征收极高的附加税或罚款。

（二）"自动"出口配额

"自动"出口配额（"Voluntary" Export Quotas），又称"自动"限制出口（"Voluntary" Restriction Export），是指出口国或地区在进口国的要求或压力下，自动规定某一时期某些商品对该国的出口限制，配额内可以出口，超过配额的禁止出口。"自动"出口配额依照限额的确定方式的不同分为非协定的"自动"出口限制和协定的"自动"出口限制两种形式。

（三）进口许可证

一国政府为了禁止控制或统计某些进口商品的需要，规定对于某些商品必须事先领取进口许可证（Import Licence System）才可进口。

目前发达国家进口许可证使用的范围较小，只对竞争激烈的敏感性商品使用。发展中国家则比较普遍实行进口许可证，以限制某些工业品和高档消费品的进口，从而保护民族经济的发展。

(四) 外汇管制

外汇管制(Foreign Exchange Control),是指一国政府通过法令对国际结算和外汇买卖实行限制来维持本国货币汇价和平衡国际收支的一种制度。外汇管制的方式较为复杂,一般可分为以下几种。

1. 数量性外汇管制

数量性外汇管制指国家外汇管理机构对外汇买卖的数量直接进行限制和分配。进口商如欲进口商品,必须向国家外汇管理部门申请外汇额度,经外汇管理部门批准后,方可获得外汇,支付进口货款。

2. 成本性外汇管制

成本性外汇管制指国家外汇管理机构对外汇买卖实行复汇率制度(System of Multiple Exchange Rates),利用外汇买卖成本的差异,间接影响不同商品的进出口。复汇率制度是指一国货币对外有两个或两个以上的汇率。其目的是利用汇率的差别限制和鼓励某些商品进口或出口。一般说来,对适当允许进出口的商品使用普通汇率;对鼓励进出口的商品使用优惠汇率;对严格限制进口的商品则使用惩治性汇率,即高价购买外汇,使进口商品成本增加,竞争力下降,从而达到限制其进口的目的。

3. 混合性外汇管制

混合性外汇管制是指同时运用上述两种管制方式,使国家能更有效地控制外汇和商品进口的制度。

(五) 进口和出口国家垄断

进出口国家垄断(Foreign Trade Under State Monopoly),是指在对外贸易中,把某些商品的进口或出口专营权给予某些垄断组织或者国家机构。世界各国对进出口商品垄断的情况不尽相同,但归纳起来,主要集中在四类商品:烟酒、农产品、武器、石油。

(六) 歧视性政府采购政策

歧视性政府采购政策(Discriminatory Government Procurement Policy),是指国家制定法令,规定政府机构在采购时要优先购买本国产品的做法。许多国家都有这种制度,如美国的《购买美国货法案》。

资料链接

《购买美国货法案》

美国从1933年开始实行《购买美国货法案》,并于1954年和1962年两次修改。美国实行的《购买美国货法案》规定,凡是美国联邦政府所要采购的货物,应该是美国制造的或是用美国原料制造的。只有在美国自己生产的数量不够或者国内价格过高,或者不买外国货就会损害美国利益的情况下,才可以购买外国货。为了达到限制进口的目的,美国国防部和财政部甚至采购比进口货贵50%的美国货。由于发达国家政府采购的数量非常庞大,因此,这是一种相当有效的限制进口的非关税壁垒措施。

(七)国内税

国内税(Internal Taxes),是指一国的国境内,对生产、销售、使用或消费的商品所支付的捐税。国内税通常不受贸易条约或多边协定限制,比关税更灵活。有些国家在进口商品进入关境以后的运输、销售、购买、使用等环节对其征收各种国内税来限制进口。

(八)进口最低限价和禁止进口

1. 进口最低限价

进口最低限价制是指一国政府规定某种进口商品的最低价格,凡进口价低于此最低价格的要征收进口附加税或禁止进口。

2. 禁止进口

禁止进口是指当一国感到实行进口数量限制已无法达到经济目的时,颁布法令公布禁止进口商品的货单以禁止这些货物的进口。

(九)进口押金制

进口押金制(Import Advanced Deposit System)又称进口存款制,是指进口商在进口商品时,要在规定时间于指定银行按进口额的一定比例无息存入一笔现金,方可进口。进口押金制增加了进口商的资金负担,起到限制进口的作用。

(十)海关估价制度

海关在征收关税时,确定进口商品价格的制度为海关估价制度。有些国家为实现自身目的,通过提高某些进口商品的海关估价来阻碍商品的进口,称为专断的海关估价制度。

(十一)进口商品征税的归类

在税率已定的情况下,税额大小除取决于海关估价外,还取决于征税产品的归类。海关征税时,在税率上一般就高征收关税,以此增加进口商品的税收负担,起到限制进口的作用。

(十二)技术性贸易壁垒

技术性贸易壁垒(Technical Barriers to Trade,TBT),是指为了限制进口所规定的复杂苛刻的技术法规、技术标准和合格评定程序、卫生检疫规定以及商品包装和标签规定等。

1. 技术法规、技术标准和合格评定程序

(1)技术法规。涉及的内容范围包括劳动安全、环境保护、卫生健康、交通、节约能源与材料等。

(2)技术标准。主要包括生产标准、实验与检验方法标准、安全卫生标准等。

技术法规和标准作为限制进口的手段主要体现在:① 多样化;② 标准严格;③ 有些标

准经过精心设计和研究,针对性强;④ 这些技术标准不仅在条文本身上限制了外国产品的销售,而且在实施过程中也为外国产品的销售设置了重重障碍。

(3) 合格评定程序。是指任何直接或间接用以确定是否满足技术规定或技术标准中相关要求的程序。合格评定程序一般包含认证、认可、互认三种基本形态。

2. 卫生检疫规定

随着世界性贸易摩擦的加剧以及发达国家国民生活水平的提高和保障身体健康的要求,发达国家更加广泛地利用卫生检疫的规定来限制商品的进口,它们要求卫生检疫的商品日益增加,卫生检疫的规定越来越严格。

3. 商品包装和标签的规定

许多国家对于在国内市场上销售的商品要求符合各种包装和标签条例,进口商若无法满足条件将禁止其商品进口。

4. 绿色贸易壁垒措施

一些国家借口环境保护,通过制定高标准的国内环境法规实施贸易保护和贸易歧视。

分析案例

碳关税

碳关税,是对在国内没有征收碳税或能源税、存在实质性能源补贴国家的出口商品征收的特别的二氧化碳排放关税,主要是发达国家对从发展中国家进口的排放密集型产品如铝、钢铁、水泥和一些化工产品征收的一种进口关税。后来碳关税慢慢演变为美国等发达国家实行贸易保护、削弱竞争对手竞争力的手段,但由于碳关税存在合法性、合理性和技术上的诸多障碍,目前世界上还没有征收范例,但是欧洲的瑞典、丹麦、意大利,以及加拿大的不列颠和魁北克已经在其范围内征收碳关税。

试分析一旦实行碳关税政策,会对我国经济产生什么样的影响?

5. 蓝色贸易壁垒

蓝色贸易壁垒(Blue Barriers To Trade),又称"劳动壁垒",是指以劳动者劳动环境和生存权利为借口采取的贸易保护措施。施行蓝色贸易壁垒的目的是保护蓝领工人的利益,故以蓝色命名。蓝色贸易壁垒由社会条款而来,其核心是 SA 8000 标准,包括核心劳工标准、工时与工资、健康与安全、管理系统等方面。

第三节 鼓励出口和出口管制方面的措施

一、鼓励出口方面的措施

出口鼓励措施是指出口国政府及有关组织为促进该国商品的出口,开拓和扩大国外市场而采取的经济、行政和组织等方面的措施。

（一）出口信贷

1. 出口信贷的概念

出口信贷(Export Credit)是一个国家为了鼓励商品出口,增强商品的竞争力,通过银行对本国出口商或国外进口商提供的贷款。它是一国出口商利用本国银行提供的贷款扩大商品出口,特别是金额较大、期限较长的商品出口的重要手段。

2. 出口信贷的种类

（1）卖方信贷。卖方信贷(Supplier Credit)是指出口方银行向本国出口商提供的贷款。贷款协议在本国出口商与本国银行之间签订。常用于机器设备、船舶的出口。

如图 6-4 所示,卖方信贷的具体步骤为：

① 在正式签署货物买卖合同前,出口商必须与贷款银行取得联系,获得银行发放出口信贷的认可。此外,出口商一般事先向当地保险公司询价,以便将有关的保险费用事先计入成本。

② 出口商以延期付款的方式与进口商签订进出口合同,合同一般要求进口商向出口商在合同生效以后支付 10%～20% 的定金,其余 80%～90% 的款项在交货时由进口国银行签发或承兑若干张不同到期日的本票或汇票分期偿还。

图 6-4　卖方信贷流程图

③ 出口商凭出口贸易合同向其所在地的银行申请卖方贷款,双方签订出口卖方信贷融资协议,由银行根据协议向出口商提供信贷。在协议中,出口商同意将货物买卖合同下的远期收汇权益抵押给贷款银行。此外,出口商向保险公司投保出口收汇险,并将保险项下的权益转让给贷款银行。

④ 出口商在根据进出口合同发货后,把出口装运单据以及商业发票提交给贷款银行,然后根据卖方信贷融资协议从银行贷款中提取贷款(一般是发票金额的 85% 左右)。接下来就是由进口商按照进出口合同的约定,分期偿还货款并支付利息给出口商,然后由收到进口商所付货款的出口商根据贷款协议偿还银行贷款。不过在实践中更多的做法是银行直接介入：进口国银行会把其出具或承兑的本票、汇票直接交给贷款银行,贷款银行一般则会要求出口商把进出口合同项下的债权凭证抵押在银行,用到期款项优先偿还贷款本息。

（2）买方信贷。买方信贷(Buyer Credit)是出口国银行直接向外国的进口厂商或进口方的银行提供的贷款。其附带条件是此贷款必须用于购买债权国的商品,因而起到促进商品出口的作用。

如图 6-5、图 6-6 所示,买方信贷的具体步骤为:

图 6-5 买方信贷的贷款对象为进口商情形下的流程

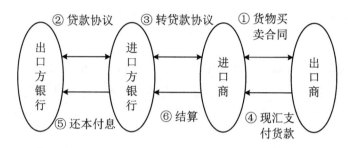

图 6-6 买方信贷的贷款对象为进口方银行情形下的流程

① 出口商提出买方信贷意向申请,在银行审核项目材料,出具贷款意向书,并对商务合同具体付款条件提出要求后,进出口方才进入货物合同签署阶段。

② 进出口商签署现汇货物买卖合同,并明确进口商将使用出口方银行提供的买方信贷支付货款。合同签署后,进口商先支付货款 15%～20%的定金。

③ 由进口商或进口方银行与出口方银行签订贷款协议。

④ 进口商根据出口商交货情况分批利用出口方银行贷款或进口方银行转贷的资金支付 80%～85%的货款。为避免不必要的周折和风险,这笔款项实际是由出口国银行直接交给了出口商拿走。

⑤ 在买方信贷的贷款对象为进口方的情形下,由进口商根据与出口方银行的贷款协议支付本金和利息;在买方信贷的贷款对象为进口方银行的情形下,由进口方银行根据贷款协议向出口方银行支付本金和利息,然后再在国内结算其与进口商之间的债权债务。

3. 出口信贷的主要特点

(1) 出口信贷以资本货物出口为基础。

(2) 出口信贷利率低于国际金融市场贷款的利率。

(3) 出口信贷的贷款金额通常只占合同金额的 85%左右。

(4) 出口信贷的发放与出口信贷的担保相结合。

(5) 出口信贷是政府促进出口的手段。

(二) 出口信贷国家担保制

出口信贷国家担保制(Export Credit Guarantee System)是一国为了扩大出口,设立专门机构对本国出口商或商业银行向外国进口厂商或银行提供的信贷进行担保,当外国债务人拒绝付款时,该国家机构将按照承保的数额给予补偿。

（三）出口补贴

出口补贴（Export Subsidies）是指一国政府为降低出口商品的价格，提高其在国际市场上的竞争力，在出口某种商品时给予出口厂商财政上的优惠待遇或现金补贴。出口补贴有以下几种方式：

1. 直接补贴

直接补贴（Direct Subsidies），是指出口某种商品时，政府直接付给出口商的现金补贴。例如，欧盟的前身欧共体就采用"欧洲农业指导保证基金"来鼓励某些农产品的出口。

2. 间接补贴

间接补贴（Indirect Subsidies），是指政府对某些出口产品给予财政上的各种优惠。主要有以下几种方式：① 退还或减免出口商品所缴纳的国内税；② 免征或退还用于出口生产的进口原料或零部件等的进口关税；③ 免征出口税；④ 对出口商品实行延期付税；⑤ 降低运费；⑥ 提供低息贷款。

（四）商品倾销

商品倾销（Dumping）是指商品出口厂商以低于国内市场的价格甚至以低于商品生产成本的价格在国外市场上大量抛售产品，打击竞争对手以占领或巩固市场的行为。商品倾销有以下几种形式：

1. 偶然性倾销

偶然性倾销（Sporadic Dumping）通常是指因为销售旺季已过，或因公司改营其他业务，在国内市场上不能售出剩余货物，因而以倾销的方式向国外市场抛售。

2. 间歇性或掠夺性倾销

间歇性或掠夺性倾销（Intermittent or Predatory Dumping）是以低于国内市场价甚至低于生产成本的价格，在国外市场上大量抛售商品，在打垮了全部或大部分竞争对手占领了市场以后，再大幅度提高价格。

3. 长期性倾销

长期性倾销（Long-Run Dumping）是指长期（至少半年以上）以低于国内市场的价格在国外市场上出售商品的倾销方式。

4. 隐蔽性倾销

隐蔽性倾销（Hidden Dumping）是指出口商按国际市场上的正常价格出售商品给进口商，但进口商则以倾销性的低价在进口国市场上抛售，其亏损部分由出口商给予补偿的倾销方式。

（五）外汇倾销

外汇倾销（Exchange Dumping）是利用本国货币对外贬值的方法来扩大商品出口的倾

销方式。

例如，美元与人民币的汇率，在2005年以前1美元兑换8.224元人民币，而现在1美元兑6.22元人民币，显然美元贬值了。假如1件100美元的美国产品输往中国市场，在过去该产品是822.4元人民币，而如今却只有622元人民币，也就是美国产品在中国市场上便宜了，即美国产品在中国市场上拥有了价格低的竞争优势了，美国出口量增加。

换个角度，一件822.4元人民币的产品，过去在美国市场的卖价可看作100美元，现在约是132美元，显然与过去相比，中国产品在美国市场上价格高，失去了竞争优势，中国出口量减少。

当然，外汇倾销不能无限制和无条件地进行，外汇倾销只有具备以下两个条件时才能起到扩大出口的作用：① 货币贬值幅度要大于国内物价上涨幅度；② 其他国家不同时实行同等程度的货币贬值或采取其他报复性措施。

（六）促进出口的行政组织措施

促进出口的行政措施有：① 设立专门机构，研究制定本国出口战略和对外贸易政策。② 建立经贸信息网。例如，日本贸易振兴机构就是日本政府设立的旨在从事海外市场调查，并向企业提供信息服务的机构。它拥有73个海外办事处，与东京和大阪总部、亚洲经济研究所一起积极致力于促进日本与海外之间的贸易与投资，加强企业之间的商务合作。③ 建立贸易中心，举办贸易展览会。④ 组织贸易代表团的互访。⑤ 组织出口评奖活动。

二、管制出口方面的措施

出口管制又称出口控制，是指出口国政府为了使国家安全得到保障，世界和平得到维护，本国的对外关系不致受到重大的负面影响，对本国的某些商品实行限制或禁止出口的措施。

（一）出口管制的商品

① 战略物资和高技术产品。其中包括军事装备、先进的电子计算机等高技术产品、重要机器与设备以及有关的技术资料。② 国内市场所需的原材料、半成品及国内市场供应不足的商品。③ "自动"限制出口的商品。如发展中国家根据纺织品"自限协定"自行控制纺织品、服装等商品的出口。④ 为了实施经济制裁而对某些国家或地区限制甚至禁止出口的商品。如美国曾对苏联实行粮食控制出口，对利比亚、伊拉克等国实行的商品出口限制等。⑤ 为了保护本国资源或保护本国生态环境而限制甚至禁止出口的商品。如我国当前限制高能耗、高污染的部分钢铁出口。⑥ 重要的文物、艺术品、黄金、白银等特殊商品。⑦ 出于有计划安排生产及统一对外的目的而实行出口许可证制的商品。

（二）出口管制的目的

1. 政治目的

出口管制的政治目的是干涉和控制进口国的政治经济局势，在外交活动中保持主动地位,遏制敌对国或臆想中的敌对国家的经济发展,维护本国或国家集团的政治利益和安全等。

2. 经济目的

出口管制的经济目的有以下几点:① 为了保护国内稀缺资源或不可再生资源;② 维护国内市场的正常供应;③ 促进国内有关产业部门或加工工业的发展;④ 防止国内出现严重的通货膨胀;⑤ 保持国际收支平衡;⑥ 稳定国际市场商品价格,避免国际贸易条件的恶化。

(三)出口管制的形式

1. 单方面出口管制

单方面出口管制是指一国根据该国的出口管制法案,设立专门的执行机构对该国某些商品出口进行审批和颁发出口许可证,实行出口管制。例如,美国政府根据国会通过的《出口管理法》在美国商务部设立工业和安全局,专门办理出口管制的具体事务。

2. 多边出口管制

多边出口管制是指几个国家政府通过一定的方式建立一个国际性的多边出口管制机构,通过商讨和编制多边出口管制货单和出口管制国别,规定出口管制的办法等,协调彼此的出口管制政策和措施,达到共同的政治和经济目的。

(四)出口管制的措施

① 国家专营,国家专营又称国家垄断,是指某些商品的生产和交易由政府指定的机构和组织直接掌握;② 征收出口税;③ 实行出口配额制;④ 出口禁运;⑤ 出口许可证制度。

第四节 经济特区措施

经济特区是指一个国家或地区在其关境以外划出一定范围,实行特殊的经济政策,改善基础设施和环境,吸引外国企业从事贸易与出口加工等活动。世界上任何一个国家的经济特区几乎都具备信息灵通、交通便利、政策优惠、地理位置优越四大特点。各国或地区设置的经济特区名目繁多,规模不一,主要有以下几种形式:

一、自由港与自由贸易区

(一)自由港

自由港(Free Port)又称为自由口岸,指全部或绝大多数外国商品可以豁免关税,自由进出口的港口。如马来西亚的纳闽,丹麦的哥本哈根,新加坡及中国香港均是世界著名的自由港。

（二）自由贸易区

自由贸易区（Free Trade Zone）是由自由港拓展而来，有的称对外贸易区，它以自由港为依托，将范围扩大到自由港的邻近地区。可以分为两种类型：① 把港口或设区连带城市都划为自由贸易区，例如中国香港，在中国香港除了极个别的商品外，绝大多数商品可以自由进出口，免征关税；② 把港区或设区的一部分划为自由贸易区，例如巴拿马的科隆自由贸易区，其位于科隆市东北部，初期建区面积为49平方千米，只占科隆市的一部分。

自由贸易区实行的政策：① 允许外商在区内进行商品的存储、挑选、分类和重新包装；② 允许自由进出自由港或自由贸易区的外国商品不必办理报关手续，免征关税；③ 对一些特殊商品采取禁止或限制的政策。

分析案例

汉堡自由港

汉堡自由港依托汉堡港，于1888年10月15日正式建立，在其124年的发展历史中，面积占汉堡港区大约五分之一的汉堡自由港曾跻身世界上规模较大的经济自由区之一，这个由一条长达20多千米的围栏与其他港区隔开的自由贸易区，曾有进出的陆上通道关卡25个、海上通道关卡12个。2013年1月1日，汉堡港自由贸易区正式终结了它逾百年的历史，自此汉堡将不再拥有自由贸易区，取而代之的是整个汉堡港适用于欧盟对报关港的一系列规定。相较于目前在中国乃至亚洲都很热的自贸区，欧洲的自贸区的热度正在消退。

问题：试结合所学理论知识思考其原因。

二、出口加工区

出口加工区（Export Processing Zone）是一个国家在其港口或邻近港口、国际机场的地方特设一个区域，新建和扩建码头、车站、道路、仓库等基础设施，通过提供减免税收等优惠措施吸纳外资，以鼓励外国企业在区内进行投资设厂，生产以出口为主的制成品的加工区域。出口加工区主要有两种类型：① 专业性出口加工区，即在区内准许经营某种特定的出口产品加工；② 综合性出口加工区，即在区内可以经营多种出口加工产品。

课堂讨论

出口加工区脱胎于自由港或自由贸易区，采用了自由港或自由贸易区的一些做法，但它与自由港或自由贸易区有所不同。试分析出口加工区与自由港或自由贸易区的异同。

三、自由边境区

自由边境区（Free Perimeter）指设在一国的省、市地区或边远的某一地段，按照自由贸易区或出口加工区的优惠措施，吸引国内外厂商投资，以开发边区经济为目的的自由区域。

四、过境区

过境区(Transit Zone)又称中转贸易区,指某些沿海国家为方便内陆邻国的进出口货运,根据双边协定,指定某些海港、河港或国境城市作为过境货物的自由中转区,其对过境货物简化海关手续,免征关税或只征小额的过境税,过境货物可短期储存和重新包装,但不得加工制造。

五、保税仓库区

保税仓库区(Bonded Warehouse)指海关所设置的或经海关批准注册的,受海关监督的特定地区和仓库。一般的自由港和自由贸易区中都设有保税仓库(区),并独立存在。其目的主要是为了发展转口贸易,增加外汇和其他各种费用收入,同时给予贸易商经营上的便利,便于其货物待机出售。

◆ **本章小结**

关税、非关税、出口鼓励、出口管制和经济特区等措施是一国实施贸易政策的重要工具。

目前,一般以平均关税水平来比较各国之间关税的高低,以名义保护率和有效保护率来表示关税保护程度。

关税对国际贸易的影响是其对本国国内价格、贸易条件、生产、消费、贸易、税收、再分配以及国民福利等方面产生的综合影响结果。对于贸易价格控制国家来说,关税的征收对其总收益的影响不确定;但对于贸易价格接受国家来说,对进口品征收关税只会降低其自身的福利水平,因此,对于贸易价格接受国家而言,自由贸易是最佳选择。

与关税措施相比,非关税壁垒具有更大的灵活性和针对性,更能直接达到限制进口的目的、更具有隐蔽性和歧视性。但由于关税和非关税措施容易招致贸易对手的报复,因此,各国为了实施自身的贸易政策,开始采取鼓励出口和出口管制方面的措施。

◆ **关键词**

关税措施　非关税措施　出口鼓励措施　出口管制措施　经济特区

◆ **思考题**

(1) 简述名义保护率与有效保护率的区别。

(2) 贸易价格控制国家与贸易价格接受国家在征收关税时会产生什么不同的经济效应?

(3) 非关税壁垒措施主要有哪些?第二次世界大战结束以来为何这些非关税措施越来越多?

(4) 简述技术性贸易壁垒的双重性(优点及缺点)?

(5) 出口补贴作为促进出口的重要手段在使用上受到哪些约束?

思考案例

增设上海自贸区新片区,更好发挥上海在对外开放中的重要作用

2013年8月22日,中国国务院正式批准设立上海自由贸易区。2013年9月29日上午10时,上海自由贸易区正式挂牌开张,试验区总面积为28.78平方千米,相当于上海市面积的1/226,和澳门的面积大小较接近。2014年12月,上海自由贸易区由原先的28.78平方千米扩至120.72平方千米,范围涵盖上海市外高桥保税区(核心)、外高桥保税物流园区、洋山保税港区和上海浦东机场综合保税区等4个海关特殊监管区域,以及金桥开发片区、张江高科技片区和陆家嘴金融片区。

2018年11月5日上午,在首届中国国际进口博览会开幕式上,中国国家主席习近平在主旨演讲中宣布,为了更好发挥上海等地区在对外开放中的重要作用,决定增设中国上海自由贸易区的新片区,鼓励和支持上海在推进投资和贸易自由化便利化方面大胆创新探索,为全国积累更多可复制、可推广经验。在第九批上海自贸区金融创新案例发布会上,上海市政府副秘书长陈鸣波向媒体记者透露,上海自贸区增设新片区选定在临港新区,方案还没正式公开,但方向基本已定,名称可能是"自贸试验区的新片区"或者"新的经济功能区"。2019年3月5日,在上海商务情况通报会上,上海市发改委副主任朱民透露,目前,上海层面已形成新片区总体方案初稿,下一步,将在国家有关部委的指导下,进一步完善方案,争取尽快报批。

中国自由贸易试验区协同创新中心首席专家、上海财经大学教授、博士生导师孙元欣撰文表示,上海自贸试验区增设新片区,从根本上说是为了更好对接国家需求。需要贯彻落实国家开放战略,深入开展先行开放试点,针对国家发展"卡脖子"领域开展大胆试点,可以率先实施新一代产业政策和发展政策,率先取得经验。全国人大代表、华东政法大学副校长陈晶莹表示,制度创新历来是自贸试验区建设和发展的源泉和动力。上海自贸试验区新片区不仅要秉承以往制度创新的传统优势,而且要为这种转变提供更多、更高质量的制度创新成果。从上海自贸区新片区的定位出发,在投资制度创新方面,应当根据即将出台的外商投资法,尽快修订自贸区管理条例,进一步缩减负面清单,减少外商投资限制,建立吸引跨国公司总部或者是重大项目在上海落地的制度支持平台;加大准入前国民待遇项下的减税降费力度,聚集扩大进口贸易重点任务,对接进博会,提供优质且具有跨文化特色的服务;加大进口投资中知识产权的保护力度。

问题:你认为上海自贸区新片区的设立有何意义?

应用训练

试论述世界贸易组织建立后,世界范围内非关税壁垒的发展趋势。

第七章　国际服务贸易与国际技术贸易

本章结构图

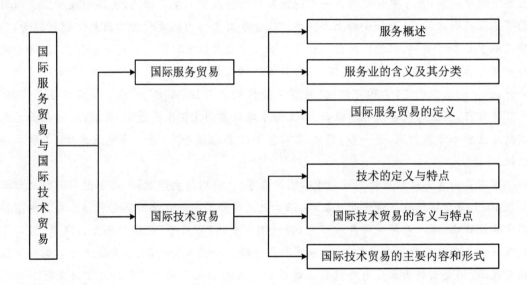

学习目标

了解服务的含义、特征、要素及分类，了解服务业的含义及分类，掌握国际服务贸易的定义，掌握国际技术贸易的内容、形式及方式。

导入案例

"飞人"乔丹状告中国"乔丹"侵权

美国篮球明星迈克尔·乔丹请求撤销乔丹体育股份有限公司"QIAODAN"系列商标争议案在北京市高级法院进行二审。

乔丹体育股份有限公司位于中国福建省晋江市，是中国境内知名的体育用品公司。2000年以来，该公司在服装等多个商品上注册了"QIAODAN""侨丹""桥丹""乔丹王"等多个商标。

美国篮球明星迈克尔·乔丹认为,乔丹公司注册的"QIAODAN""侨丹"等商标,侵犯其姓名权、肖像权,具有不良影响。但经国家工商行政管理总局商标评审委员会裁定,维持这些商标的注册。北京市一中院驳回了迈克尔·乔丹的诉讼请求后,迈克尔·乔丹上诉至北京市高院。

在庭审现场,"乔丹"与迈克尔·乔丹有没有关联成为激烈辩论的焦点。美国篮球明星迈克尔·乔丹的代理律师认为,该公司在注册之前就知晓迈克尔·乔丹具有广泛知名度,却将相关标志申请注册为商标,依赖其姓名占领市场,从中获得不正当利益,造成公众误认为迈克尔·乔丹是该公司的代言人,损害了其个人利益,构成姓名侵权。

乔丹公司的代理律师反驳道:"乔丹"与迈克尔·乔丹之间不存在必然、唯一的对应关系,"乔丹"是公众领域的普通名词,是中文常用汉字。此前迈克尔·乔丹也从未将"乔丹"注册为商标,不能垄断"乔丹"名称。

问题:中国"乔丹"侵权了吗?

第一节 国际服务贸易

资料链接

2018年我国服务进出口总额为5.24万亿元,同比增长11.5%,规模再创历史新高,连续5年保持全球第二位。

餐饮、家政、养老、文化等服务消费快速增长,服务消费占比提升至49.5%,最终消费支出对经济增长的贡献率达到76.2%。家政扶贫带动新增就业超过10万人。

商务部服贸司司长冼国义说,当前我国服务贸易和商贸服务业发展仍处于重要战略机遇期,机遇与挑战并存,机遇大于挑战。

为推进服务贸易和商贸服务业高质量发展,未来要重点抓好以下工作:建设好"一试点、一示范、多基地"服务贸易发展平台;加快形成系统性、机制化、全覆盖的服务贸易政策体系;着力提升服务贸易统计监测的准确性、全面性;积极搭建服务贸易会展促进平台;加快完善技术贸易管理和促进机制;继续推进展览业"放管服"改革;以"一带一路"为重点大力开拓海外服务市场;着力提升服务消费;全力推进家政扶贫。

目前,我国服务业对GDP增长贡献率接近60%。业内人士表示,随着中国开放型经济发展进入新阶段,以服务贸易为抓手加大开放力度,做大做强"中国服务",将有助于推动经济转型,促进消费升级。

数据来源:2018年我国服务进出口总额超5万亿元[N].信息时报,2019-02-27.

随着世界经济的发展和全球产业结构的调整,服务业在各国国民经济中所占比重不断提高,发达国家基本上完成了以制造业为主向以服务业为主的产业结构的转变,使国际服务贸易迅速发展,并成为国际贸易的重要组成部分。

一、服务概述

(一) 服务的含义

"服务"(service)一词人们经常使用,但在不同学科中含义往往不同。经济学中的服务在《辞海》中的定义为:服务"亦称'劳务',不以实物形式而以提供活劳动的形式满足他人某种特殊需要"。实际上服务和劳务是两个性质不同的经济范畴。在生产活动过程中,服务生产的特点是服务生产者必须有劳动力和劳动资料,其劳动对象一般由消费者来确定;劳务活动的特点则是劳务提供者仅有劳动力,劳动对象和劳动资料均由消费者提供,其劳动力受他人的支配和使用。市场营销学认为服务是"可被区分界定,主要为不可感知却可使欲望获得满足的活动,而这种活动并不需要与其他的产品或服务的出售联系在一起。生产服务时可能会或不会需要利用实物,而且即使需要借助某些实物协助生产服务,这些实物的所有权将不涉及转移的问题"。1977年,Hill首次把服务定义为:隶属于一些经济实体的人和货物的条件发生变化,而这种变化是由其他一些经济实体的活动而引发的,这一切基于双方先前签署的协议。2002年出版的《国际服务贸易统计手册》对服务的定义是:服务不是能够确定所有权的独立实体,它们不能脱离生产单独地进行交易。服务是定做生产的异质产出。它一般是由生产者按照消费者的需要进行的活动,从而实现消费者状况的变化。到生产完成时,它们必定已经提供给消费者。

综合以上定义,我们认为服务是指服务提供者通过直接接触或间接接触的形式,满足服务接受者的某种需要并取得相应报酬的经济行为。服务一般是以非实物形式满足他人(自然人或法人)的某种特殊需要,或改善其他一些经济单位的状况,它既可改善提供给消费单位的商品的物质形态,又可以改善某些人的肉体或精神状态。

(二) 服务的基本特征

和实物产品相比,服务具有以下一些基本特征:

1. 无形性或不可感知性(Intangibility)

这是服务的最主要的特征。实物产品的空间形态是确定的、有形的,其生产和消费随着空间形态的变换而产生和消亡;而服务的空间形态基本上是不固定的、无形的。我们可从两个不同的方面来理解:① 服务与有形产品比较,在很多时候都是无形的,让人不能触摸或凭肉眼看见其存在。② 服务消费者在购买服务之前往往不能感知服务,接受服务后的利益也很难被察觉,或是要等一段时间后,服务消费者才能感觉到"利益"的存在。由于服务的无形性,顾客对它们的质量很难评估,因为即使在消费和享用之后,顾客也难以根据消费经验感受到这种产品所带来的利益,而只能相信服务提供者的介绍和承诺,并认为该服务确实给自己带来了自己所期望得到的好处。当然也有某些服务与有形物品结合在一起。

2. 不可分离性(Inseparability)

服务具有不可分离性是指服务的生产过程与消费过程同时进行,也就是说服务人员提供服务给顾客时,也正是顾客消费服务的时刻,两者在时间上不可分离。所以在服务的过程中消费者和生产者必须直接发生联系,从而生产的过程也就是消费的过程。服务的这种特性表明,消费者只有加入到服务的生产过程中才能最终消费到服务。当然,在物化服务的情况下,服务的生产和消费可以不同时发生。

3. 不可贮存性(Perish ability)

服务不可能像有形的消费品和其他产品一样被贮存起来,以备未来出售。消费者在大多数情况下也不能将服务携带回家保存。提供的服务如果不被使用,既不能给提供者带来收益,也不能给消费者带来效用。如电影院的空位不会产生服务收入等。尽管提供服务的设备可能会提前准备好,但生产出来的服务如不当场消费,就会造成损失,这种损失不像有形产品损失那样明显,它主要表现为服务效用的丧失和折旧的发生。随着科学技术的发展,有些服务在时间上也是可以贮存的,即购买和消费在时间上不一致,如保险服务等。

4. 差异性(Heterogeneity)

差异性是指服务的构成及其质量水平经常变化,很难统一界定。与机械化和自动化生产条件下的实物产品不同,服务行业是以"人"为中心的产业,由于人类个性的存在,使得对于服务的质量检验很难采取统一的标准。一方面,由于服务人员自身素质(如心理状态)的影响,即使是同一服务人员,在不同时间所提供的服务质量也可能会有差别;另一方面,由于消费者直接参与服务的生产和消费过程,因而消费者本身的因素(如知识水平、兴趣和爱好等)也直接影响服务的质量和效果。如同样上课听讲,有人津津有味,有人昏昏欲睡。

(三)服务的基本要素

服务生产包含三个基本要素:资本、劳动力和知识技术。

1. 资本

服务生产同样离不开资本要素的投入。一方面,是许多服务生产必须拥有一定的生产资料,服务提供者借助一定的生产资料向消费者提供一定的服务,这一点与实物产品生产是相同的,生产资料构成了服务的基础。另一方面是服务提供者本身就需要资本投入的专业培训,通过专业培训掌握一定的技能,从而满足消费者的需要。服务行业的特点决定了服务提供者的培训和教育具有更为重要的意义。故要提供服务必须要有一定的资本投入。

2. 劳动力

它是服务的提供者或服务的载体,是最基本的服务要素。随着知识经济的发展,服务业对劳动者的技能提出了更高的要求。

3. 知识技术

知识与技术既属于人力资本的基本要素,又是所提供服务的基本内容,除了直接接触式服务外,大多数服务都是提供知识或技术的。人力资本,通常是指经资本投资形成的、凝结于劳动者身上的知识、技能和健康等。实物资本随着时间的推移将逐渐被消耗,人力资本却不同:① 信息、训练或知识是不易消耗的。② 大部分的劳动者在劳动和学习中,会不断地提高他的知识和技能,即人力资本的增值。人力资本在生产过程中起到动力的作用并成为经济增长的杠杆。相比之下,机器在生产过程中则起到被动的作用。正由于服务与实物产品的基本要素不同,其生产、交换、分配和消费也就有较大的区别。

（四）服务的分类

多年来,人们对产品分类法进行了大量的研究,提出了一系列产品分类方法。但在很长一段时间内服务却一直按行业分类。最近 30 年来,营销学家对服务分类方法进行了大量的探索,提出了不同的分类方式。

1. 威斯(1978)根据顾客服务推广的参与程度进行分类

根据顾客服务推广的参与程度将服务分为三大类,即高接触性服务、中接触性服务和低接触性服务。

2. 科特勒(1980)从四个方面对服务进行分类

(1) 根据提供服务的工具不同,划分为以机器设备为基础(如自动化汽车刷洗、自动售货机等)和以人为基础(如会计服务)两种。而以人为基础的服务,又可分为非技术性、技术性和专业性服务等。

(2) 根据顾客在服务现场出现的必要性大小来划分,有的服务必须要求顾客亲临现场,如身体检查、理发等;而有的服务则不需要顾客亲临现场,如汽车修理服务。

(3) 服务会因个人需要与企业需要的不同而有分别,比如同一家医院对公司职员与单一个人的医疗收费可能不同。

(4) 根据服务组织的目的与所有制分为营利性和非营利性服务以及私人服务和公共服务等。

3. 拉夫罗克将服务分类同管理过程结合起来,从五个方面对服务进行划分

(1) 根据服务活动的本质,把服务分为四类:作用于人的有形服务,如民航服务、理发;作用于物的有形服务,如航空运输、草坪修整;作用于人的无形服务,如广播、教育;作用于物的无形服务,如保险、咨询服务。

(2) 根据服务组织同顾客之间的关系将服务分为:连续性、非正式关系的服务,如广播电台、警察保护;间断的、会员关系的服务如担保维修、对方付费电话服务;以及间断的、非正式关系的服务,如邮购、街头收费电话。

(3) 根据在服务过程中服务提供者选择服务方式的自由度大小以及服务本身对顾客需求的满意程度进行划分,分为自由度大、自由度小的服务及满意度高、满意度低的服务。如公共汽车的服务,提供者和顾客的选择自由度都很小;电话服务、旅馆服务等,虽然顾客的需求得到充分的满足,但是服务提供者对服务方式的选择自由度却很小。

(4) 根据服务供应与需求的关系进行划分,可分为需求波动较小的服务如保险、银行服务;需求波动幅度大而供应基本能跟上的服务如电话等;以及需求波动较大并会超过供应能力的服务如交通运输、饭店等。

(5) 根据服务推广的方法,即服务组织与顾客取得联系的方式,可分为顾客去找服务组织、服务组织去找顾客等。

以上主要是从营销的角度对服务进行的分类,如果从服务参与实物生产过程的角度划分,可将服务分为中间服务产品和最终服务产品。中间服务就是将服务的价值转移到实物产品,消费者通过实物产品来获得服务,如唱片、计算机软件等。这种服务也可看作对实物生产的服务。

二、服务业的含义及其分类

1. 服务业的含义

服务业是生产或提供各种服务的经济部门或企业的集合。服务业是一个门类十分繁杂的产业,服务业在其刚刚形成时期,就包括10个以上行业。饮食、旅馆、理发、浴池、交通运输、殡葬、医疗卫生、娱乐场所管理等是服务业的基本行业。

2. 服务业的分类

从消费角度看,可把服务业划分为生产资料服务业和生活资料服务业两大类。

从使用价值本身的特性与人类自我发展的关系角度,又可以将生活资料服务业提供的服务产品再细分为生存资料、发展资料、享受资料三大类。

从服务业产生的时间顺序看,服务业又可被划分为传统服务业和新兴服务业两大类。属于传统服务业的行业主要有:饮食业、修理业、理发业、旅馆业、殡葬业、医疗卫生业、洗染业等;属于新兴服务业的主要有:咨询服务业、旅游业、娱乐场所管理业、美容业、广告业、邮电业等。

三、国际服务贸易的定义

国际服务贸易就是指跨越国界进行服务贸易的商业行为。关贸总协定乌拉圭回合《服务贸易总协定》规定,国际服务贸易是指服务提供者从一国境内向他国境内通过商业现场或自然人的商业现场向服务消费者提供服务并获得外汇收入的过程。国际服务贸易的提供方式有四种形式:

(1)"跨境交付"(Cross-Border Supply)。即从一参加方境内向任何其他参加方境内提供服务。如卫星影视服务等。

(2)"境外消费"(Consumption Abroad)。一般是通过消费者(购买者)的过境移动来实现的。如国际旅游、境外学习。

(3)"商业存在"。即在一缔约方境内设立机构,并提供服务,取得收入,从而形成贸易,如在境外设立金融服务分支机构、律师事务所、会计事务所、维修服务站等。

(4)"自然人移动"(Movement of Personnel)。这种方式主要是缔约方的自然人(服务提供者)过境移动,在其他缔约方境内提供服务而形成贸易。如艺人演出。

第二节　国际技术贸易

20世纪60年代以来,许多国家都把引进技术作为提高其技术水平、加快经济发展、增强国力、提高本国商品在国际市场的占有率的一个重要途径。因此,国际技术贸易逐渐成为国际经济合作活动的重要组成部分。

一、技术的定义与特点

(一)技术的定义

技术是指制造一种产品的一系列知识,所采用的一种工艺或提供一项服务,不论这种知识是否反映在一项发明、一项外形设计、一项实用型或者一种植物的新品种,或者反映在技术情况或技能中,或者反映在专家为设计、安装、开办、维修、管理一个工商企业而提供的服务或协助等方面。

(二)技术的特点

(1) 技术是无形的知识。技术是精神的产物,它可以以文字、语言、图表、公式、数据、配方等有形形态表现出来,也可以表现为实际生产经验、个人专门技能或头脑中的观念等无形形态。

(2) 技术是一种系统知识,它包括原理、设计、生产、操作、安装、维修、服务、管理、销售等各个环节的一整套知识,且技术知识是可以传授的,不依附于个人的生理特点。

(3) 技术具有商品的属性。它既可供发明者使用,也可通过转让等方式,供其他人使用,并取得报酬,因此,技术是一种既有使用价值,又有价值的商品。

(4) 技术是一种无形资产。技术本身是无形的,技术在对物质发挥作用时必须以人为载体,科学仪器和设备等都是人类利用技术制造出来的,而这些仪器和设备并不是技术。由于利用技术能够制造出上述如此众多的生产工具,所以无形的技术成为人类的一项无形资产。

(5) 技术具有私有性。技术虽是人类的财富,但并非为人类社会每个人所拥有。由于生活成长的地域、环境及个体身体和智力的差异,造成每个人拥有的技能不一样,这就决定了技术的私有性特征。

(6) 技术不等同于科学。技术是科学的,但不等同于科学。科学是人类对自然、社会的客观认识,它侧重于对客观存在的物质及其运动规律的认识。而技术则是人类在对物质世界科学的认识的基础上所掌握的改造和利用自然的技能。

二、国际技术贸易的含义和特点

(一) 国际技术贸易的含义

国际技术转让(International Technology Transfer)包括两种类型:非商业性的技术转让和商业性的技术转让。前者为无偿技术转让,通过政府及民间机构之间的技术援助、技术交流等方式进行;后者为有偿技术转让,指政府机构或企业间以盈利为目的进行的技术转让,主要通过经济合作和贸易两种方式进行。

国际技术贸易(International Technology Trade 或 International Technology Transfer Transactions)是指不同国家的企业、经济组织或个人之间,按一般商业条件转让技术使用权的贸易行为,是国际贸易的重要组成部分。

(二) 国际技术贸易的特点

同一般商品贸易相比较,国际技术贸易具有以下五个方面的特点:

(1) 一般商品贸易以物质产品作为买卖标的,这些物质产品具有明显可见的形状,可以计量,可以检测。而技术贸易的标的是一种知识产品,是技术知识与经验,是一种无形商品。各种技术资料并不是技术本身,许多存在于人类头脑里的实践知识、经验和技巧,往往难以用文字、图像等表达出来。因此,技术贸易所形成的技术转让交易不是简单的技术资料买卖,还需要进行具体的技术传授和培训;技术接受方不是购进现有的产品,而是引进科技知识和经验。

(2) 技术贸易一般只转让技术的使用权,而不转让技术的所有权。在一般商品贸易中,商品经过买卖,其所有权就从卖方转移到买方,买方可以随意处理这一商品,而卖方则不可能继续支配和使用这一商品。技术贸易则不同,在一般情况下,它转让的不是技术所有权,而只是使用权。技术转让交易的供应方将技术转让给接受方,或协助其解决某个技术问题,并不因此失去对技术的所有权,自己仍可继续使用或再转让给任何第三方。技术接受方通过技术转让交易只是取得一定时间内对技术的使用权,并且除非另有规定,接受方只能自己使用引进的技术知识,而不能将它转让或赠送给任何第三方。

(3) 贸易双方关系不同。一般商品贸易当事双方之间的关系是商品等价交换的关系,这种关系的目的是实现等价交换条件下的商品所有权的转换。在一般情况下,技术贸易不产生技术所有权的转换。一项技术从供应方转到接受方仅凭简单的买卖是实现不了的,必须通过双方建立较长期的密切合作关系,通过技术的传递、传授和引进方的消化掌握,才能使接受方实现引进技术的目标,最终完成一项交易,所以它是一种长期合作的契约关系。

(4) 贸易条件不同。在通常情况下商品贸易的交易条件,"钱货两清",双方的合同义务即告终结。技术贸易涉及的问题范围广,其难度和风险大,合同执行期一般也较长。合同的内容除支付合同价款和交付设备及技术资料外,还涉及技术的传授、侵权和保密责任、技术的发展与回授等一系列复杂的法律和技术问题。而且仅就合同价格和支付而言,也比一般商品贸易复杂得多。因此,在一般情况下,技术贸易合同的一方交付了技术资料,提供了相关的技术设备,另一方支付了合同价款后,合同关系并未完全解除,双方还要各自承担合同的其他义务,这些义务有时会延及到合同的有效期满后若干年。

(5) 受法律调整和政府管制的程度不同。在现代社会,技术已成为支撑一个国家经济的主要资源,并与该国的政治、军事利益密切相关。因此技术贸易本身不仅涉及有关企业的利益,而且还与国家的政治、经济利益有密切关系。随着国际技术贸易的发展,许多国家相继制定了有关国际技术贸易的法律,不同程度地对技术贸易实施国家管理。即使在某些实行"贸易自由"的资本主义国家,对高新技术的出口也实行严格的管制。从这一意义上说,国际技术贸易合同已不完全是由私法调整的范畴。

三、国际技术贸易的主要内容和形式

(一) 国际技术贸易的主要内容

工业产权和专有技术是国际技术贸易的主要内容,其中工业产权包括专利和商标。

1. 专利

专利(Patent)是由一国政府主管部门根据发明人的申请,认为其发明符合法律规定的条件,而在一定时期内授予发明人的一种专利权。专利受法律的保护。

各国专利法中所指的专利包括:发明专利、实用新型专利、外观设计发明。

(1) 发明专利是指开辟一个新领域的发明或具有较高创造性的发明所取得的专利。

(2) 实用新型专利是指对产品的形状、构造或两者结合所做出的革新方案。这种类型的发明创造性较低,审批手续简单、快捷,保护期也较短,一般在十年以内,此类发明虽小,但实用价值大,经济效益也较高,有的国家称为"二级专利"。

(3) 外观设计发明是指对物的形状、图案、色彩或其结合所做出的富有美感并能应用于工业的新设计,只涉及商品外表或形态,通常不涉及产品制造和设计要求。

专利是一种无形的财产权,具有与其他财产权不同的特征,具体如下:

(1) 独占性。也称专有性或排他性,专利权人在专利的有效期内享有专有权,即独家占有权。同一发明在一定的地域范围内,其专利权只能授予一个发明者,做出同一发明的其他人不能获得同一发明内容的专利权。

(2) 地域性。指专利只有在法律管辖区域内有效,受法律保护。但同一发明可以在两个或两个以上的国家申请专利,获得批准后便可以在有关国家受到法律的保护。

(3) 时间性。指专利只有在法律规定的有效期限内才有效、存在。专利有效期结束后,发明人所享有的专利权便自动丧失。

2. 商标

(1) 商标的含义。商标(Trade Mark)是工商企业为使本企业生产或经营的商品受到法律保护,用有色泽的文字、图形、记号或其结合而构成的标明在商品上面的一种特定标志。商标权是商标的使用者向主管部门依法申请、经主管部门核准所授予的商标专用权,也称商标专利权,受法律保护。

(2) 商标权的特点。商标权具有独占性、时间性、地域性的特点。

(3) 商标的注册原则。根据各国商标法的规定，必须由商标使用人提出书面申请，并交纳申请费。商标申请经主管部门批准后，才予以登记注册，授予商标权。各国对商标权的规定大致有三种原则：使用在先原则、注册在先原则及混合原则。目前大多数国家采用的是注册在先原则，我国的商标法也采用这一原则。

3. 专有技术

专有技术（Know-How），有的译为技术秘密、技术诀窍、专有技术等，现在统称为专有技术。专有技术是指从事生产活动所必需的且未向社会公开的秘密技术知识、工艺流程、设计方案和实践经验等。

专有技术具有如下特点：

(1) 经济性。由于专有技术具有商品的属性，价值和使用价值，因而专有技术具有经济性。人们可以把专有技术用于实践中，并获得经济效益。专有技术可以在国际市场上有偿转让和许可使用。

(2) 秘密性。专有技术是不公开的、未经法律授权的秘密技术。专有技术的所有者只能依靠自身的保护措施来维持其技术的专有权，专有技术一旦为公众所知，便成为公开的技术，从而丧失其商业价值。

(3) 可传授性。专有技术作为一种技术必须能以言传身教或以图纸、配方、数据等形式传授给他人。不可传授的生理性技能等不属于专有技术。

(4) 知识性。专有技术是不受法律保护的技术知识，是人类智力劳动的产物，具有非物质属性。

（二）国际技术贸易的方式

国际技术贸易的标的物是知识产权，一般只涉及使用权的转让，技术所有权并不随着使用权的转让而转移。当前，主要的国际技术贸易方式有许可证贸易、技术服务与技术咨询、国际合作生产、国际工程承包等。

1. 许可证贸易

许可证贸易（Licensing Trade）是国际技术贸易中最常见、使用最广的交易方式。许可证贸易是技术许可方与技术接受方签订许可证合同或协议，许可方允许被许可人取得许可人所拥有的专利、商标、专有技术的使用权并得到相应的技术，被许可方则需支付技术使用费及其他报酬并承担保守技术秘密等义务。

按授权的范围可分为独占许可、普通许可、排他性许可、从属许可和互换许可。

2. 技术服务与技术咨询

技术服务是指受托方应委托方的要求，针对某一特定技术课题，运用所掌握的专业技术技能、经验、信息、情报等向委托方提供的知识性的服务。

技术咨询是指受托方应委托方的要求，针对解决重大技术课题或特定的技术项目，运用所掌握的理论知识、实践知识及信息，通过调查研究，运用科学的方法和先进手段进行分析、评价、预测,为委托方提供建议或者几种可供选择的方案。

3. 国际合作生产

指两个或两个以上的当事人在制造某一项产品或完成某工程项目的过程中,各自承担生产、工程项目的部分内容来共同完成全部项目的一种合作方式。

4. 国际工程承包

指一个国家的政府部门、公司、企业或项目所有人(一般称工程业主或发包人)委托国外的工程承包人负责按规定的条件完成某项工程任务。国际承包工程项目建设过程包含大量的技术转让内容,特别是项目建设的后期,承包人要培训业主的技术人员,提供所需的技术知识(专利技术、专有技术),以保证项目的正常运行。

分析案例

第七届中国(上海)国际技术进出口交易会

2019年4月18日,第七届中国(上海)国际技术进出口交易会在上海世博展览馆开幕。

上海市市长应勇在致辞中表示:创新是引领高质量发展的第一动力,我们将着力增强创新策源能力,瞄准科技前沿和国家战略需求,发起实施一批大专项、大计划,力争在原创成果上实现重大突破。我们将着力打造产业创新高地,聚焦集成电路、人工智能、生物医药等关键领域,以攻克关键核心技术为主线,加快培育产业集群和龙头企业。上交会历经六年发展,已成为展示国际领先技术、链接专业创新资源的重要平台,促进中小创新企业技术交流与合作的重要载体。

开幕论坛上,联合国工业发展组织"创效投资——负责任投资及可持续发展技术能力建设在线培训课程"和"国际产业生态园实施框架"两项成果在中国首发。新加坡南洋理工大学媒体创新学院院长、瑞士日内瓦大学米拉实验室主任纳迪亚·玛格丽特·唐尔曼作"全球大变局:人工智能与社交机器人"主旨演讲。

开幕论坛前,中外嘉宾前往展馆,参观了部分展区医疗健康、自动化、汽车、3D打印等领域科技创新成果。

问题:我国应从哪些方面着手来提高技术水平?

◆本章小结

服务是指服务提供者通过直接接触或间接接触的形式,满足服务接受者的某种需要并取得相应报酬的经济行为。服务一般是以非实物形式满足他人(自然人或法人)的某种特殊需要,或改善其他一些经济单位的状况,它既可改善消费单位的商品的物质形态,又可以改善某些人的肉体或精神状态。

服务生产包含三个基本要素:资本、劳动力和知识技术(即人力资本)。服务业是生产或提供各种服务的经济部门或企业的集合。国际服务贸易就是指跨越国界进行服务贸易的商业行为。国际服务贸易的提供方式有四种方式:跨境交付、境外消费、商业存在以及自然人移动。技术是指制造一种产品的系列知识,所采用的一种工艺,或提供一项服务。技术具有无形的知识、系统知识,具有商品的属性,具有私有性、无形资产、技术不等同于科学的特点。国际技术贸易是指不同国家的企业、经济组织或个人之间,按一般商业条件转让技术使用权的贸易行为,是国际贸易的重要组成部分。同一般商品贸易相比较,国际技术贸易具有贸易的标的是无形的技术知识、技术贸易一般只转让技术的使用权、贸易双方关系不同、贸易条件不同、受法律调整和政府管制的程度不同的特点。国际技术贸易的主要内容是工业产权和专有技术,其中工业产权又包括专利和商标。国际技术贸易主要的方式有许可证贸易、技术服务与技术咨询、国际合作生产、国际工程承包等。

◆关键词

服务　国际服务贸易　技术　工业产权　专有技术

◆思考题

1. 国际服务贸易的提供方式有哪些?
2. 同一般商品贸易相比较,国际技术贸易具有哪些特点?
3. 专利具有哪些特点?
4. 专有技术具有哪些特点?

思考案例

"治疗乳腺增生性疾病的药物组合物及其制备方法"发明专利权纠纷案

北京亚东生物制药有限公司(简称"亚东制药公司")是名称为"治疗乳腺增生性疾病的药物组合物及其制备方法"发明专利(简称"本专利")的专利权人。山东华洋制药有限公司针对本专利提出无效宣告请求,其提交的证据1、证据3分别为《药典》公开的"乳块消片"的功能主治、处方以及颗粒剂的相关制法。专利复审委员会做出第15409号决定,认定本专利不具有创造性,宣告全部无效。亚东制药公司不服,提起行政诉讼。北京市第一中级人民法院认为,根据证明证据1的临床有效率低于本专利的公证书反证4,本专利颗粒剂的总有效率为95.70%,证据1中片剂的总有效率为89.32%,本专利权利要求1具有显著的进步。遂判决撤销第15409号决定。专利复审委员会不服,提起上诉。北京市高级人民法院二审判决撤销一审判决、维持第15409号决定。亚东制药公司不服,申请再审。最高人民法院认为,在反证4没有公开总有效率的具体测定方法的情况下,无法认定反证4与本专利的总有效率是在等效等量情况下以同一种测定方法做出的,上述对比数据不能证明本专利是否具有临床疗效上的显著进步;即便认可上述对比数据,由于本专利制备颗粒剂时省去了减压干燥步骤,对药物活性成分的影响也相应减少,本领域技术人员能够合理预期,省略减压干燥步骤将会使药物的整体有效率有所提高,专利权人并未举证证明其超出了本领域技术人员的合理预期。遂裁定驳回亚东制药公司的再审申请。

应用训练

查阅资料,画出我国改革开放以来历年服务贸易进出口总额趋势图。

相关数据资料

表 7-1　2017 年世界服务贸易前 20 位的国家(地区)　　　　单位:亿美元

排名	出口国家或地区	出口额	进口额	进出口总额	服务贸易差额
1	美国	7808.75	5381.10	13189.85	2427.65
2	中国	2280.90	4675.89	6956.79	−2394.99
3	德国	3040.58	3236.47	6277.05	−195.89
4	英国	3506.87	2149.46	5656.33	1357.41
5	法国	2494.74	2404.72	4899.46	90.02
6	荷兰	2183.10	2108.21	4291.31	74.89
7	爱尔兰	1864.91	1988.88	3853.79	−123.97
8	日本	1847.71	1908.89	3756.60	−61.18
9	印度	1839.80	1540.14	3379.94	299.66
10	新加坡	1646.80	1707.95	3354.75	−16.15
11	比利时	1188.69	1166.82	2355.51	21.87
12	意大利	1107.88	1149.40	2257.28	−41.52
13	瑞士	1206.63	1014.46	2221.09	192.17
14	西班牙	1390.72	762.97	2153.69	627.75
15	韩国	874.97	1219.69	2094.66	−344.72
16	加拿大	868.76	1061.72	1930.48	−192.96
17	卢森堡	1023.28	763.44	1786.72	259.84
18	阿联酋	704.97	855.00	1559.97	−150.03
19	俄罗斯	578.28	886.47	1464.75	−308.19
20	瑞典	729.35	682.50	1411.85	46.85

资料来源:《中国商务年鉴》(2018)。

表 7-2　1980～2016 年世界服务进出口额　　　　单位:亿美元

年份	进出口				出口				进口			
	总额	运输	旅游	其他	总额	运输	旅游	其他	总额	运输	旅游	其他
1980	7707	3020	2117	2570	3671	1339	1035	1297	4036	1681	1082	1273
1981	7971	3138	2088	2745	3773	1370	1041	1362	4198	1768	1047	1383

续表

年份	进出口				出口				进口			
	总额	运输	旅游	其他	总额	运输	旅游	其他	总额	运输	旅游	其他
1982	7721	2908	2020	2793	3682	1276	1013	1393	4039	1632	1007	1400
1983	7417	2739	1979	2699	3572	1205	1007	1360	3845	1534	972	1339
1984	7658	2780	2172	2706	3682	1225	1101	1356	3976	1555	1071	1350
1985	7857	2763	2286	2808	3835	1245	1160	1430	4022	1518	1126	1378
1986	9103	2926	2797	3380	4525	1334	1423	1768	4578	1592	1374	1612
1987	10806	3393	3451	3962	5367	1544	1748	2075	5439	1849	1703	1887
1988	12303	3903	4037	4363	6047	1786	2015	2246	6256	2117	2022	2117
1989	13484	4235	4376	4873	6625	1926	2194	2505	6859	2309	2182	2368
1990	16117	4855	5267	5995	7887	2227	2632	3028	8230	2628	2635	2967
1991	16858	4973	5461	6424	8326	2280	2750	3296	8532	2693	2711	3128
1992	18810	5309	6311	7190	9318	2433	3171	3714	9492	2876	3140	3476
1993	19127	5315	6297	7515	9500	2430	3212	3858	9627	2885	3085	3657
1994	20897	5810	6848	8239	10425	2651	3492	4282	10472	3159	3356	3957
1995	23733	6669	7800	9264	11781	3020	4005	4756	11952	3649	3795	4508
1996	25228	6751	8313	10164	12629	3084	4314	5231	12599	3667	3999	4933
1997	26098	6894	8365	10839	13157	3155	4344	5658	12941	3739	4021	5181
1998	26758	6850	8479	11429	13537	3149	4410	5978	13221	3701	4069	5451
1999	27763	6990	8825	11948	14021	3216	4582	6223	13742	3774	4243	5725
2000	29548	7656	9174	12718	14910	3464	4762	6684	14638	4192	4412	6034
2001	29743	7498	8996	13249	14921	3392	4666	6863	14822	4106	4330	6386
2002	31582	7713	9422	14447	15969	3547	4863	7559	15613	4166	4559	6888
2003	36425	8791	10534	17100	18500	4008	5432	9060	17925	4783	5102	8040
2004	43935	11011	12476	20448	22478	5020	6480	10978	21457	5991	5996	9470
2005	48964	12506	13523	22935	25127	5691	7003	12433	23837	6815	6520	10502
2006	55014	13943	14530	26541	28418	6357	7591	14470	26596	7586	6939	12071
2007	65941	16664	16743	32534	34203	7661	8728	17814	31738	9003	8015	14720
2008	74794	19419	18265	37110	38464	8903	9587	19974	36330	10516	8678	17136
2009	67737	15249	16647	35841	34814	6935	8729	19150	32923	8314	7981	16691
2010	74330	17873	18090	38367	38197	8067	9495	20635	36133	9806	8595	17732
2011	83005	19970	20122	42913	42483	8793	10669	23121	40422	11177	9453	19792

续表

年份	进出口				出口				进口			
	总额	运输	旅游	其他	总额	运输	旅游	其他	总额	运输	旅游	其他
2012	85022	20350	21053	43619	43499	8919	11107	23473	41523	11431	9946	20146
2013	89650	20719	22264	46667	46250	9000	11750	25500	43400	11719	10514	21167
2014	96020	21537	23822	50661	48615	9411	12343	26861	47405	12126	11479	23800
2016	94150				47700				46450			

资料来源:《中国商务年鉴》(2017)。

第八章　跨国公司与国际贸易

本章结构图

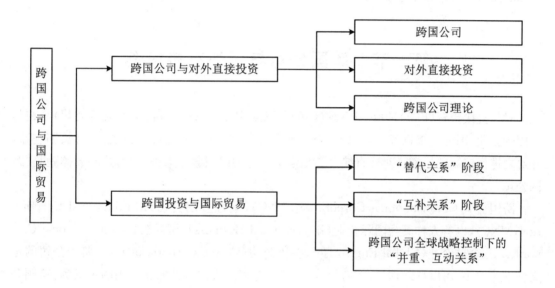

学习目标

了解跨国公司的经营特征,掌握跨国公司的经营策略、跨国投资与国际贸易的关系,对关于跨国公司对外直接投资动因的代表性理论有全面的认识与了解。

导入案例

华为技术有限公司

华为技术有限公司是一家生产销售通信设备的民营通信科技公司,于1987年正式注册成立,总部位于中国广东省深圳市龙岗区坂田华为基地。

华为于1996年确立对外投资战略。华为认为经济状况一般,但未来经济发展有潜力的国家是最合适的国际投资对象。华为对外投资的首选区位是俄罗斯。1997年4月,华为在"亚欧分界线"的乌拉尔山西麓的军事重镇乌法市与当地企业建立了贝托—华为合资公司,由俄罗斯贝托康采恩、俄罗斯电信公司和华为三家公司合资成立。后来，华为在拉美、非洲、东南亚等国家寻求投资机会。1997年，华为在巴西投入3000多万美元建立了合资企业。同年，华为进入非洲市场。2003年，华为与埃塞俄比亚电信公司签署金额超过2000万美元的交换产品合同。在亚洲，华为利用当地华裔在电信运营上占据的优势，积极开拓亚洲市场。随着华为在国际市场知名度的上升，华为开始尝试进入欧美市场，2001年开始，以10GSDH光网络产品进入德国为起点，通过与当地著名代理商合作，成功进入法国、西班牙、英国等发达国家。进入对手最多和最强的美国市场，标志着华为真正进入了国际市场。

截至2016年年底，华为的产品和解决方案已经应用于全球170多个国家，服务全球运营商50强中的45家及全球1/3的人口。2018年7月19日，美国《财富》杂志发布了最新一期的世界500强名单，华为排名第72位。12月18日，世界品牌实验室编制的《2018世界品牌500强》揭晓，华为排名第58位。

第一节 跨国公司与对外直接投资

对外直接投资（FDI）是指一国（地区）的居民或实体（对外直接投资者或母公司）与在另一国的企业（国外直接投资企业、分支企业或国外分支机构）建有长期关系，具有长期利益，并对之进行控制的投资。对外直接投资是借助一定的组织载体来进行的，这种载体就是"跨国公司"。

跨国公司（Transnational Corporation，TNC），又称多国公司（Multinational Corporation，MNC），也有人称其为国际企业（International Business）、国际公司（International Corporation）、全球企业（Global Enterprise）、宇宙公司（Cosmo-Corporation）等。跨国公司的定义标准非常多，可以从地理学、所有权、经营特点等来定义。常见的联合国的定义为：跨国公司是指在作为其基地的国家之外拥有或控制生产或服务设施的企业，包括母公司和它们的海外分支机构（子公司、附属机构、分公司）。对于子公司，母公司对其有投票权，股票持有比例超过50%，并在企业管理、管理者任命方面享有绝对的权利。对于附属机构，母公司对其有投票权，股票持有比例不到50%，但高于10%。分公司是母公司海外业务派出机构，非东道国法人实体。

母公司通过持有一定比例的股权控制着海外分支机构的资产、参与分支机构的经营管理，获取长期利益。1980年，全球跨国公司有1.5万家，其海外的分公司约有3.5万家。2000年，全球的跨国公司有6.3万家，其海外的分公司约有80万家。2010年，全球跨国公司国内和国外创造的增值为16万亿美元，占全球GDP的25%，其中，外国子公司产值占全球GDP的10%，出口额为6万亿美元，销售额为33万亿美元。2011年，全球跨国公司有11.2万家，其海外的分公司约有115万家。

一、跨国公司

1974年,联合国经社理事会讨论知名人士小组提供的《多国公司对发展和国际关系的影响》报告时,一位拉丁美洲的代表提出,为了避免和安第斯条约国家共同创办和经营的多国联营公司相混淆,建议用"跨国公司"一词取代"多国公司"。这个建议被会议接受,此后,联合国正式文献中均使用"跨国公司"一词。

1986年,联合国跨国公司委员会在《跨国公司行为守则》中规定了跨国公司必须具备三个条件:① 跨国公司必须是一个经营实体,母公司通过持股和其他方式,对在两个或两个以上的国家内从事生产和销售的其他经营实体进行控制,即跨国公司必须是在母公司控制下的多国经营实体;② 跨国公司必须有一个中央决策体系,有共同的政策和战略目标;③ 跨国公司的各个实体应分享资源、信息并分担责任。

(一)跨国公司的特征

与只在本国经营的公司相比,跨国公司具有以下几个典型的特征:

1. 结构特征

(1)营业规模普遍大于相同类型的国内企业。

(2)地理分布十分广阔。

(3)股权结构呈现出多国化的特点。

2. 环境特征

在经济环境方面,受其从事生产经营活动的各个东道国的经济发展水平及结构、市场运作情况、经济波动和政策变化的影响;在政治环境方面,受各个东道国的政治变动的影响;在文化环境方面,要在具有不同价值观念、宗教信仰、社会结构、教育水平等的不同文化环境下从事生产经营;在法律环境方面,不仅受到国内法律的约束,而且其各个子公司和附属机构还要受到各自东道国的法律约束。

3. 经营管理特征

(1)生产经营活动的跨国化。母公司对其子公司的生产经营、投资与融资决策、资金管理等具有绝对的控制权。一般地,跨国公司都以本国为基地,把全世界作为活动的舞台。在实施全球战略的过程中,跨国公司的总公司作为决策中心在做出经营决策时,并不单纯考虑某一子公司所在国的市场、资源的情况,而是考虑多国或全球的情况,不单纯考虑某一子公司或局部的损失,而是考虑公司整体和长远利益。

(2)战略目标的全球化。跨国公司以国际市场为导向,针对世界各国或地区的环境因素和所面临的市场竞争态势,在全球范围内建立有效的管理网络,以谋求公司内部利益最大化。

(3)技术创新能力的强大化。研发能力和新产品的不断推出,是公司保持竞争力的源泉。随着研究与开发的国际化进程加速,跨国公司已经成为全球知识与技术创新和技术扩散的主导力量。

(4) 经营方式的多样化。为达到公司的经营目标,跨国公司制定严密的全球经营战略,采用与东道国的政治、经济、文化等环境相适应的灵活经营方式,做到在世界上劳动力最便宜的国家雇佣劳动力,在资源最廉价的地方采购原材料,在利率最低的地方筹措资金,在税率最低的国家交纳税金,从而最终达到获取最大利润的目的。

(5) 经营风险国际化。国际经营环境复杂,政治、经济、法律、文化等领域的差异会对经营产生风险。

(二) 跨国公司的类型

按照不同的分析角度和划分标准,跨国公司有以下三种分类:

1. 按经营项目分类

(1) 资源开发型企业。这类企业最早直接投资于种植业、采矿业和铁路,子公司分布于不发达国家。随着东道国资源国有化政策的实行,这类企业更多地转向与当地企业合营和非股权安排,不过目前投资方向仍主要集中于采矿业和石油开采业。

(2) 加工制造型企业。在国外从事产品的制造和销售的跨国公司,是第二次世界大战后发展迅速的典型的跨国公司。

(3) 服务提供型企业。主要涉及零售业、管理咨询、广告代理、技术设计、会计事务、银行保险等领域。

2. 按经营结构分类

(1) 水平型企业。母公司与子公司经营产品相同,经营业务相似,因而可以不通过国际市场,而是在公司内部完成生产技术、营销技能和商标专利等无形资产的转移。这类企业对外投资的主要目的是要利用当地资源生产,在当地销售,获得市场份额或避开贸易壁垒和运输成本等。

(2) 垂直型企业。母公司与子公司之间实行纵向一体化分工,经营不同行业的相互关联的产品或者是经营同行业的不同加工程序的产品。该企业特点是分工精细、产品关联性强。美国的美孚石油公司就是垂直型的跨国公司,它在全球范围内从事石油和天然气的勘探、开采,以管道、油槽和车船运输石油和天然气,经营大型炼油厂,从原油中精炼出最终产品,批发和零售几百种石油衍生产品。

(3) 混合型企业。母公司和子公司经营和生产互不关联的产品,其优点是可通过多样化经营分散经营风险,但缺点在于管理复杂、规模经济效益下降,因此需在突出主营业务的基础上开展多样化经营。日本的三菱重工业公司原是一家造船公司,后改为混合多种经营,经营范围包括:汽车、建筑机械、发电系统产品、造船和钢构件、化学工业、一般机械、飞机制造业等。

3. 按决策行为分类

(1) 民族中心型跨国公司。这类公司的适用条件是母国市场与东道国市场情况相似。其特点体现为集权管理、资源利用充分。

(2) 多元中心型跨国公司。在母公司整体目标下,子公司独立经营,产品适应不同市场的需求。

(3) 全球中心型跨国公司。这类公司综合了上述两种类型公司的特点,即集权管理与分权相结合,灵活调配和使用资源。

(三) 跨国公司的形成与发展

1. 早期跨国公司的形成

(1) 跨国公司的起源。跨国公司的形成和企业跨国经营的萌芽最早可以追溯到公元16世纪末17世纪初英国的特权贸易公司,或称特许公司(Chartered Company)。当时最有影响的特权贸易公司是英国东印度公司(British East India Company)。这些特权贸易公司从事掠夺性经营,不利于各国民族经济的发展,故遭到了各国强烈的反对。随着英国近代资本主义的发展,东印度公司等特权贸易公司相继于19世纪后半叶被撤销。

(2) 跨国公司的形成初期。现代意义上的跨国公司于19世纪在欧美主要经济发达国家出现,这些跨国公司的形成与这些国家在19世纪以前的海外殖民扩张、资本和商品输出有着直接的关系。当时最具代表性的有三家制造业企业:1865年,德国拜耳化学公司在美国纽约州的奥尔班尼开设了一家制造苯胺的工厂;1866年,瑞典制造甘油、炸药的阿弗列·诺贝尔公司在德国汉堡开办了炸药厂;1867年,美国胜家缝纫机公司在英国格拉斯哥创办了缝纫机装配厂。

(3) 第一次世界大战前跨国公司的迅速发展。在19世纪末到20世纪初的十几年内,美国半数以上的大公司都开始向海外投资,在国外设立工厂或分公司。如国际收割机公司(International Harvester)、西方联合利华公司(Unilever)、贝尔电话公司(Bell Operating Company)、爱迪生电器公司(Addison Electronics)等。同时,其他国家的跨国公司也相继增多,如英国的尤尼来弗公司、瑞士的雀巢公司(Nestle)、英国的帝国化学公司等。

2. 第二次世界大战以来跨国公司的发展

两次世界大战期间是跨国公司发展的滞缓期。1914年至1945年,从整体上看,全球对外投资总额增幅不大,间接投资停滞不前,但对外直接投资绝对额却几乎增加了两倍,而且在对外投资中所占比重有较大提高。西欧国家的跨国经营增长缓慢,而美国的跨国公司有了长足发展并逐渐成熟起来。尽管对外直接投资有一半仍在殖民地和经济落后国家,但随着直接投资制造业的比重增加,对经济发达和比较发达国家的直接投资也有所增加。大部分海外投资分布于技术发达的新兴工业国。

直到第二次世界大战前不久,跨国公司虽然已经获得了一定程度的发展,但是它们既没有统一的全球战略,也没有全球化的经营管理体制,其从事跨国经营的目的仅在于保持和扩大产品销售市场和原材料供应市场,为母公司的利益服务。

第二次世界大战后跨国公司得到了迅速发展。

(1) 跨国公司恢复发展期。战后初期至20世纪60年代末,跨国经营和对外直接投资逐渐恢复,而后得到迅速发展,美国公司在世界跨国公司舞台上居于霸主地位。

(2) 跨国公司扩张时期。20世纪70年代初至80年代末,国际直接投资规模继续扩大,西欧和日本的经济实力增强,其跨国公司迅速崛起,美国跨国公司的地位由盛至衰,在国际企业中的地位相对下降。其他发达国家和发展中国家的跨国公司的发展使国际直接投资格局逐步向多极化方向发展。

(3) 知识经济下的全球化时期。20世纪90年代初至目前,跨国公司呈现出如下特点:对外直接投资在全球范围内迅速增长;对外直接投资的分布很不平衡;发展中国家的FDI输出不断增加;北美、欧盟、亚太三大经济圈内部投资加强;跨国公司对外直接投资向第三产业转移,经营范围越来越广泛,形式越来越复杂多样。

（四）跨国公司的经营策略

1. 所有权策略

(1) 股权占有。这是跨国公司全球战略的核心部分。跨国公司能否取得实效,一定程度上取决于它所拥有的国外子公司的股权占有的程度。一般来说,股权占有的越多,越容易控制企业,从而影响公司的重大决策和重要职务的任命。对于规模大、技术水平高、具有很强的市场竞争优势的大型跨国公司对子公司的股权要求一般都比较强烈,要求建立拥有全部股权的子公司的比较普遍。

(2) 非股权占有。这是指跨国公司在子公司中不参与股份,因而不凭借股权对企业进行控制和管理,而是通过对技术、管理、销售渠道等各种资源技术的控制和签订一系列合同,与东道国的公司建立密切联系为东道国提供各种服务,并使其从中获利。非股权安排包括分包、管理合同、交钥匙工程、特许经营、技术许可、产品分成等。

2. 产品策略

(1) 产品多样化策略,指跨国公司不是只经营一种产品,而是生产并经营多种产品甚至与本行业无关的产品。

(2) 产品生命周期策略。跨国公司的产品生命周期策略实质上是弗农的产品生命周期理论的运用。

3. 价格策略

跨国公司根据其全球战略目标,在制定母公司与子公司、子公司与子公司之间进行商品、劳务或技术交易的内部价格时,不考虑市场一般供求关系,而以实现公司的全球战略、追求全球最大利润为目标。

二、对外直接投资

（一）对外直接投资的基本特点

1. 对外直接投资不一定总有资本移动

因为对于直接投资,在不少情况下开始并不发生资本在国际间的移动。例如,国外投资者利用其无形资产(技术知识、经营准则、商标和销售渠道等)作为投资,而在东道国的资本市场上筹集相应的资金来创办企业。一旦企业盈利,则可利用该企业的利润进行再投资。

2. 对外直接投资者承担的风险比较大

(1) 对外直接投资周期长、资本流动性差,一旦发生东道国政局不稳定或政策变化,投资者很可能收不回投资成本。

(2) 对外直接投资未来收益的不确定性使得投资者经常遇到汇率变动的风险,而又无法采取有效的避险措施。

(3) 投资者直接参加经营管理,便于管理、控制,并且有利于改善出口商品结构,但是,这种直接管理有可能引起文化、社会意识上的冲撞甚至劳资纠纷,从而影响投资收益。

3. 对外直接投资带动了技术出口和管理经验的传播

对外直接投资参与企业的生产经营,因而可以带动投资国的技术出口。对投资接受国来说,对外直接投资有利于促进技术进步,因而可引进先进的管理技术与经验,有利于提高企业的经营管理水平。

(二) 对外直接投资的主要形式

1. 新设投资

新设投资又称绿地投资,是指直接在目标国家(东道国)投资建立新的企业,从而形成新的经营单位或新的生产能力。其优点有以下两点:① 起始投资规模较小,容易控制,一旦时机成熟就可以进入大规模扩张阶段;② 投资者能在较大程度上掌握项目策划各个方面的主动性。

2. 并购

并购即兼并(Mergers)和收购(Acquisition),是指一家企业或若干家企业对其他企业的股东权益之特定归属权(企业产权)进行重组的自主性商业活动。其中,兼并指公司的吸收合并,即一公司将其他一个或数个公司并入本公司,使其失去法人资格的行为。它是企业变更、终止的方式之一,也是企业竞争优胜劣汰的正常现象。收购意为获取,即一个企业通过购买其他企业的资产或股权,从而实现对该公司企业的实际控制的行为。

从经济学角度而言,企业兼并和收购的经济意义是一致的,即都使市场力量、市场份额和市场竞争结构发生了变化,对经济发展也产生相同的效益,这是因为企业产权的经营管理权最终都控制在一个法人手中。正是在这个意义上,西方国家通常把 Mergers 和 Acquisition 连在一起,统称为 M&A。

(1) 跨国公司通过一定的程序和渠道,依照东道国法律对东道国现有企业进行并购的行为称为跨国并购。

跨国并购的优点有以下几点:① 可以节约时间,降低进入成本,迅速进入东道国企业所在行业和市场;② 消除争夺市场和资源的对手,获得所有权资产并扩大市场份额;③ 便于扩大经营范围,实现多元化经营;④ 并购引起的报复可能性小;⑤ 可廉价购买资产。

(2) 其缺点体现为：① 目标企业价值评估存在问题；② 企业在规模和地点上受到制约；③ 较易受到东道国各方的抵触；④ 文化差异导致并购后整合出现困难。

三、跨国公司理论

第二次世界大战后，西方企业的对外直接投资迅猛增长，形成了许多以本国为基地，通过对外直接投资在东道国设立分支机构和子公司，从事国际化经营的跨国公司。这一现象引起了西方经济学者的普遍关注，他们对这一领域进行了大量的研究，探讨了企业对外直接投资的动因，继而形成了许多观点各异的跨国公司理论。

（一）微观跨国公司理论

1. 垄断优势理论

(1) 垄断优势理论的提出。20世纪60年代初，美国学者斯蒂芬·赫伯特·海默(Stephen Herbert Hymer)在他的博士论文《一国企业的国际经营：对外直接投资研究》中，首次提出了垄断优势论。

20世纪70年代，麻省理工学院金德尔伯格对海默提出的垄断优势论进行了补充和发展。它是一种阐明当代跨国公司在海外投资具有垄断优势的理论。此理论认为，考察对外直接投资应从垄断优势着眼。

鉴于海默和金德尔伯格对该理论均做出了巨大贡献，有时又将该理论称为"海默-金德尔伯格传统"(H-K tradition)。这一理论首先创立了国际直接投资理论，而且也开创了国际直接投资理论研究的先河，被称为零公里界碑。

(2) 垄断优势理论的主要内容。垄断优势理论亦称为特定优势论、产业组织论，是关于跨国公司凭借其特定的垄断优势从事国外直接投资的一种理论。该理论认为，市场的不完全竞争是跨国公司进行国际直接投资的根本原因，而跨国公司持有的垄断或寡占优势以及面对的不完全市场是其实现对外直接投资利益的条件，即企业对外直接投资必须满足两个基本条件：① 企业自身必须拥有竞争优势，以抵消在与当地企业竞争中的不利因素；② 不完全市场的存在，使企业始终拥有和保持这种优势。

该理论指出，跨国公司相对于东道国的民族企业，一般拥有以下垄断优势：① 技术优势；② 先进的管理经验；③ 雄厚的资金实力；④ 相对全面且灵通的信息；⑤ 规模经济优势；⑥ 全球性销售网络。而市场不完全一般有以下四种形态：① 由规模经济引起的市场不完全；② 产品市场的不完全；③ 资本和技术等生产要素市场的不完全；④ 由政府课税、关税等贸易限制措施引起的市场不完全。前三种市场不完全使企业拥有垄断优势，第四种市场不完全则导致企业对外直接投资，以利用其垄断优势。

资料链接

不完全市场

不完全市场与完全市场相对应，是指不具备下述条件之一的市场：① 同质产品；② 众多的买者与卖者；③ 买者和卖者可以自由进入市场；④ 所有买者和卖者都掌握当前物价的完全信息，并能预测未来物价；⑤ 就总成交额而言，市场各个经济主体的购销额是无关紧要的；⑥ 买者与卖者无串通合谋行为；⑦ 消费者追求效用最大化，生产者追求利润最大化；⑧ 商品可转让。

（3）垄断优势理论简评。垄断优势理论系统论证了企业的垄断优势和国内、国际市场的不完全性是跨国公司进行对外直接投资的决定性因素。它认为市场不完全是跨国公司进行对外直接投资的根本原因，如果产品和生产要素的市场运行是完全有效的，则对外直接投资就不能发生。垄断优势理论突破了国际资本流动导致对外直接投资的传统贸易理论框架，突出了知识资产和技术优势在形成跨国公司中的重要作用。因而垄断优势理论在20世纪六七十年代中期对西方学者产生过较深刻的影响。

但是，这一理论也存在一些缺陷，如对"既然企业拥有垄断优势，那为何不采取商品直接出口（在国内组织生产再依靠出口来供应当地市场），或转让特许权（将优势转让给外国企业去使用）的方式扩展海外势力"没有解释；不能很好地解释对外直接投资流向的产业分布或地理分布；它以美国为研究对象，对发展中国家企业的对外直接投资缺乏指导意义。

2. 内部化理论

（1）内部化理论的产生。内部化理论出现于20世纪70年代末80年代初，其代表人物是英国里丁大学的巴克莱、卡森和加拿大经济学家拉格曼。内部化理论也称为市场内部化理论，是当代西方较为流行、较有影响的一般理论。

（2）内部化理论的主要内容。内部化的思想来自科斯的交易成本学说。内部化是指把市场建立在公司内部的过程，以内部市场取代原来的外部市场，公司内部转移价格起着润滑内部的作用，使内部市场像外部市场一样有效地发挥作用。当企业内部化超过国界就是企业对外直接投资的过程，因此决定企业内部化的因素就成为决定企业对外直接投资的因素。

内部化理论的提出有三个基本假设：① 企业在不完全市场竞争中从事生产经营活动的目的是追求利润最大化；② 中间产品市场的不完全，使企业通过对外直接投资，在组织内部创造市场，以克服外部市场的缺陷；③ 跨国公司是跨越国界的市场内部化过程的产物。

企业对外直接投资的实质是基于所有权之上的企业管理与控制权的扩张，而不是资本的转移，其结果是用企业内部的管理机制代替外部市场机制，降低交易成本，拥有跨国经营的内部化优势。具体来说，世界市场是不完全竞争市场，企业若将其科技和营销知识等中间产品通过外部市场来组织交易，将导致企业市场交易成本的增加，难以保证自身的利润最大化目标。因此，为了自身利益，跨国公司会通过国际直接投资，将本来应在外部市场交易的业务转变为公司所属企业之间进行，形成一个内部市场，然后利用企业管理手段协调企业内部资源的配置，避免市场不完全对企业经营效率的影响，通过外部市场内部化，降低交易成本和交易风险。

该理论进一步指出，只有当内部化交易成本的降低优于企业在内部化过程中所产生的相关成本、实现内部化交易成本与外部市场交易成本的均衡时，企业才会倾向于实行内部化。交易成本是内部化产生的原因和基本动机。巴克莱和卡森认为,影响中间产品市场交易成本,从而影响企业实施中间产品市场的内部化的因素有以下四种:① 行业特定因素。主要是指产品性质、外部市场结构以及规模经济。② 地区特定因素。包括地理位置、文化差别以及社会心理等引起的交易成本。③ 国别特定因素。包括东道国政府政治、法律、经济等方面政策对跨国公司的影响。④ 企业特定因素。主要是指企业组织结构、协调功能、管理能力等因素对市场交易的影响。

内部化过程的决定因素中,行业特定因素对市场内部化的影响最重要。当一个行业的产品具有多阶段生产特点时,如果中间产品的供需通过外部市场进行,则供需双方关系既不稳定,也难以协调,企业有必要通过建立内部市场保证中间产品的供需。企业特定因素中的组织管理能力也直接影响市场内部化的效率,这是因为市场交易内部化也是需要成本的,只有组织能力强、管理水平高的企业才有能力使内部化的成本低于外部市场交易的成本,也只有这样,市场内部化才有意义。

(3) 内部化理论简评。内部化理论的诞生是学术界在跨国公司理论研究的一个重要转折,为跨国公司"通论"的形成做出很大的贡献。之前的对外直接投资理论多以美国企业的海外直接投资为研究对象,因而缺乏普遍的理论意义。内部化理论打破这一弊端,在各国和各行业企业海外直接投资的共同特点基础上提出,成为企业海外直接投资的一般理论。

内部化理论首次从企业组织发展的角度揭示了对外直接投资的动因,指出企业通过内部组织体系以较低成本转移优势是企业对外直接投资的真正动因,认为跨国公司是企业国际分工的组织形式,解释了企业跨国经营三种方式——出口、对外直接投资及特许权交易的选择依据。内部化理论不是静态地强调企业所拥有的特定优势,而是强调企业把既有优势跨国界内部化转移的特定能力,使其分析更具有动态性,从而也更接近实际。

但是内部化理论主观地从跨国公司的主观方面单方面探寻其从事对外直接投资的动因和基础,对国际经济环境的变化考虑不够,这就使内部化理论具有很大的片面性和局限性。

(二)宏观跨国公司理论

1. 资源禀赋理论

资源禀赋理论包括斯密的绝对优势理论、李嘉图的比较优势理论、赫克歇尔和俄林的要素禀赋理论,这些理论在前面第四章已经做了详细阐述,这里不再赘述。

2. 梯度转移理论

(1) 梯度转移理论的提出。在实证研究日本对外直接投资实践的基础上,日本逐步形成具有日本特色的对外直接投资和跨国公司理论,其中最具代表性的是1978年日本一桥大学小岛清教授在其代表作《对外直接投资:一个日本多国企业经营的模型》中运用比较优势原理所提出的梯度转移理论,又称为边际产业扩张理论。

(2) 梯度转移理论的主要内容。小岛清教授认为,一国应从已经或即将处于比较劣势的产业(边际产业)开始对外直接投资,依次转移,而这些产业又是东道国具有明显或潜在的比较优势的产业,如果没有外来的资金、技术和管理经验,东道国这些优势就不能被利用。这样,投资国对外直接投资就可以充分利用东道国的比较优势并扩大两国的贸易,这时投资和贸易是相互补充而不是相互替代的。如果直接将自己拥有比较优势的产业或产品的生产通过对外投资移植出去,双方的比较优势反而会缩小,投资代替了贸易,不利于投资国利用国际分工和贸易获得收益。在投资转移方面,中小企业应该走在前面,这是因为中小企业在自己国内没有比较优势,但在国外却有比较优势。

(3) 梯度转移理论简评。梯度转移理论对日本跨国公司的研究,比较符合日本的国情和20世纪六七十年代特定历史条件下对外直接投资的实践,较有说服力地解释了日本企业对外直接投资的动因,也解释了在亚洲出现的以日本—"亚洲四小龙"—东盟—中国—越南为顺序的直接投资与产业结构调整,即所谓的"雁行模式"。

传统理论解释了发达国家之间以水平分工为基础的对外直接投资,而该理论指出,无论是投资国还是东道国都不需要有垄断市场,企业比较优势的变迁在对外直接投资方面起着决定性的作用,该理论以此解释了发达国家对发展中国家的以垂直分工为基础的对外直接投资。

但是,梯度转移理论也存在一定的局限性:① 只能解释经济发达国家对发展中国家以垂直分工为基础的投资,难以解释经济发达国家之间的以水平分工为基础的投资,也无法解释发展中国家的对外直接投资。② 该理论以投资国为主体而不是以跨国公司为主体,实际上假定了所有跨国公司都有相同的动机并且也是投资国的动机,难以解释复杂的国际环境下的对外直接投资行为。③ 低估了发展中国家接受高新技术的能力,对发展中国家不具有指导意义。按照该理论,发展中国家只能接受发达国家的边际产业,永远追赶不上发达国家。④ 该理论容易引起错觉,使人们误认为按比较优势大小为序进行的对外直接投资,总是对东道国有利的,似乎这样就能形成合理的国际分工格局,从而掩盖了西方发达国家的对外直接投资在建立国际经济新秩序的过程中还存在消极作用的一面。

3. 国际生产折衷理论

(1) 国际生产折衷理论的产生。英国里丁大学约翰·哈里·邓宁(John Harry Dunning)于1976年发表其代表作《贸易、经济活动的区位与多国企业:折衷理论探索》,形成跨国公司折衷理论。1981年邓宁出版了《国际生产与跨国企业》一书,进一步系统化、理论化、动态化了折衷理论。

邓宁认为,以往的理论只能对国际直接投资作出部分解释,并且无法将投资理论与贸易理论结合起来,因此客观上需要一种折衷理论。邓宁认为其折衷理论具有三个方面的特点:① 吸收了过去20多年中出现的各种直接投资理论的优点;② 与直接投资的所有权形式有关,适合于解释不同形式的国外直接投资;③ 能解释国际企业营销活动的三种主要方式,即出口、技术转让和直接投资。

> 资料链接

邓宁简介

约翰·哈里·邓宁（John Harry Dunning），国际投资领域经济学家，英国人。1927年出生于英国贝德福德郡的一个信仰浸礼会的家庭。他毕业于伦敦大学，1964年任雷丁大学经济学教授，从而在国际投资理论上以他为中心出现了雷丁学派。邓宁在FDI领域有着广泛、深入的研究，在1977年提出了著名的国际生产折衷理论。20世纪70年代以后，他广泛出席各种商务研讨会并发表演讲，足迹遍布各大洲，在经济全球化的潮流下，积极地为发展中国家出谋划策，从而获得了崇高的国际声誉，他曾是联合国贸易和发展工作组的成员，从1987年到1989年间担任国际商务学会主席。晚年致力于国际资本的"道德生态"理论的探索。为了表彰他在学术上的突出贡献，2008年英国女王授予他OBE勋章。

（2）国际生产折衷理论的主要内容。国际生产折衷理论继承了海默关于"垄断优势"的观点，吸收了巴克莱、卡森和拉格曼的内部化优势的内涵，引入了区位优势理论，在此基础上运用折中主义方法对各种跨国公司理论进行概括性和综合性分析，因此又称为"OIL三优势模式"，其中，"O"是所有权优势（Ownership Advantages），"I"是内部化优势（Internalization Advantages），"L"是区位优势（Location Advantages）。

对于所有权优势、内部化优势和区位优势，邓宁做了进一步的解释。

所有权优势又称垄断优势或厂商优势，是指一国企业拥有或能够得到的而他国企业没有或无法得到的有形与无形技术、专利、商标、管理与协调技巧等方面的特有资源和能力的优势，可分为资产性和交易性所有权优势。资产性所有权优势，指对有价值的资产（原材料、先进生产技术等）的拥有或独占；交易性所有权优势，指企业拥有的无形资产（技术、信息、管理、营销、品牌、商誉等）。

内部化优势是指在市场存在交易成本的情况下，企业利用内部市场实现无形资产和中间产品的交换和运用，可克服外部市场失灵的障碍，使交易成本趋于最小。

区位优势是指跨国公司在投资区位选择上具有的优势。包括东道国的自然禀赋优势以及东道国政府的政治经济制度、政策法规和基础设施所形成的优势。当东道国的区位优势较大时，企业就会从事国际生产。

折衷理论是从跨国公司国际生产这个高度，讨论所有权优势、内部化优势和区位优势三组变量对国际直接投资的作用。这三组变量的不同组合决定了各国企业国际经济活动。该理论指出，企业欲对外直接投资必须满足三个条件：

① 企业在供应某一特定市场时拥有对其他国家企业的净所有权优势。所有权优势是

企业对外直接投资的基本前提,若缺乏,海外扩张无法成功。

② 如果企业拥有对其他国家企业的净所有权优势,那么对拥有这些优势的企业来说,必须具备内部化优势,即相较于将所有权优势转让给外国企业去使用,它们自己使用这些优势更加有利。若这些企业缺乏内部化优势,说明它们拥有的所有权优势难以在内部加以利用,那么它们只能将特许权转让给外国企业。

③ 如果企业所有权优势与内部化优势皆有,那么,对该企业而言,把这些优势与当地要素,即区位优势的结合必须使企业有利可图。区位优势是企业对外直接投资的必要条件,若缺乏,意味着缺乏有利的海外投资场所,因此企业只能将有关优势在国内加以利用,而后依靠产品出口来供应当地市场。

因此,企业必须同时兼备所有权优势、内部化优势和区位优势才能从事有利的海外直接投资活动。如果企业仅有所有权优势和内部化优势,而不具备区位优势,这就意味着缺乏有利的海外投资场所,因此企业只能将有关优势在国内加以利用,而后依靠产品出口来供应当地市场。如果企业具备了内部化优势和区位优势而无所有权优势,则意味着企业缺乏对外直接投资的基本前提,海外扩张无法成功。如果企业只拥有所有权优势和区位优势而无内部化优势,则说明企业拥有的所有权优势难以在内部加以利用,只能将其转让给外国企业。

(3) 国际生产折衷理论简评。国际生产折衷理论被称为是国际FDI理论的集大成者,其特点在于"集众家之所长,融众说于一炉",力图开创一个"通论"。从思想渊源来看,该理论对各家学说兼收并蓄,形成了一个综合的理论模式;从经济内容来看,该理论涵盖了各种跨国经营活动,如商品贸易、技术转让、对外直接投资;从适用范围来看,该理论既可以用于发达国家,也可以用于发展中国家。

但该理论也存在一定缺陷,如无法解释部分国家在尚未同时具备以上三种优势的情况下对外直接投资的现象,没有涉及社会经济关系和战后国际政治经济环境的重大变化。

(三) 跨国公司理论的新发展

1. 子公司特定优势理论

(1) 子公司特定优势理论的产生。1998年,缪尔和希勒指出,除了传统的优势以外,跨国公司还存在第四种优势,即基于子公司层面的子公司特定优势。这种优势既不像所有权优势那样能为整个跨国公司所共享,又不像区位特定优势那样为处于相同国家的其他企业所共享,是结合所有权优势和区位特定优势于一体的新优势。2001年,缪尔发表了《通过子公司卓越中心建立子公司特定优势的战略》一文,正式提出了建立子公司特定优势的理论设想和行动策略。

(2) 子公司特定优势理论的主要内容:① 子公司特定优势的概念。所谓子公司特定优势是指它只属于某一个跨国公司的子公司,为一个子公司所独有,而不存在于同一个跨国公司范围内的其他姊妹企业。从一般意义上讲,子公司特定优势包括:产品差异化、管理能力、产品管理与流程管理能力、全球营销的规模经济性、东道国市场的持续需求增加、充分利用东道国的资本市场和金融专门知识以及适合于跨国公司的结构性变革的能力等。这种优势事实上就是区位优势和所有权优势的组合。

② 子公司特定优势的来源。子公司特定优势是子公司在跨国公司内部的竞争优势,是区位优势和所有权优势的组合,所以子公司特定优势来源于两个方面:一是来源于子公司专有知识,二是来源于子公司的区域位置。

③ 子公司特定优势的建立途径。缪尔认为,建立子公司的特定优势,最好的组织方法不是总部的集中指导和控制,而是通过建立"卓越中心",集中配置和协调公司内部的优势资源,并通过中心,最有效地整合外部资源。根据缪尔的定义,"卓越中心"是指具有独特知识并负责把该知识扩散到整个跨国公司的一个实体。它作为一种组织设计,可以使子公司特定优势充分展现出来。"卓越中心"代表跨国公司里最好的实践或最领先的理念,它承担着使知识在跨国公司内实现充分共享的责任,同时通过发展和支持"卓越中心",子公司能够在跨国公司框架内取得更广泛的全球化。

2. 小规模技术理论

(1) 小规模技术理论的提出。1983年,美国哈佛大学研究跨国公司的著名教授刘易斯·威尔斯在《第三世界跨国企业》一书中提出小规模技术理论。该理论被学术界认为是研究发展中国家跨国公司的开创性成果。

(2) 小规模技术理论的主要内容。威尔斯认为,发展中国家跨国公司的竞争优势来自低生产成本,这种生产成本是与其母国的市场特征紧密相关。他从三个方面分析发展中国家跨国公司的比较优势。

① 拥有为小市场需要服务的小规模生产技术。低收入国家制成品市场的一个普遍特征是需求量较小,大规模生产技术无法从这种小市场需求中获得规模效益,而小规模技术往往是劳动密集型的,生产有很大的灵活性,适合小批量生产。许多发展中国家正是开发了这种满足小市场需求的生产技术而获得竞争优势。

② 威尔斯认为发展中国家在民族产品的海外生产上颇具优势。发展中国家对外投资的另一特征表现在鲜明的民族文化特点上,这些海外投资主要是为服务于海外同一种团体的需要而建立的。根据威尔士的研究,以民族为纽带的对外投资在印度、泰国、新加坡、马来西亚的投资中都占有一定比例。

③ 低价位产品营销战略。与发达国家跨国公司相比,生产成本低、物美价廉是发展中国家跨国公司形成竞争优势的重要原因,也是抢占市场份额的重要武器。发达国家跨国公司的产品营销策略往往是投入大量广告费,树立产品形象,以创造名牌产品效应。而发展中国家跨国公司则花费较少的广告支出,采取低价位产品营销战略。

(3) 小规模技术理论简评。小规模技术理论的优点有以下几个方面:它在西方理论界被认为是关于发展中国家跨国公司研究的代表性的理论;对于分析经济落后国家在企业走向国际化的初期阶段,怎样在国际竞争中争得一席之地是颇有启发的;不仅可用来解释发展中国家对发展中国家的直接投资行为,而且也可用来解释发展中国家对发达国家的直接投资动因。

但是,小规模技术理论仍存在一定局限性,从本质上看,该理论属于技术被动论。这显然继承了弗农的产品生命周期传统,认为发展中国家所生产的是产品主要是使用"降级技术",生产的是在西方国家早已成熟的产品。这样,发展中国家在国际生产的位置上永远处于边缘地带,或是生产的产品生命周期的最后阶段,发展中国家跨国公司在技术上的创新活动仅仅局限于对现有技术的继承和使用。

分析案例

通用召回事件

据汽车召回网消息,上汽通用汽车有限公司向国家市场监督管理总局备案了召回计划,决定自 2018 年 10 月 20 日起,召回别克、雪佛兰及凯迪拉克品牌车辆,共计 3,326,725 辆。本次召回范围内车辆配备的前悬架下控制臂衬套,在受到较大外力冲击时可能发生变形或脱出,极端情况下可能导致车辆失控,存在安全隐患。上汽通用汽车有限公司将为召回范围内的车辆免费安装下控制臂集成式衬套,以消除安全隐患。

而此次事件其实早就开始酝酿发酵。随着车型的普及,全国多地的昂科威陆续曝出脱轴失效案例,其中大多数车辆的情况都是在一定碰撞或者并不严重的受力情况下发生的现象。由于脱轴案例增多,网上不断有车主投诉曝光,车主们通过论坛、微博、媒体等反应上汽通用脱轴问题,并投诉到国家质检总局缺陷中心。历时近五年,上汽通用终于承认了"分体式控制臂衬套"存在设计缺陷这一问题,终于决定采取召回措施,消除安全隐患。而这种做法也并非个案,如之前爆出的"福特断轴门""大众悬架门"等,都是因为产品出了问题后,遇到消费者的集体投诉,相关部门干预后才推动企业积极响应。

根据跨国公司理论,请分析通用召回事件的原因及对我国企业的警示。

第二节 跨国投资与国际贸易①

第二次世界大战后,随着生产国际化程度的提高,国际直接投资快速发展,跨国公司和国际贸易在数量上和规模上都有了巨大的发展,通过研究第二次世界大战后国际贸易的发展情况,可知跨国公司对国际贸易的发展发挥了强有力的推动作用,是第二次世界大战后国际贸易获得空前发展的重要的积极因素。

一、"替代关系"阶段

早期从事跨国投资的企业多为市场导向型,并且其投资行为通常跟随在贸易行为之后发生,因此人们习惯上会认为跨国投资是对国际贸易的替代。对于这些市场导向型企业来说,它们往往是从国内生产和对外出口开始其国际化经营活动,然后逐渐过渡到跨国投资,

---

① 本部分数字如果不做特殊说明均来自《世界投资报告》与 UNCTAD。

企业行为的转换是出于占领和扩大市场的需要,也就是说,它们之所以选择跨国投资来代替出口贸易,是为了寻求东道国当地更为理想的市场。具体来说,当企业已丧失对某项产品生产上的技术垄断优势,生产工艺已达到"标准化"程度时,继续在国内生产该产品并出口到国外市场就不如到国外投资设厂,就地生产并销售更能获利,因此企业会提出跨国投资的决策来代替先前的出口。尤其是当国外的目标市场上存在众多同类产品竞争者时,为了降低产品生产成本以提高其市场竞争力,这种决策转换更显得重要。这时到国外投资生产比出口产品到国外更有利于降低成本,维持市场份额,从而企业行为会从国际贸易转向跨国投资。

国际贸易与跨国投资的这种替代关系于1957年得到理论证实。Mundell采用两个国家、两个产品和两种生产要素的标准国际贸易模型,对国际贸易与跨国投资之间相互替代关系展开研究。利用标准的国际贸易模型,他考察了贸易和投资相互替代的两种极端情况,即禁止性投资如何刺激贸易,以及禁止性贸易如何刺激投资。在生产要素不能在两个国家之间自由流动,而同时又不存在任何贸易障碍的情况下,只要存在资源禀赋的相对差异,两个国家之间就必然会发生贸易,贸易的结果最终会实现世界均衡并实现商品价格进而是要素价格的均等。假如由于某种外部原因使得资本在两个国家之间的流动障碍全部消除,而同时贸易障碍引起资本边际收益的差异,资本的国际流动就必然会产生。资本的流动同样会达到世界均衡并导致资本要素价格和商品价格的均等化。因此,Mundell实际上是使用要素比例理论解释商品的国际流动,而用资本边际收益的差异解释资本的国际流动。由于贸易障碍会对两个国家之间的资本边际收益产生影响,因此贸易障碍在一定条件下导致资本的国际流动。因而,Mundell指出跨国投资和国际贸易两者之间存在替代关系,即阻碍国际贸易能促进资本流动,而限制资本流动则会促进国际贸易。

二、"互补关系"阶段

20世纪80年代初,马库森(Markuson)和斯文森(Svensson)对要素流动和商品贸易之间的相互关系做了进一步的分析,分析结果表明,资本要素的国际流动与国际贸易之间不仅存在替代性,而且在一定的条件下还存在互补关系。

在贸易障碍产生投资的情况下,资本主要是流入进口替代部门。然而如果资本的流动不是由关税引致,而且主要流入出口部门,那么投资和贸易之间就表现为一种互补关系而不是替代关系。在这种条件下,资本流动将导致进一步的国际分工和专业化生产,从而扩大贸易规模。有许多原因可以导致贸易和投资之间的互补关系,马库森利用一系列极度简化的非要素比例模型阐述了要素流动与国际贸易之间的互补关系。但是由于马库森等的模型过于简化,因此其结论缺乏一般性。马库森和斯文森则利用要素比例模型揭示了国际贸易和要素流动之间的相互关系,指出它们之间表现为替代性还是互补性,依赖于贸易和非贸易要素之间是"合作的"还是"非合作的"。如果贸易和非贸易要素是合作的,那么国际贸易和生产要素的流动将互相促进,从而表现为一种互补关系;如果两者之间是不合作的,则国际贸易和生产要素的流动就会表现为一种替代关系。

为了对要素流动和国际贸易之间的互补性做进一步的论证,马库森和斯文森考察了技术差异、对生产征税、垄断、外部规模经济和要素市场的扭曲等导致两者互补性的五种因素。他们的基本分析思路如下：两个国家之间的技术差异等因素会导致彼此之间的要素生产率和要素价格的差异，这种要素价格的差异决定商品贸易和要素流动方向。当由于任何一种因素导致商品贸易，而生产贸易产品需要的贸易和非贸易要素又表现为合作状态时，商品的贸易必然带动非贸易要素的流动，从而使贸易和要素流动表现为一种互补性。在这种分析中，各种因素导致要素价格的差异仍然起着至关重要的作用。如果劳动是贸易要素而资本是非贸易要素，两者之间的合作性表现为劳动边际生产率的相对较高和资本生产效率的相对较低就会同时产生劳动密集品的出口和资本要素的流出。

关于国际贸易和跨国投资的互补关系，可从日本对东南亚跨国投资的实践中求证。第二次世界大战后日本经济迅速恢复，国家实力雄厚，奠定了在资本、技术较为明显的比较优势，但由于其国内劳动力成本较高，自然资源缺乏，所以劳动力、资源密集型的产业处于比较劣势地位。于是日本在定位于发展本国资本、技术密集型产业的同时大量向拥有廉价劳动力及自然资源的东南亚发展中国家输出资本，到东道国当地兴办相应产业如资源开发、纺织品、食品、标准化零部件生产等，产品不仅返销日本，还推向其他国家市场，大大促进了投资东道国与母国日本之间的贸易增长。

三、跨国公司全球战略控制下的"并重、互动关系"

国际贸易和跨国投资的增长已同跨国公司国际化生产的扩张密不可分，跨国公司已经成为当今世界从事国际贸易和跨国投资活动的主体，在全球范围内开展着"无国界的生产活动"。作为国际社会中经济联系和交往活动的完全行为能力主体，跨国公司个体利益和国家整体利益并非完全一致，它实现个体利益的市场规则并不完全服从于国家实现整体利益的博弈规则。因此必须重视跨国公司个体的作用，采用微观分析方法。将它们从国家背景中独立出来研究。对跨国公司而言，贸易和投资决策之间关系的重点不在于实现相互替代或相互补充，而在于如何搭配协调使企业在全球迅速获得最佳资源配置，进而实现利润最大化。于是国际贸易和跨国投资体现为在跨国公司全球战略控制下的"并重、互动"关系。

（一）跨国公司对国际贸易的影响

1. 跨国公司的发展促进了国际贸易总额的增长

1995年至2017年，世界贸易年均增长率为6.4%左右，而同期世界实际GDP年均增长率为4.6%左右，世界贸易增长速度超过世界经济增长速度。

对于国际贸易总额的快速增长，跨国公司起到了如下作用：

（1）一些大型跨国公司根据企业面临的国际合作与竞争，进行大规模的国际化生产，生产能力不断提高，为开展国际贸易奠定了雄厚的物质基础。

（2）目前相当数量的跨国公司兼并和收购国外企业，在国外不断新建扩建子公司，并向国外子公司提供必需的生产设备、原材料和半成品。跨国公司与子公司、子公司与子公司之间生产专业化和协作化程度的提高，形成了诸生产要素的内部买卖，大大带动了国内产品和技术的出口,使得跨国公司内部的贸易数额不断增加,从而促进世界贸易规模不断扩大。

（3）跨国公司为实现利益最大化,会通过游说政府,取消任何阻碍商品和服务自由流动的壁垒。

总之,跨国公司已成为推动国际贸易的重要力量。

2. 跨国公司对国际贸易商品结构的影响

跨国公司对外直接投资对国际贸易的商品结构起着优化作用。跨国公司对外直接投资主要集中在制造业、商业、金融、保险业,尤其是新兴工业部门,这就直接带来了国际贸易商品结构的变化,反映在世界货物构成中,表现为国际服务业迅速发展、制成品贸易所占比重的上升、初级产品所占比重的下降。此外,跨国公司内部专业化协作的发展使制成品贸易中中间产品贸易比重不断上升。

3. 跨国公司对国际贸易地区分布的影响

自2008年全球金融危机爆发至今,世界经济逐渐复苏,跨国公司海外直接投资呈增长态势,并通过内部贸易和局外贸易促进了全球的贸易增长。目前,发达国家和地区吸收跨国公司海外直接投资总额占比呈下降趋势,为50%左右,而发展中国家和地区吸收跨国公司海外直接投资总额占比则呈上涨趋势,为40%左右,这直接导致的结果是发达国家贸易额占国际贸易总额比率呈下降趋势,为55%左右,发展中国家贸易额占国际贸易总额比重呈上涨趋势,为40%左右。

由此可见,随着跨国公司对发展中国家直接投资的扩大和全球金融危机的影响,发展中国家的贸易地位正在发生变化,其在世界贸易中的比重上升。

4. 跨国公司对资本输出国的影响

跨国公司对外直接投资的发展,使资本输出国可以绕过贸易壁垒,扩大对外贸易渠道,提高产品的竞争能力。具体表现为:① 在东道国就地生产与销售,相较于在母国生产再运输到东道国销售可以减少运输成本、关税等其他费用;② 可以充分利用东道国各种廉价资源,降低产品成本;③ 东道国子公司可以更好地使产品适应当地市场和消费需求;④ 相较于在母国生产,在东道国就地生产可以缩短交货时间;⑤ 易于提供售前和售后服务,从而提高产品的竞争能力。

5. 跨国公司对东道国的影响

（1）跨国公司对东道国的积极影响:

① 跨国公司为东道国带来资本。跨国公司对外直接投资增加了东道国的资本存量,促进了东道国的经济发展,表现为:随着东道国投资条件的改善和投资政策的自由化,无论是新建还是并购投资都会为东道国带来后续性的追加投资,从而有助于增加东道国的资本存量;跨国公司对外直接投资的进入通常会引致母企业在东道国的追加或辅助投资;跨国公司可通过为东道国当地资本市场提供有吸引力的投资机会而带来当地人员的大量储蓄,从而引发国内投资。

② 跨国公司提升了东道国的技术水平。对东道国来说,跨国公司的对外直接投资,不

仅会带来技术引进,而且会伴随着技术溢出,从而使东道国技术水平得到提高。

③ 跨国公司给东道国带来就业机会,提高了就业质量。从就业数量上来看,跨国公司对外直接投资增加了东道国的就业机会,此外,跨国公司也为东道国就业质量的提高做出了贡献。例如,跨国公司通常为企业提供更好的工资待遇、工作条件和社会保险福利,为东道国的雇员提供获得新知识、新技术的机会。

④ 跨国公司提高了东道国企业的竞争力。东道国企业面临跨国企业的竞争压力,将不得不降低生产成本,改进技术,提高劳动效率,提高管理水平,提高技术创新能力,尽快掌握核心技术和自主知识产权,以提高核心竞争力。

⑤ 跨国公司带动了东道国的税收。

(2) 跨国公司对东道国的消极影响:

① 跨国公司对东道国行业的垄断。跨国公司的目的是追求利润最大化,这必然导致跨国公司走向垄断,从而带来激烈的竞争,挤压该行业其他品牌的发展。

② 跨国公司压制东道国民族企业的发展。种种迹象表明,跨国公司凭借其巨大的经济实力挤压、吞并甚至是消灭民族企业,从而威胁到发展中国家的经济安全,在一定程度上削弱了东道国主权。

③ 跨国公司对东道国文化价值观的渗透。跨国公司进入东道国,会将母国的思想文化和价值观传播到东道国,破坏了东道国的传统价值观。

④ 跨国公司对东道国环境资源的影响。跨国公司凭借自身资金和技术优势,利用国际公约将高污染、高能耗甚至有害的产业过多地转移到东道国,对东道国的生态环境造成不利影响。

(二) 跨国公司影响国际贸易的方式

1. 对外直接投资

跨国公司通过对外直接投资影响国际贸易主要体现在以下几个方面:

① 跨国公司通过对外直接投资,绕过贸易壁垒,将其产品在东道国生产并销售,提高其产品的竞争力,促进国际贸易的增长;

② 跨国公司通过对外直接投资,补充了东道国进口资金的短缺,促进了国际贸易的发展;

③ 跨国公司的资本流入,加速了东道国对外贸易商品结构的变化;

④ 跨国公司控制了许多重要的制成品和原料贸易;

⑤ 在世界科技开发和技术贸易领域,跨国公司,特别是来自美国、日本、德国、英国等发达国家的跨国公司,发挥着举足轻重的作用,基本上垄断了国际技术贸易。

2. 内部贸易

拉格曼曾指出,50%以上的国际贸易与跨国公司有关,他认为,与跨国公司有关的贸易分为两种,一种是局外贸易,即跨国公司和独立买者或卖者之间的贸易,另一种是跨国公司内部贸易,即跨国公司内部企业之间的跨国贸易活动,是公司内部的产品、原材料、技术和服务等的国际间流动。目前,全球国际贸易中以公司内贸易的形式发生于跨国公司位于不同国家的分支机构之间的占比高达 80%。

(1) 跨国公司内部贸易的基本特征:

① 内部贸易与国际直接投资活动密不可分。跨国公司为实现其全球战略,通过收购、兼并、资产重组和集团化来扩展资本。资本扩展的同时必然带来内部贸易的发生。

② 内部贸易多发生在高技术产业或产品上。跨国公司为保持垄断竞争能力,中间产品的内部贸易多发生在信息、技术、管理、研发等产业或产品上。

③ 内部贸易推动了公司内部国际分工的深化。跨国公司为实现全球利润最大化,可以将其在全球的资源进行优化配置,用中间产品的交换取代产品间交换,形成以产业内分工为主的国际分工模式,内部的垂直分工加深。

④ 实行计划性管理和转移价格。跨国公司按其发展战略对投资、生产、市场营销、利润分配等实施相应计划和调节,通过采取转移高价或转移低价来达到避税、增强竞争力的目的。

(2) 跨国公司内部贸易的动因。在国际市场竞争日益激烈的大背景下,跨国公司为了全球范围内公司内部利润的最大化,可以通过公司内部贸易达到下列效果:

① 降低外部市场产生的公司经营不确定性风险。在外部市场对公司需求不能满足时,跨国公司可将相关环节转入到公司内部完成,从而大大降低各种经营不确定性风险,合理安排经营。

② 降低交易成本。国际市场上国际贸易的运作需要一定的交易成本,如对外交易条款的谈判、签约、履约成本,而跨国公司内部贸易是由跨国公司统一组织安排的,虽然也需要增加一些额外成本,但与上述外部市场交易成本相比低得多。因此,为实现全球利润最大化,跨国公司必然会优先选择内部贸易。

③ 增强公司在国际市场上的垄断地位。跨国公司可以在全球范围内根据比较优势原则安排生产,实现成本最小化、利润最大化,促进市场的扩大,增强其在国际市场上的垄断地位。

④ 通过转移价格避税或转移利润。跨国公司可根据各国税制的差别,采取转移低价或转移高价,从而达到利润最大化。

⑤ 防止技术扩散。技术优势是跨国公司进行国际化经营的核心资源。由于技术具有易扩散的特点,所以技术通过外部转移或者外部出口都容易造成高技术产品的被仿制。若技术通过跨国公司内部转移,由跨国公司最高管理层统一组织和协调,则可以有效防止公司技术优势的丧失。

3. 转移价格

转移价格(Transfer Price)是指跨国公司根据全球战略目标,在母公司与子公司、子公司与子公司之间销售原料、商品和劳务的一种内部价格。该价格不受供求关系影响,而仅仅与跨国公司的全球战略有关,有转移高价和转移低价两种形式。

跨国公司转移价格主要有以下几个目的:

(1) 避税。跨国公司在东道国的子公司的经营所得需向东道国政府纳税。但各国的税率存在差别,跨国公司为了减少高税率国家或地区子公司的税负,可以通过转移价格降低其账面利润,以减少税款。其具体做法是:当子公司所在国税率较高时,总公司就抬高价格向子公司供应商品或劳务,从而增加子公司的生产成本,减少利润,减少纳税。或者子公司降低价格对总公司销售商品。简单地说,就是低税地区的子公司向高税地区的子公司出售商品和劳务时要高价,而高税地区的子公司向低税地区的子公司出售商品和劳务时要低价,使得在低税地区或无税地区的子公司实现利润最大化。

(2) 增强子公司在国际市场上的竞争能力。跨国公司可通过转移价格的方式来支持国外子公司的发展。例如,当子公司在东道国遭遇有力竞争时,跨国公司可采取转移低价来降低子公司成本以提高子公司利润,从而提高子公司在当地的竞争力和信誉。

(3) 转逃资金。不少东道国特别是发展中国家,对外资的调度都有许多限制性规定,如对利润的汇出的限制等。跨国公司利用转移资金,可以绕过东道国对资金转移的限制。

(4) 调节利润水平。跨国公司的利润水平过高会招致东道国政府要求分享盈利,诱惑竞争者加入,工会要求提高工资,引起当地居民的反感。利润过低则不易在当地取得信贷、筹措资金和销售证券。因此,根据经营需要,跨国公司通过制定转移价格来调整其账面利润水平。

跨国公司为实现自身的全球战略目标所采取的转移价格方式,必然会影响国际贸易的发展。例如,当跨国公司为支持国外子公司的发展,采取转移低价的方式必然会促进国外子公司的贸易发展。

4. 垄断价格

跨国公司通过垄断价格的方式来实现自身的全球战略目标。例如,对于被垄断的产品,跨国公司往往索取垄断高价,争取利润;当跨国公司面临对手的强有力竞争时,为了提高自身竞争力,则会采取低价倾销的方式打败对手;采取"原料垄断低价,制成品垄断高价"的原则,以获得丰厚的垄断利润,如利用其巨大的规模控制发展中国家的出口市场,形成买方垄断,压低初级产品的价格。

跨国公司垄断价格必然会带来供需关系的变化,从而影响国际贸易的发展。

> 课堂讨论

外资零售企业进入中国市场开始都采取亏损经营战略,其目的是什么?

◆**本章小结**

对外直接投资是借助一定的组织载体来进行的,这种载体就是"跨国公司"。与只在本国经营的公司相比,跨国公司在其结构、环境和经营管理方面具有其独特特征。对于跨国公司对外直接投资的动因,比较有代表性的跨国公司理论有微观跨国公司理论和宏观跨国公司理论。其中,微观跨国公司理论包括垄断优势理论和内部化理论等,宏观跨国公司理论包括资源禀赋理论、梯度转移理论和国际生产折衷理论。当代跨国公司理论出现了新发展,如谬尔和希勒的子公司特定优势理论、威尔斯的小规模技术理论。跨国投资与国际贸易是一组相互影响的经济变量,两者之间的关系也很复杂,先后经历了"替代关系"阶段、"互补关系"阶段和跨国公司全球战略控制下的"并重、互动关系"阶段。

◆**关键词**

跨国公司　对外直接投资　跨国投资　国际贸易　跨国公司理论

◆**思考题**

1. 跨国公司经营的主要特征有哪些?
2. 论述跨国公司的形成与发展。
3. 列出关于跨国公司对外直接投资动因的跨国公司理论,并做分析。
4. 分析跨国公司内部贸易发展的原因。
5. 跨国公司内部贸易实行转移价格的目的何在?
5. 跨国投资与国际贸易的关系。
6. 第二次世界大战后,跨国公司的迅速发展对国际贸易有何主要影响?其影响方式有哪些?

思考案例

走向国际化

海尔集团是原青岛电冰箱总厂于1984年在引进德国利勃海尔电冰箱生产技术基础上发展起来的一家国有大型企业。创业初期全厂只有一种产品,员工人数不足800人,然而经过十多年的努力,通过技术开发、精细化管理、资本运营以及兼并控股国际化发展,该企业发展成为拥有42大门类8600余规格品种产品,2万多名员工,在东南亚、欧洲等地投资设厂,成套家电技术向欧美发达国家出口的一个集团。

面对新世纪的挑战,1998年,海尔提出"走出去、走进去、走上去"的"三步走"战略,以"先难后易"的思路,首先进入发达国家创名牌,再以高屋建瓴之势进入发展中国家,逐渐在海外建立起设计、制造、营销的"三位一体"本土化模式。这一阶段,海尔除了在海外建立经销点外,还积极对外进行投资建厂,并建立海外信息中心产品设计分部,以根据当地市场需求设计产品。

随着互联网的发展,传统企业的"生产—库存—销售"模式不再能满足用户个性化的需求,企业必须从"以企业为中心卖产品"转变为"以用户为中心卖服务",即用户驱动的"即需即供"模式。面临"以企业自身的资源去创造国际品牌"亟须向"将全球的资源为我所用,创造本土化主流品牌"转变的现状,海尔顺应潮流,于2005年开始探索采用"人单合一双赢"的商业模式,整合全球的研发、制造、营销资源,创全球化品牌。2013年,海尔电器借道淘宝、天猫进军电商C2B(消费者到企业)市场,汇集消费者需求订单后反向供应链生产,省去流通仓储等各种成本,确保消费者"省到家,定的值",从此全面进军电商渠道。2014年,海尔集团开展网络营销平台合作,首选与匠牛装修网合作,凭借匠牛装修网的功能优势,在互联网预约装修平台匠牛装修网上获得大量订单,人气急剧上升。

经过三十多年的不懈努力,海尔在全球管理咨询公司波士顿公布的"2012年度全球最具创新力企业50强"榜单中荣登第八位,与苹果、谷歌等一起进入十强,成为唯一进入前十名的中国企业。2018年6月20日,世界品牌实验室(World Brand Lab)在北京发布了2018年《中国500最具价值品牌》分析报告,海尔以3502.78亿元居第三位。2018年10月5日,青岛海尔公布在法兰克福上市的计划。2018年12月,世界品牌实验室编制的《2018世界品牌500强》揭晓,排名第41位。在全球白色家电领域,海尔正在成长为行业的引领者和规则的制定者。

问题:(1) 试用相关理论对海尔集团的国际化进程进行分析;

(2) 结合案例,试析经济全球化与互联网时代背景下,国有企业应如何迎战国际竞争?

应用训练

试运用国际生产折衷理论分析中国的区位优势和劣势。

第九章 贸易条约与世界贸易组织

本章结构图

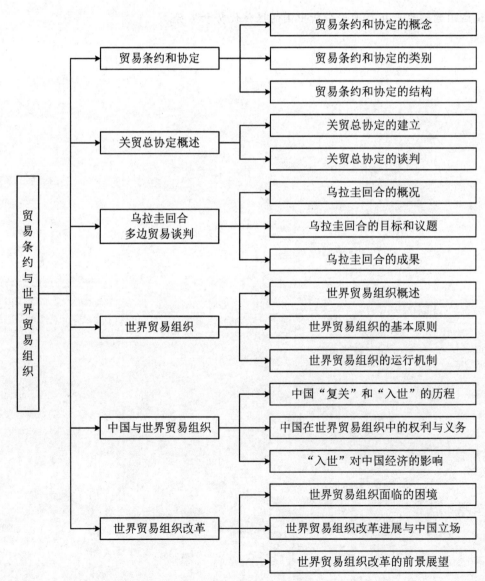

第九章 贸易条约与世界贸易组织

学习目标

了解贸易条约和协定，熟悉在关贸总协定框架下的八轮谈判，了解中国"复关"和"入世"的历程，掌握国际贸易体制形成与演进过程。

导入案例

中国加入世界贸易组织的所有承诺全部履行完毕

截至2010年，中国加入世界贸易组织的所有承诺全部履行完毕。

"入世"后，中国集中清理了2300多部法律法规和部门规章。新修订的法律法规减少和规范了行政许可程序，建立健全了贸易促进、贸易救济法律体系。根据世界贸易组织《与贸易有关的知识产权协议》，中国对与知识产权相关的法律法规和司法解释进行了修改，基本形成了体系完整、符合中国国情、与国际惯例接轨的保护知识产权法律法规体系。

中国进一步降低关税，外贸经营权全面放开。中国进口商品关税总水平从2001年的15.3%降低到2010年的9.8%。自2004年7月起，中国政府取消外贸经营权审批，促进了国有企业、外商投资企业和民营企业多元化外贸经营格局的形成。2010年，国有企业、外商投资企业和民营企业进出口分别占中国进出口总额的20.9%、53.8%和25.3%。

进一步扩大服务市场开放。在世界贸易组织服务贸易分类的160个分部门中，中国开放了100个，开放范围已经接近发达国家的平均水平。2010年，中国服务业新设立外商投资企业13905家，实际利用外资487亿美元，占全国非金融领域新设立外商投资企业和实际利用外资的比重分别为50.7%和46.1%。

在履行加入世界贸易组织的承诺过程中，中国深化外贸体制改革，完善外贸法律法规体系，减少贸易壁垒和行政干预，理顺政府在外贸管理中的职责，促进政府行为更加公开、公正和透明，推动开放型经济进入一个新的发展阶段。

资料来源：新华网，2011-12-07。

第一节 贸易条约和协定

一、贸易条约和协定的概念

贸易条约和协定（Commercial Treaties and Agreements）是两个或两个以上的主权国家为确定彼此的经济关系特别是贸易关系方面的权利和义务而缔约的书面协议。

贸易条约和协定是国际条约和协定的一种。它主要是用于确定缔约国之间的经济和贸易关系。它既可以在建立正式外交关系的国家之间签订，也可以在没有建立正式外交关系的国家之间签订。经有关主权国家的同意，单独关税区也可以自行签订贸易条约和协定。

两个主权国家之间签订的贸易条约和协定为双边贸易条约和协定,两个以上的主权国家之间签订的贸易条约和协定为多边贸易条约和协定。目前,我国已经同世界上绝大部分国家和地区签订了贸易条约和协定。

贸易条约和协定作为一种对外贸易政策措施,既要符合国内的对外贸易政策,又要遵循国际法律法规。同时贸易条约和协定需要与诸如关税措施、非关税措施等其他的对外贸易政策相互配合,共同促进对外贸易发展。当一国国内法或对外贸易政策与其他国家的立法和行政措施发生利益上的冲突时,必须通过双边或是多边谈判,采取协议的方式进行解决。

我国宪法规定,全国人民代表大会常务委员会决定批准和废除同外国缔结的条约。我国商务部是负责对外经贸谈判的主要部门,在对外谈判中,根据需要,谈判代表团中还包括国家发改委、外交部、中国人民银行、农业部、新闻出版署、专利局、海关总署等部门和国务院有关部委的代表。

二、贸易条约和协定的类别

(一) 双边贸易条约和协定

1. 通商航海条约

通商航海条约(Treaty of Commerce and Navigation)是一种全面规范缔约国双方之间贸易关系的条约。其一般涉及缔约国之间经济与贸易关系的各种问题。

通商航海条约的主要内容有:缔约国双方的进出口商品关税和通关的待遇;关于缔约国双方公民和企业在双方国家所享有的经济权利;关于船舶航行和港口的使用问题;关于铁路运输和过境问题;关于知识产权保护问题;商品进口的国内捐税问题;进出口数量限制问题;仲裁裁决的执行问题。

通商航海条约以国家元首的名义签订,签订条约的全权代表要由国家元首特命派遣。双方代表在条约上签字后,还需要按缔约国的法律程序完成批准手续方能生效。该类条约的有效期较长,一般为3~5年,到期后还可以申请延长。

2. 贸易协定

贸易协定(Trade Agreement)是调整两个或多个国家之间相互贸易关系的一种书面协议。与通商航海条约相比较,贸易协定的贸易关系比较具体,更具操作性,有效期一般较短,签订的程序也较简单,一般由国家元首或代表签署后即可生效。

贸易协定的主要内容有:最惠国待遇条款的规定;进出口商品货单和进出口贸易额的规定;作价原则和使用货币的规定;支付和清偿办法的规定;优惠关税和其他事项的规定。

3. 贸易协议书

贸易协定书(Trade Protocol)是缔约国就发展贸易关系中某项具体问题做出补充,进行解释所达成的书面协议。贸易协议书作为贸易协定的补充、解释和修改,有的可以作为附件出现。贸易协议书的主要内容和签订程序比贸易协议更加简单,一般经签署国有关行政部门的代表签署后即可生效。

4. 支付协定

支付协定(Payment Agreement)是两国间关于贸易和其他方面债权、债务结算办法的书面协议。

支付协定的主要内容有：清算机构的规定；清算账户的规定；清算项目与范围的规定；清算货币的规定；清算方法的规定；清算账户差额的处理。

（二）多边贸易条约和协定

两个以上国家或是单独关税区签订的贸易条约和贸易协定称为多边贸易条约与协定，如《关税与贸易总协定》，商品生产国和消费国签订的是国际商品协定。

三、贸易条约和协定的结构

贸易条约和协定一般包括序言、正文和约尾三部分。

(1) 贸易条约和协定序言通常载明缔约双方发展经济贸易关系的愿望以及缔约条约或是协定所遵循的原则、缔约国的全称、全权代表的姓名和权限等。

(2) 贸易条约和协定的正文是条约和协定的主要组成部分，重点规定双方的权利和义务。不同的贸易条约和协定类型，其条款和内容也各有不同。

(3) 贸易条约和协定的约尾包括条约和协定的有效期、批准、生效的程序、文字、签字日期、地点、一级代表签字等。缔约条约和协定的地点对于需要经过批准的条约和协定有特别的意义，如果条约是在一方首都签订的，按惯例批准书就应在双方国家的首都交换。贸易条约和协定一般依照缔约双方的文字写成，并且规定各种文本具有同等的效力。

第二节　关贸总协定概述

一、关贸总协定的建立

关税与贸易总协定(General Agreement on Tariff and Trade,简称GATT)，简称关贸总协定或总协定。关贸总协定的酝酿可以追溯到20世纪30年代，当时由于生产过剩，各国都奉行高关税的贸易保护主义，严重阻碍了全球国际贸易的发展。这一态势一直持续到第二次世界大战结束。第二次世界大战结束后，以美国为首的西方国家意识到高关税壁垒在某种程度上引发了血腥的战争，并在此基础上积极寻求重建世界经济的措施。关贸总协定正是在这样的历史条件下酝酿而生。

1947年，美国、英国、法国等23个国家在哈瓦那举行的联合国贸易和就业会议上，审议并通过了《哈瓦那宪章》(《国际贸易组织宪章》)，旨在建立一个国际贸易组织(International

Trade Organization,简称ITO),扭转高关税贸易保护主义和歧视性的贸易政策,促进国际贸易的自由发展。尽管最终国际贸易组织没有成立,但是作为组建国际贸易组织重要内容之一的关税减让谈判仍达成协议。有23个国家同意接受有关关税与贸易政策的内容并签订了临时性议定书,即《关税与贸易总协定(临时协议)》。中国正是该23个国家之一。

关贸总协定缔约于1947年,正式生效于1948年1月1日,最终于1995年1月1日被世界贸易组织正式取代,历经47年岁月的洗礼。为促进国际贸易自由、稳定发展发挥了重要的作用。截至1994年年底,关贸总协定共有128个缔约成员(Contracting Parties),95%的国际贸易是在关贸总协定的成员之间进行的。1994年,在乌拉圭回合谈判结束时,关贸总协定的规则已经在80%的国际贸易中得到适用,关贸总协定为其成员国从事对外贸易活动搭建一个公平、公正、自由的平台。

二、关贸总协定的谈判

关贸总协定前后共完成了八轮多边经贸谈判,其前六轮谈判重点主要集中在关税领域,从第七轮开始谈判取消非关税壁垒,第八轮的焦点在投资、服务贸易、知识产权等新领域。现将八轮谈判的主要内容总结如下:

第一轮:1947年4月至10月,23个创始国在瑞士日内瓦进行谈判。谈判的主要内容是关税减让。谈判达成45000项商品的关税减让,使得占当时的资本主义国家进口额54%的商品平均降低关税35%,同时促使关贸总协定于1948年1月1日临时生效。

第二轮:1949年4月至10月,33个国家在法国安纳西参加谈判。谈判的主要内容和议题是关税减让。谈判达成近5000项商品的关税减让,使得占进口额5.6%的商品平均降低关税35%。

第三轮:1950年9月至1951年4月,39个国家在英国托奎进行谈判。谈判的主要内容是关税减让。谈判达成9000项商品的关税减让,使得占进口值11.7%的商品平均降低关税26%。当时参加谈判的国家之间的对外贸易量占全球国际贸易额的比重达到80%以上。

第四轮:1956年1月至5月,28个国家在瑞士日内瓦进行谈判。谈判的主要内容是关税减让。谈判达成近3000项商品的关税减让,使得占进口值16%的商品平均降低关税15%,相当于25亿美元的贸易额。

第五轮:1960年9月至1962年7月,45个国家在瑞士日内瓦(狄龙回合)进行谈判。谈判的主要内容是关税减让。谈判达成4400项商品的关税减让,使得占进口值16%的商品平均降低关税20%,相当于49亿美元的贸易额。

第六轮:1964年5月至1967年6月,54个国家在瑞士日内瓦(肯尼迪回合)进行谈判。谈判的主要内容是关税统一减让。谈判以关税统一减让的方式就影响世界贸易额约400亿美元的商品达成关税减让,使得关税税率平均水平下降35%,相当于1500亿美元的贸易额。涉及商品3万多项,6万多种,并首次进行了非关税壁垒削减的谈判,通过了第一个反倾销协议。

第七轮:1973年9月至1979年4月,99个国家在瑞士日内瓦(东京回合、尼克松回合)

进行谈判。谈判的主要内容是关税减让和消除非关税壁垒。谈判以一揽子关税减让方式就影响世界贸易额约 3000 亿美元的商品达成关税减让与约束,使得关税水平下降 35%。9 个发达国家工业制成品关税降至 4.7%;达成多项非关税壁垒协议和守则,包括《关于实施关税与贸易总协定第 7 条的协议》《关于解释和应用关税与贸易总协定的第 6 条、第 16 条和第 23 条的协议》《关于实行关税与贸易总协定第 6 条的协议》《进口许可证手续协议》。通过了给予发展中国家优惠待遇的"授权条款"。

第八轮:1986 年 9 月至 1993 年 12 月,103～117 个国家(1986 年为 103 个国家,1993 年末为 117 个国家)在瑞士日内瓦进行谈判(乌拉圭回合)。谈判的主要内容是关税统一减让;削减非关税壁垒;总协定规章;与贸易有关的投资和知识产权问题;服务贸易。谈判达成内容广泛的协议,共 45 个;减税商品涉及贸易额高达 1.2 万亿美元,减税幅度接近 40%,近 20 个产品部门实行了零关税;发达国家平均税率由 6.4%降为 4%;农产品非关税措施全部关税化;纺织品的歧视性配额限制在 10 年内取消;服务贸易制定了自由化原则;建立了世界贸易组织取代关贸总协定。

在关贸总协定的框架下,经过八轮谈判,主要工业化国家的关税税率由 40%左右下降到 1994 年的 4.7%,发展中国家的关税也下降到 15%左右,各种非关税壁垒也有一定程度的削减。从而促进了各国之间的贸易自由化,推动了各国之间的贸易往来,缓和了各国之间的因高关税引发的矛盾。

第三节 乌拉圭回合多边贸易谈判

一、乌拉圭回合的概况

从 1947 年开始,关贸总协定历经八次谈判。前五次是双边贸易谈判,主要议题是关税减让。后三次为多边贸易谈判,主要议题增添了非关税壁垒、投资等新领域。关贸总协定谈判成果显著,发达国家的关税水平从 1948 年的 40%下降到 1986 年的 5%,发展中国家的关税水平下降到 1986 年的 15%。但仍有一些尚未解决的问题,例如,世界贸易中双边、多边主义的趋势加强,一些缔约国仍然采取歧视性的贸易政策,纺织品、农产品贸易偏离了基本原则,投资、知识产权、服务贸易等领域出现了许多新问题。为了尽最大的努力解决国际贸易领域面临的问题,1986 年 9 月 15 日至 20 日,在乌拉圭埃斯特角城举行的关税和贸易总协定缔约国部长级会议,决定发动第八轮多边贸易谈判,即乌拉圭回合多边贸易谈判,简称乌拉圭回合。

乌拉圭回合多边贸易谈判范围之广、议题之复杂、对世界经济结构影响之远,在关贸总协定历史上都是空前的。1986 年 9 月 20 日,总协定缔约国部长级会议发表的《乌拉圭回合部长宣言》,确定谈判范围包括货物贸易谈判和服务贸易谈判两大部分。乌拉圭回合谈判的最后结果就是《1994年关贸总协定》。

参加会议的国家和地区达105个。我国政府派代表团出席了会议并获得了全面参加这一轮各项议题谈判的资格,成为乌拉圭回合谈判的参加国。该谈判于1994年4月结束。

二、乌拉圭回合的目标和议题

(一)乌拉圭回合的目标

1986年9月15日至20日,在乌拉圭的埃斯特角城举行了关贸总协定部长级会议,该部长级会议发表了《乌拉圭回合部长宣言》,明确了此轮谈判的主要目标:

(1)为了所有缔约方的利益特别是欠发达缔约方的利益,通过减少和取消关税、数量限制和其他非关税措施,改善进入市场的条件,进一步扩大世界市场。

(2)加强关税与总协定的作用,改善建立在关税与总协定原则和规则基础上的多边体制,将更大范围的国际市场置于统一的、有效的多边规则之下。

(3)增加关税与总协定体制对不断演变的国际经济环境的适应能力,特别是促进必要的结构调整,加强关税与总协定同有关国际组织的联系。

(4)促进国内和国际合作,以加强贸易政策与其他影响增长和发展的经济之间的内部联系。与有关的国际经济组织合作,改善国际货币体制的职能,以促进金融和实际投资资源向发展中国家流动。

乌拉圭回合谈判范围包括货物贸易和服务贸易两大部分。

一是货物贸易谈判。《乌拉圭回合部长宣言》的目标是:"决心制止和扭转保护主义,消除贸易扭曲现象;决心维护关贸总协定的基本原则和促进关贸总协定的目标;决心建立一个更加开放的、具有生命力和持久的多边贸易制"。

二是服务贸易谈判。《乌拉圭回合部长宣言》的目标是:制定处理服务贸易的多边原则和规则的框架,包括对各个部门制定可能的规则,以便在透明和逐步自由化的条件下扩大服务贸易,并以此作为促进所有贸易伙伴的经济增长和发展中国家发展的一种手段。

(二)乌拉圭回合的议题

乌拉圭回合谈判涉及15个议题:关税、非关税措施、热带产品、自然资源产品、纺织品和服装、农产品、关贸总协定条款、保障条款、多边贸易谈判协议和安排、补贴和反补贴措施、争端解决、与贸易有关的知识产权包括冒牌货贸易问题、与贸易有关的投资措施、关贸总协定体制的作用和服务贸易。具体如下:

1. 关税

乌拉圭回合关税谈判的目的是通过适当的方式削弱关税措施对国际贸易的影响,扩大所有参加谈判的国家和地区之间关税减让的范围。各参加方可以自主决定减让方式,总体目标是税率在1986年9月的税率基础上平均降低33%的幅度。各国采用的减税方式、范围和幅度多样化,甚至几种减让方式同时出现。从减税的范围和幅度来看,欧共体的减让谈判涉及6700项产品,减税后的关税水平从5.44%降至3.86%,达到总体平均减税33%的目标。

2. 非关税措施

乌拉圭回合非关税壁垒谈判的目的是希望减少或取消包括数量限制在内的各种非关税措施。非关税措施一般包括进口数量限制和金额限制,谈判小组采取了多种谈判方式,以保证获得最广泛的参与者和取得更为有效的成果。重点则放在装船前检验(Pre-shipment lnspection)和原产地规则(Rules of Origin)两个问题上。其他如海关估价、进口许可证手续、贸易的技术壁垒、反倾销等在东京回合中已制定相应的守则。

3. 热带产品

乌拉圭回合热带产品谈判的目的是充分实现热带产品制成品和半制成品贸易的自由化。谈判内容包括影响这些产品贸易的关税和所有的非关税措施。对于热带饮料产品、油料、烟草、大米和热带植物块茎、热带水果与干果、天然橡胶和热带木材和黄麻及其他硬纤维7类产品进行谈判。谈判内容主要是消除或是降低各种加工程度的热带水果的关税;削弱热带产品的非关税措施。

4. 自然资源产品

乌拉圭回合自然资源产品谈判的目的是充分实现自然资源产品制成品和半制成品贸易自由化,降低或取消关税和非关税壁垒。谈判范围包括有色金属及矿产品、林木产品、鱼及鱼类产品、能源及能源产品、铁矿、初级钢及金属废料、建筑材料、兽皮、纸张等。相对来说,自然资源产品谈判组的谈判进展缓慢。

5. 农产品

乌拉圭回合农产品贸易谈判的目的是:实现农产品贸易更大的自由化,通过削减进口壁垒来改善市场准入的条件;改善竞争环境,加强有关使用一切直接或间接影响农产品贸易的直接或间接补贴以及其他措施的规则,包括逐步减少它们的消极影响,探究运用这些措施的根源;减少卫生及植物检疫条例的壁垒对农产品贸易所产生的消极影响。农业补贴是农产品贸易谈判中最突出的问题。

6. 纺织品和服装

乌拉圭回合纺织品和服装贸易谈判的目的是,根据较之前完善的关贸总协定规则和纪律,制定出一种新的方式,能够将纺织品和服装贸易纳入到关贸总协定的框架下,以便为实现贸易进一步自由化的目标做出贡献。

7. 总协定条款

乌拉圭回合总协定条款谈判中要求参加者按照有关缔约方的要求审议和谈判现行关贸总协定条款、规定和规则。谈判组审议的总协定条款有:第二条A款(1)项(在减让表中标明并约束其他税费)、第十七条(国营贸易企业)、第十八条B款(发展中国家的国际收支困难)、第二十四条(关税同盟和自由贸易区)、第二十五条(豁免条款)、第二十八条(减让表的修改)、第三十五条(互不适用)和临时适用议定书第一款 b 节(祖父条款)。

8. 保障条款

乌拉圭回合保障条款谈判的目的就是澄清和加强总协定第十九条规则,使其具有实际可操作性。谈判的重点在于两个:① 是否允许采取"选择性"保障措施;② 如何处理"灰色区域"措施。欧美发达国家主张将选择性保障措施引进总协定第十九条,而其他一些中小发达国家和广大发展中国家则坚持应在非歧视原则基础上实施保障措施。同时,反对欧美将选择性保障措施与灰色区域措施挂钩的两者择其一的做法,要求逐步取消现行一切不符合第十九条规定的保障措施,包括自愿出口限制、有秩序的市场安排等灰色区域措施。

9. 多边贸易谈判协议和安排

乌拉圭回合关于多边贸易谈判协议和安排谈判包括五个非关税壁垒协议:《反倾销守则》《贸易的技术壁垒协议》《进口许可证手续协议》《海关估价守则》和《政府采购协议》。谈判的重点在于《反倾销守则》,其也是争论最为激烈的问题。美国和欧共体主张只修改守则某些部分以处理反倾销领域出现的新问题,诸如投入倾销、对反倾销措施的规避等,使进口国在反倾销方面拥有更大的灵活性和更多的权利。以巴西等国为代表的发展中国家和地区以及日本等其他一些发达国家则强调要加强与采取反倾销措施有关的纪律,包括提高透明度。认为反倾销措施只能用于对付真正的损害性的倾销行为,而不应用来限制正常的商业活动,损害出口方具有的比较利益。

10. 补贴和反补贴措施

乌拉圭回合关于补贴和反补贴措施的谈判的目的是完善影响国际贸易的补贴和反补贴措施的规则。谈判框架涉及被禁止的补贴、不被禁止但可以反对或申诉的补贴、反对或不予申诉的补贴和争端解决程序等。

11. 争端解决

乌拉圭回合争端解决谈判目的在于改进和加强现行争端解决的规则和程序,以保证为了所有缔约方的利益而迅速、有效地解决争端。谈判组在回顾过去和总结经验的基础上,就如何改进关税总协定争端解决机制,强化这一机制的法律约束力提出意见并谈判达成协议。改进内容包括:通知、协商、斡旋、和解和调停、仲裁方式的引入、扩大专门小组进行审查的职权范围以及工作班子程序等。

12. 关税总协定体制的作用

由于总协定体制存在缺陷,所以乌拉圭回合把加强总协定体制的作用列为谈判的议题之一。通过谈判,保证总协定能够对缔约国的贸易政策和措施进行监督;提高总协定的决策能力,要求经常召开部长级会议;通过加强与其他有关国际货币金融组织的协作,提高总协定在促使全球性经济决策实施时取得更多一致性方面的作用。为此,谈判的内容包括:建立贸易政策审议机制、在组织机构上加强总协定的力量、加强总协定与国际货币基金组织和世界银行的合作,如何实施乌拉圭回合谈判结果、如何加强贸易与其他经济领域的合作以便更好地实施这一轮谈判结果等。

13. 与贸易有关的投资措施

作为乌拉圭回合的三个新议题之一，对投资问题的谈判任务有三个：① 审查在这方面可以适用哪些总协定条款；② 讨论可适用的总协定条款对投资措施给贸易带来的不利后果适用到什么程度；③ 如果现有的总协定条款不足以制约投资措施带来的不利影响，就要修改总协定条款或订立新的条款。乌拉圭回合的与贸易有关的投资措施的谈判只是审查投资措施给贸易带来的不利后果和讨论消除这种不利后果的方法，而不是要全面禁止投资措施。

14. 与贸易有关的知识产权及冒牌货贸易

这是乌拉圭回合谈判中又一个新的议题，也是这轮谈判的重点议题之一。为了减少对国际贸易产生的扭曲和造成的障碍，考虑到促进充分有效地保护知识产权的必要性，并保证实施知识产权的措施和程序本身不会对合法贸易构成障碍，谈判目的是：澄清关贸总协定的规定，并视情况制定新的规则和纪律；同时，制定处理国际冒牌货贸易的多边原则、规则和纪律。由于发达国家和发展中国家之间在知识产权方面所享有的利益很不平衡，双方在谈判中所持的立场及其想要实现的目标也就大相径庭。发达国家对此议题极为重视，态度最为积极，观点也比较一致。由于绝大部分发明来源于发达国家，知识产权的保护对于发达国家的积极影响很大。

15. 服务贸易

乌拉圭回合第一次把服务贸易列入多边贸易谈判的重要议事日程之中，并设立单独的谈判组单独进行谈判，也就是与货物贸易谈判分轨进行。宣言说："部长们决定发动作为多边贸易谈判一部分的服务贸易谈判。这一领域的谈判旨在制定处理服务贸易的多边原则和规则的框架，包括对各个部门制定可能的规则，以便在透明和逐步自由化的条件下扩大服务贸易，并以此作为促进所有贸易伙伴的经济增长和发展的一种手段。这种框架应尊重适用服务业的国家法律规章和政策目标，并应考虑到有关国际组织的工作"。经过五年艰苦谈判，各参加方拟订服务贸易总协定的文本和条款；制定关键性服务部门的协议附则；各参加国就初步承诺开放市场进行谈判并达成减让表。

三、乌拉圭回合的成果

乌拉圭回合谈判历时七年半，直到1994年才结束，它是关贸总协定历史上最雄心勃勃的一次谈判，持续时间长，规模大，取得的成果巨大，具体成果如下：

1. 进一步改善了货物贸易市场准入条件

关税减让成果显著，减税的商品涉及的贸易额达1.2万亿美元，工业产品平均减税幅度近40%，接近20个部门的产品实现零关税，在减少非关税障碍方面，除了完善东京回合达成的协议守则外，还增加了《原产地规则协议》和《装运前检验协议》，而且新的《保障措施协议》明确禁止世界贸易组织成员绕过多边贸易规则，实行《自愿出口限制》和《有秩序的销售安排》等灰色区域措施。

2. 将纺织品、服装和农产品贸易纳入多边贸易规则管辖

新的《农产品协议》和《纺织品服装协议》将直接促进这两个部门产品的贸易开放和自由。许多发展中国家将从中受益。这项举措还解决了关贸总协定规则在这两个领域效力不明确的状况(灰色区域),将增强多边贸易规则的统一性和有效性。

3. 强化了管理多边贸易的法律规则框架

谈判达成的各项协议和谅解形成了此后调整多方面贸易活动的完整系统的国际法规则,除几个复边贸易协定外,所有多边贸易协定都要求成员国一揽子接受和遵守,无疑会增加多边贸易规则的统一性和约束力,弥补了关贸总协定体制在这方面的缺陷。

4. 完善了管理多边贸易的机构体制

乌拉圭回合谈判最重要的成果是通过了《建立世界贸易组织协议》,建立了管理多边贸易的正式国际组织——世界贸易组织。当初哈瓦那宪章勾画的理想变成了现实。在世界贸易组织伞状机构体系内,还包括一个经过法制化更新的争端解决机构和贸易政策评审机构,将有助于争议的防止和解决,以及全部框架协议的贯彻实施。世界贸易组织将与世界银行和国际货币基金组织一起,构成支持世界经济秩序的三大支柱。

5. 谈判达成了三项新协议

谈判达成了《关于服务贸易的总协定》(General Agreement on Trade in Services 简称GATS)、《与贸易有关的知识产权协议》《与贸易有关的投资措施协议》,扩大了多边贸易规则调整范围,弥补了关贸总协定调整单一性的不足。有助于世界贸易组织成员,在新的国际经济关系中,权利义务的平衡。新协议将促进全球服务贸易开放和增长,促进知识产权保护,以及技术成果开发利用。

6. 给予发展中国家更优惠的待遇

谈判贯彻了1986年埃斯特角部长级会议宣言精神,在达成的各项协议中,考虑到发展中国家的特殊需要,给予其差别的更优惠的待遇。表现在:允许发展中国家,可以承诺较低水平的义务,如在《关于服务贸易的总协定》(General Agreement on Trade in Services 简称GATS)、《补贴反补贴协议》《农产品协议》中都有所体现。发展中国家在履行协定义务方面可以有较长过渡期,发展中国家享有程序上的灵活性和优惠待遇,要求发达国家对发展中国家承担一定义务,如提供技术援助等。

第四节 世界贸易组织

资料链接

我们需要考虑一个全新的世界贸易组织

"多边贸易体系和世界贸易组织现在面临很多的困难,这种困难来自内部,也来自外

部。"2019年3月23日,世界贸易组织前总干事帕斯卡尔·拉米以"坚持扩大开放促进合作共赢"为主题在"中国发展高层论坛2019"上如此表示。

帕斯卡尔·拉米认为,世界贸易组织的愿景是要创造一个公平的竞争环境来促进全球贸易。在过去十年这个目标并没有得到良好的实现,在全球以规则为基础的多边贸易制度上虽然取得了一些进展,但是和20年之前比起来没有太大的变化,甚至出现了一些障碍。

帕斯卡尔·拉米表示,目前世界贸易组织需要准备两个计划来面对内部规则实施效果未达到预期和外部特朗普对世界贸易组织的威胁两个风险,A计划是让美国继续留在世界贸易组织,这也是日本和欧盟正在努力的方向;B计划我们也要考虑一个没有美国的世界贸易组织,需要中国发挥更重要的作用。

展望未来,帕斯卡尔·拉米更进一步提到,未来我们要让贸易保持开放和自由。多边贸易机制非常重要,双边贸易机制的重要性变得越来越弱了,尤其是在当前全球的多边贸易背景之下,比如说像补贴,或者是关税,对消费者的保护等,这些是我们未来要面对的问题,这些问题都是具有多边性质的。因此,帕斯卡尔·拉米最后提及:"长期来看我们要对世界贸易组织进行改革或者对以多边化的制度的多边贸易机制进行改革。"

资料来源:帕斯卡尔·拉米:世界贸易组织需要准备A和B两个计划应对现在的危险[OL].财经网,2019-03-23.

一、世界贸易组织概述

世界贸易组织(The World Trade Organization,简称WTO)是世界上最大的多边贸易组织,是制定国家(含单独关税区)之间贸易规则的唯一的国际组织,是多边贸易体制的组织基础和法律基础。世界贸易组织成立于1995年1月1日,其前身是关税与贸易总协定(GATT)。世界贸易组织是一个独立于联合国的永久性国际组织,与世界银行、国际货币基金组织并称为当今世界经济体制的三大支柱。

(一)世界贸易组织的产生

关贸总协定在成立之初仅是一个临时协议,自1948年1月1日生效后,关贸总协定逐步演变成一个对全球贸易影响很大的非正式国际组织。但是关贸总协定的许多规则不严密,执行起来有很大的空隙,有些缺乏法律的约束力。一些国家按照各自的利益理解协定条文。总协定又缺乏必要的核查和监督手段。

关贸总协定中存在很多的灰色区域,有些缔约国违背关贸总协定的原则,用国内立法和行政措施来对别国实行贸易歧视。关贸总协定在解决国际经济贸易纠纷上,起到了不小的作用。但是关贸总协定解决国际经济贸易纠纷的主要手段是协商,最后是缔约方的联合行动,没有具有法律约束性的强制手段,这就使得很多重大的国际贸易争端无法解决。

鉴于关贸总协定的局限性,各缔约方普遍认为有必要在关贸总协定的基础上设立一个更加完善的国际组织。

世界贸易组织的建立是乌拉圭回合多边贸易谈判的一项重大意外成果。在1986年9

月乌拉圭回合发动时,15项谈判议题中并没有关于建立世界贸易组织的问题,只是设立了一个关于修改和完善总协定体制职能的谈判小组,但是由于乌拉圭回合谈判不仅包括传统的货物贸易议题,而且还涉及服务贸易、与贸易有关的知识产权以及与贸易有关的投资措施等新议题,这些新议题的谈判成果能否在关贸总协定的框架内付诸实施,关贸总协定能否有效地贯彻执行乌拉圭回合的各项协议就格外受到谈判各方的关注。关贸总协定虽然取得了巨大成就,但由于它毕竟只是一项临时性的多边协议,缺乏一定的组织框架,法律地位不明确,又缺乏强有力的约束机制,而且它对贸易争端的解决主要采用协商形式,因此规则并没有得到普遍遵守。由于这种先天不足,关贸总协定显然已无法适应日趋复杂的国际经济与贸易现实,在新的使命面前力不从心,因此有必要在其基础上建立一个正式的国际贸易组织来协调、监督和执行乌拉圭回合谈判的成果。

在此背景下,1990年年初,当时任欧共体轮值主席国的意大利首先提出了建立一个多边贸易组织的倡议,同年7月,欧共体把这一倡议以12个成员的名义向乌拉圭回合体制职能谈判小组提出。随后加拿大、瑞士与美国也分别向关贸总协定体制职能小组提出设立一个体制机构的设想,这些设想从不同的角度提出未来国际贸易组织机构的职责及性质。联合国贸发会议也认为加强多边贸易领域的国际组织是联合国有效实现世界经济持续发展目标的重要组成部分。经过反复磋商,1990年12月,布鲁塞尔贸易部长会议决定责成关贸总协定体制职能小组负责"多边贸易组织协议"的谈判。经过历时一年的紧张谈判,该小组于1991年12月形成"关于建立多边贸易组织协议"草案。时任关贸总协定总干事邓克尔将该草案和其他议题的案文汇总,形成"邓克尔最后案文"。后又经过两年的修改、完善和磋商,最终于1993年11月形成了"多边贸易组织协议"。

1993年12月15日,根据美国的建议,"多边贸易组织"更名为"世界贸易组织"。1994年4月15日,在摩洛哥马拉喀什部长会议上,104个缔约方政府代表(包括中国政府)通过并签署了《建立世界贸易组织的马拉喀什协定》(简称《建立世界贸易组织的协定》),它与其他附件协议和部长宣言及决定共同构成了乌拉圭回合多边贸易谈判的一揽子成果。根据该协定,世界贸易组织于1995年1月1日正式成立,在与关贸总协定并存一年后,自1996年1月1日起完全担当起全球经济与贸易组织管理者的角色。

(二)世界贸易组织的特点

与关贸总协定相比,世界贸易组织的特点表现为:

(1)世界贸易组织协定的法律权威性。世界贸易组织的有关协定首先要求各国代表草签,然后要求通过立法程序,经本国立法机构批准,才能生效。

(2)组织机构具有正式性。世界贸易组织是一个永久性的、独立的、正式的国际经济组织。从法律地位上看,世界贸易组织是国际法主体,其组织机构以及有关人员,均享有外交特权和豁免权。

(3)管辖内容的广泛性。世界贸易组织的多边贸易体制,除了包括传统的货物贸易规则,还包括服务贸易规则、与贸易有关的知识产权保护规则、与贸易有关的投资措施的规则。

随着今后世界贸易的发展,世界贸易组织的管辖范围还会不断拓宽。

(4) 权利与义务的统一性。世界贸易组织要求缔约方必须无选择地以"一揽子"方式签署参加乌拉圭回合达成的所有协议。在所有协议的基础上达成权利和义务的平衡,从而加强了缔约方权利和义务的统一性和约束性,维护了多边贸易体制的完整性。

(5) 与有关的国际经济组织决策的一致性。作为世界经济体系的支撑之一,世界贸易组织应加强与世界银行、国际货币基金组织的协作,保证全球经济决策的一致性和统一性。

(6) 争端解决机制的有效性。如果世界贸易组织的成员国认为其他成员正在违反贸易规则,受到贸易侵害的成员将使用多边争端解决机制,而不是采取单边行动。这意味着不管是受到贸易侵害的成员还是违反议定的成员,都将遵守议定的程序和尊重裁决。

二、世界贸易组织的基本原则

世界贸易组织为保障和促进成员之间进行平等、公正、互惠的贸易,避免贸易歧视和贸易摩擦,实现世界贸易自由化,在继承关税与贸易总协定基本原则的基础上,进行必要的补充和修改后,其主要的原则有六大类。

(一) 非歧视性原则(Rule of Non-discriminatory)

又称无差别待遇原则,是世界贸易组织最重要的原则之一。它要求每个缔约方在任何贸易活动中,都要给予其他缔约方以平等待遇,使所有缔约方能在同样的条件下进行贸易。这一原则包括最惠国待遇原则和国民待遇原则。

1. 最惠国待遇原则(Most Favored Nation Treatment)

在国际贸易中,最惠国待遇是指签订双边或多边贸易协议的一方在贸易、关税、航运、公民法律地位等方面,给予任何第三方减让、特权、优惠或豁免时,缔约另一方或其他缔约方也可以得到相同的待遇。这个原则非常重要,在管理货物贸易的《关税与贸易总协定》中位居第一条,在《服务贸易总协定》中是第二条,在《与贸易有关的知识产权协议》中是第四条。因此,最惠国待遇原则适用于世界贸易组织所有三个贸易领域。

2. 国民待遇原则 (Principle of Nation Treatment)

国民待遇是指在贸易条约或协议中,缔约方之间相互保证给予对方的自然人(公民)、法人(企业)和商船在本国境内享有与本国自然人、法人和商船同等的待遇。即把外国的商品当作本国商品对待,把外国企业当作本国企业对待。其目的是公平竞争,防止歧视性保护,实现贸易自由化。

(二) 互惠贸易原则(Rule of Reciprocal Trade)

互惠是指两国或多国之间在贸易利益或特权方面的相互让与。互惠原则体现在关税、运输、非关税壁垒方面削减和知识产权方面的相互保护等。世界贸易组织的协议是以权利与义务的综合平衡为原则,这种平衡是通过成员互惠互利地开放市场的承诺而获得的。世界贸易组织正是通过以相互提供优惠待遇的方式来保持贸易的平衡,谋求贸易自由化的实现。互惠包括双边互惠和多边互惠。

(三) 公平竞争原则(Rule of Fair Competition)

公平竞争原则,即通过消除成员方对贸易活动的人为干预及其带来的扭曲,维护自由市场原则,促进各成员方生产者之间的公平竞争。这一原则主要体现在世界贸易组织的反倾销和反补贴规则中。世界贸易组织禁止成员采用倾销或补贴等不公平贸易手段扰乱正常贸易的行为,并允许采取反倾销和反补贴的贸易补救措施,保证国际贸易在公平的基础上进行。

(四) 透明度原则(Rule of Trans Piracy)

世界贸易组织成员方应公布所制定和实施的贸易措施及其变化情况,没有公布的措施不得实施,同时还应将这些贸易措施及其变化情况通知世界贸易组织。此外,成员方所参加的有关影响国际贸易政策的国际协定,也应及时公布和通知世界贸易组织。贸易自由化和稳定性是世界贸易组织的主要宗旨,而实现这一宗旨,需要增强贸易规章和政策措施的透明度。因此,世界贸易组织为各成员方的贸易法律、规章、政策、决策和裁决规定了必须公开的透明度原则。其目的在于防止缔约方之间进行不公平的贸易。透明度原则已经成为各缔约方在货物贸易、技术贸易和服务贸易中应遵守的一项基本原则,它涉及贸易的所有领域。

(五) 关税减让原则 (Rule of Tariff Concession)

世界贸易组织主张各成员方应主要通过关税来保护国内工业。关税和非关税措施是国家管制进出口贸易的两种常用方式。与名目繁多的非关税措施相比,关税措施的最大优点是它具有公开性和可计量性,能够清楚地反映关税对国内产业的保护程度。在世界贸易组织框架下,关税是唯一合法的保护方式。不断地降低关税是世界贸易组织最重要的原则之一。目前,关税的总体水平,发达国家大约在4%以下,发展中国家约为10%左右。与关税减让原则相对的还有一个原则,即一般禁止数量限制原则,又称只允许关税保护原则。其是指成员方实行规则允许的贸易保护措施时,禁止实行数量限制,而只允许实行关税手段。

(六) 市场准入原则(Principle of Market Access)

世界贸易组织市场准入原则是可见的和不断增长的,它以要求各国开放市场为目的,有计划、有步骤、分阶段地实现最大限度的贸易自由化。市场准入原则的主要内容包括关税保护与减让,取消数量限制和透明度原则。世界贸易组织倡导最终取消一切贸易壁垒,包括关税和非关税壁垒,虽然关税壁垒目前仍然是世界贸易组织所允许的合法的保护手段,但是关税的水平必须是不断下降的。

三、世界贸易组织的运行机制

世界贸易组织的运行机制,包括法律框架和组织结构、加入和退出机制、决策机制、争端解决机制、贸易政策审议机制等。

（一）世界贸易组织的法律框架和组织结构

1. 世界贸易组织的法律框架

由《建立世界贸易组织的协议》及其四个附件组成。附件一是《货物贸易多边协定》《服务贸易总协定》和《与贸易有关的知识产权协定》，附件二是《关于争端解决规则与程序的谅解》，附件三是《贸易政策审议机制》，附件四是《政府采购协议》《民用航空器贸易协议》《国际奶制品协议》和《国际牛肉协议》。其中，《国际奶制品协议》和《国际牛肉协议》已于 1997 年 12 月 31 日终止。前三个附件作为多边贸易协定，所有成员方都必须接受。附件四属于诸边贸易协定，仅对签署方有约束力，成员方可以自愿选择参加。世界贸易组织的法律框架如图 9-1 所示。

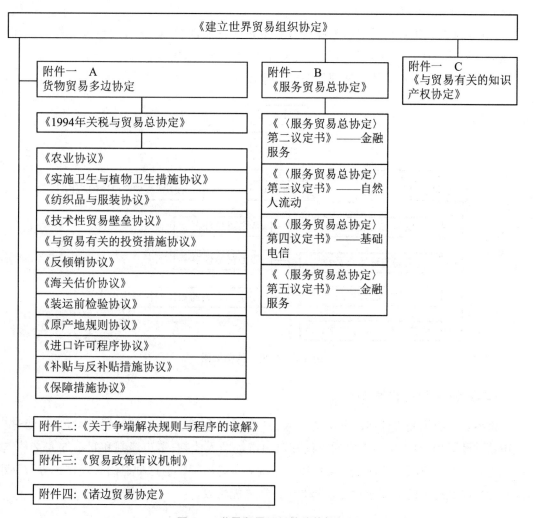

图 9-1 世界贸易组织的法律框架

2. 世界贸易组织的组织机构

（1）部长级会议与总理事会。部长级会议是世界贸易组织的最高决策机构，由世界贸易组织的所有成员的外经外贸部长或副部长组成,每两年至少举行一次会议,全权履行世界贸易组织的职能。在部长级会议闭会期间,其职能由总理事会行使。总理事会由世界贸易组织全体成员的代表组成,负责世界贸易组织的日常事务,监督和指导下设机构的各项工作,处理世界贸易组织的重要紧急事务,同时履行争端解决机构和贸易政策审议机构的职责。总理事会酌情召开会议,通常每年召开6次左右。

(2) 三个理事会。即总理事会下设的货物贸易理事会、服务贸易理事会和与贸易有关的知识产权理事会,分别负责监督相应协议的实施。

(3) 各专门委员会。部长级会议设立各专门委员会,负责处理三个理事会的共性事务以及三个理事会管辖范围以外的事务。各专门委员会向总理事会直接负责。此外,世界贸易组织还设立了民用航空器贸易委员会和政府采购委员会,负责监督实施相应的诸边协议。这两个委员会只对签署方开放。

(4) 工作组。世界贸易组织根据需要设立的一些临时机构,通常被称为工作组。其任务是研究和报告有关专门事项,并最终提交相关理事会作出决定。

(5) 秘书处。组织机构框架图如图9-2所示。

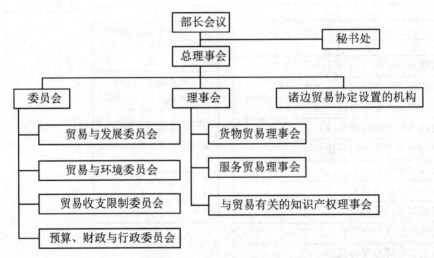

图9-2 组织机构框架图

(二) 加入和退出机制

世界贸易组织允许任何国家申请加入。一国或地区要加入世界贸易组织,必须经过提出申请并经受理、对外贸易制度的审议和双边市场准入谈判、多边谈判和起草加入文件、表决和生效这四个阶段。任何成员都可以退出世界贸易组织。但这种退出必须在世界贸易组织总干事收到退出的书面通知之日起6个月后才能生效。

(三) 决策机制、争端解决机制和贸易政策审议机制

1. 决策机制

世界贸易组织在进行决策时,主要遵循协商一致原则,只有在无法协商一致时才通过投

票表决决定。

2. 争端解决机制

关税与贸易总协定原有的争端解决机制存在着一些缺陷,例如争端解决的时间拖得很长,专家小组的权限很小,监督后续行动不力。

世界贸易组织所实施的综合争端解决机制是一套较为完善的机制。其基本程序包括磋商、专家组审理、上诉机构审理、裁决的执行和监督等。

(1) 磋商。

《关于争端解决规则与程序的谅解》(DSU)规定,争议各方首先要通过磋商解决争议。当一方成员认为另一方成员违反或不符合《马拉喀什协议》(世界贸易组织规则),从而使自己遭受损害时,可要求对方进行磋商,同时应通知争端解决机构(Dispute Settlement Body-DSB)和有关理事会或委员会。被要求磋商的成员应在接到磋商请求之日后的10天内作出答复,并应在接到请求之日30天内进行磋商。磋商应在被要求方接到磋商请求之日后60天内完成。DSU规定60天的期限是希望争端各方在此期限内能够通过外交磋商的友好方式解决争端。

如果该成员方在接到请求之日后10内没有答复,或在接到请求之日后30天内没有进行磋商,或在接到磋商请求35天后双方均认为达不成磋商一致,或者在接到磋商请求之日后60天内未达成磋商一致,投诉方可以向DSB提出申请成立专家组。争议各方也可不通过磋商,直接要求成立专家小组。

一方提出磋商要求时,应说明对方违反了世界贸易组织哪一个协议的哪一个条款,提出法律根据。若某一第三方认为正在进行的磋商与自己的贸易利益有关,也可以以第三方的身份参加磋商。但第三方须在得到磋商通知之日后10天内通知磋商当事各方参加磋商的请求。若磋商各方认为该问题与第三方没有贸易利益关系,也可以拒绝第三方参加磋商。

(2) 专家组报告。

① 成立专家小组。专家小组的成立申请在被提出后,最迟应在该申请被首次列入DSB议程后的会议上设立。即DSB在接到成立专家小组申请后的第一次会议上只决定是否需要成立专家组。如决定成立,则列入DSB的既定日程(Built-in Agenda)。专家组在DSB第二次召开会议时成立,确定专家组的人员组成、工作范围等。

第二次会议应在提出请求后15天内举行,这意味着给通过外交途径解决争端一个最后的机会。专家小组一般由3人组成。小组成员由争议双方共同选择,如有不同意见,由总理事选定。专家小组的工作方式和职责范围一方面根据双方的要求确定,另一方面根据世界贸易组织规则确定,各协议对此有不同的规定和做法。专家小组可确定自己的工作时间表。

关于是否请专家审议小组(Expert Review Groups)进行技术审议,完全由专家小组自行决定,但争议双方可以提出进行技术审议的要求。根据DSU第十三条的规定,专家小组还可以使用非政府组织的信息来源。争端解决机制是解决各成员政府间争端的机制,原则上只有政府的代表才有权参加该机制,DSU第十三条的规定实际为非政府组织进入世界贸易组织开了方便之门,提供了参与世界贸易组织的机会。例如,世界贸易组织的总秘书处经常收到非政府组织发表的公报,然后送给有关各方。有关各方收到后通知秘书处,哪些同意,哪些不同意,专家小组确定哪些可以接受,哪些不能接受。

② 专家小组的工作程序。专家小组提出裁决报告的期限一般是 6 个月,可以适当延长,但无论如何不能超过 9 个月。一般情况下,在争议各方提交书面材料后,专家小组紧跟着有 2 次口头听证会(实质性会议),此后专家小组开始实质性的工作,由秘书处提供协助。专家小组首先拿出报告的大纲散发给争议各方。这仅是一个描述性报告,对事实和双方的观点进行阐述,若双方认为其与事实有出入,可以向秘书处澄清;此后,专家小组公布临时报告(中期报告)。

争议各方可以进一步提出自己的观点和论据。争议各方和专家小组的交流必须通过书面的方式,由秘书处传达。各方的书面意见作为副本,附在报告之后。专家小组形成的最终报告应以三种工作语言(英、法、西)散发给各成员方,20 天后,才可在 DSB 会议上审议通过。在向各成员分发专家小组报告的 60 天内,该报告在 DSB 的会议上应予通过。该 60 天的期限可以延长,但无论如何不能超过 90 天。通过方式采取反向一致的原则。

(3) 上诉。如果某一当事方向 DSB 正式通知其将进行上诉,则争端解决进入上诉程序。上诉的范围仅限于专家小组报告所涉及的法律问题及由该专家小组所作的法律解释。上诉机构有 60 天的时间处理上诉事宜,并通过报告。该期限可以延长,但无论如何不得超过 90 天。上诉机构的报告应在发出后 30 天内经 DSB 通过,除非经协商一致不通过。

(4) 裁决执行。解决争端机构通过专家小组或上诉机构的报告后,当事各方应予执行。在报告通过后 30 天内,当事方应通知 DSB 其履行 DSB 建议或裁决的意愿和改正的具体措施及期限。若不能立即执行,也可以要求在一段合理期限内执行。如果 DSB 及争端各方对合理期限都未能达成协议,则可通过仲裁确定。合理期限一般为 90 天,实际操作中最长可给予 15 个月。如果在合理期限内,被诉方不能改正其违法做法,申诉方应在此合理期限到期前与被诉方开始谈判,以求得双方都能接受的补偿办法。若合理期限到期后 20 天内,争议各方就补偿问题达不成一致,申诉方可请求 DSB 授权其对被诉方进行报复或交叉报复。

(5) 报复程序。DSU 制定了报复和交叉报复的程序。如果被诉方没有在合理期限内执行裁决,或争端各方没有就补偿问题达成协议,投诉方可向 DSB 申请批准其对被诉方中止依照所适用协议应承担的减让或其他义务,取消给予最惠国待遇,开始实施报复。DSB 应在合理期限届满后 30 天内,批准授权,除非 DSB 一致同意拒绝该项请求。若被诉方对申诉方的中止减让水平(报复措施)表示反对,或认为投诉方在要求报复中未遵守有关原则和程序,则可以提请仲裁。仲裁应在合理宽限期结束前 60 天内完成。仲裁裁决是终局的。

争端解决机制规定报复的行业或部门必须是存有争议和遭受损害的同一部门;报复应限于相当于利益丧失或损害的程度。如果受损害一方认为仅报复一个行业或部门无效或不能达到平衡,则可在其他的部门进行交叉报复。例如,在有关香蕉贸易的争议中,若只提高香蕉的关税还不足以弥补被投诉方遭受的损害,投诉方可以提高其他水果、蔬菜的关税,也可提高机械设备产品的关税。法国生产奶酪的生产者遭到美国在激素方面的生产者报复就是典型的实际例子。

DSU还规定,在情况非常严重的时候,报复可以针对世界贸易组织的另外一个协议实施跨协议报复。例如,投诉国在补贴问题上受到损害,可以在知识产权领域进行报复。交叉报复是有效率的处罚,但只能作为临时性的处罚措施,因为该机制的宗旨是解决争端,迫使被诉方改正其不合法的做法,而不是为了处罚哪个国家。在1995年后处理的诸多争端中,很少导致报复和交叉报复的实施,第一次交叉报复是厄瓜多尔使用的。

3. 贸易政策审议机制

世界贸易组织的贸易政策审议机制是指世界贸易组织成员集体对各成员的贸易政策及其对多边贸易体制的影响定期进行的全面审议。《贸易政策审议机制》规定的审议频率为,在世界贸易市场份额中居前四名的成员每两年审议一次,居第五至第二十名的成员每四年审议一次,其他成员每六年审议一次,最不发达国家成员可以有更长的审议间隔时间;此外还规定了审议的程序。

分析案例

"后巴厘岛时代"多哈回合谈判主旋律

世界贸易组织成立以来达成的首个全球贸易协定——"巴厘一揽子协定",这份世界贸易组织的159个成员全数通过、首个全球性贸易协定包括10份文件,涵盖简化海关及口岸通关程序、允许发展中国家在粮食安全上有更多选择权、协助最不发达国家发展贸易等内容。其中在贸易便利化方面,同意建立"单一窗口"以简化清关手续,而世界贸易组织将尽快成立筹备委员会,确保相关条款于2015年7月31日前生效;农业方面,协定同意为发展中国家提供一系列与农业相关的服务,并在一定条件下允许发展中国家为保障粮食安全进行的公共储粮等。不仅打破了多哈回合谈判的僵局,也为世界贸易组织在未来达成更广泛的协议奠定了基础。

对此,相关专家观点有:① 该协定证明各国都有克服自身困难、发展多边贸易"大家庭"的决心;② 多哈回合谈判自启动以来困难重重,几度陷于停滞,与全球经济发展不均衡、利益格局日趋复杂化有直接关系,也与部分国家对主导多边谈判失去信心、希望另起炉灶有关;③ 以世界贸易组织为核心的多边贸易体制是全球贸易自由化便利化的基础,是任何区域性贸易安排所无法替代的;④ 这次谈判是各成员原则性和灵活性成功结合的典范。

问题:此次"零突破"取得的原因是什么?

资料来源:刘歌,吴刚,庄雪雅,等.妥协中谋求共赢[N].人民日报,2014-01-14(23).

第五节 中国与世界贸易组织

1947年10月30日,中国与其他22个国家在《关税与贸易总协定》上签字。1948年4月21日,中国把接受《关税与贸易总协定临时适用议定书》的文件交关税与贸易总协定存放。1948年5月21日,中国正式称为关税与贸易总协定创始缔约国。1950年3月6日,中国台湾国民党当局通知联合国秘书长,决定退出关税与贸易总协定。20世纪70年代,中国逐步恢复与关税与贸易总协定的接触。经多番努力,1982年11月,中国首次派团以观察员的身份列席了关税与贸易总协定第38届缔约国大会。1986年1月,中国正式明确要恢复中国缔约国地位。

一、中国"复关"和"入世"的历程

(一)中国"复关"经过

1987年2月13日,中国常驻日内瓦联合国代表团大使钱嘉东代表中国政府正式提出恢复关贸总协定缔约国地位的申请,以此开始中国的"复关"工作。

1987年3月2日,关税与贸易总协定设立中国工作组。

1987年10月22日,关贸总协定中国工作组第一次会议在日内瓦举行。

1989年4月18日至19日,关贸总协定中国工作组第七次会议在日内瓦举行。

1989年5月24日至28日,中美第五轮复关问题双边磋商在北京举行。

1989年12月12日至14日,关贸总协定中国工作组第八次会议在日内瓦举行,事实上重新开始审议中国的外贸制度。

1991年10月,中国国务院总理李鹏致函关贸总协定各缔约方首脑和关贸总协定总干事,阐明中国"复关"问题的立场。

1992年10月10日,中美达成《市场准入备忘录》,美国承诺"坚定地支持中国取得关贸总协定缔约方地位"。

1994年8月底,中国提出改进后的农产品、非农产品和服务贸易减让表。作为解决"复关"问题的一揽子方案。

1994年11月28日,外经贸部部长助理龙永图会见关贸总协定总干事萨瑟兰。与此同时,中国驻美国、欧盟和日本大使分别约见驻在国高级官员,通报中国政府关于"复关"谈判最后时限的决定。

1994年11月28日至12月19日,关贸总协定中国工作组第十九次工作会议在日内瓦举行。谈判未能达成协议。

1995年3月11日至13日,美国贸易代表坎特访华,与外经贸部部长吴仪就"复关"问题达成八点协议,同意在灵活务实的基础上进行中国"入世"的谈判。

1995年5月7日至19日,外经贸部部长助理龙永图率中国代表团赴日内瓦与缔约方就中国"复关"进行非正式双边磋商。

1995年6月3日,中国成为世界贸易组织观察员。

(二) 中国"入世"进程

1995年11月,中国"复关"工作组更名为中国"入世"工作组。

1995年11月28日,美方向中方递交了一份"关于中国'入世'的非正式文件",即所谓的"交通图",罗列了对中国"入世"的28项要求。

1996年2月12日,中美双方就中国"入世"问题举行了第十轮双边磋商。中方对美方的"交通图"逐点作了反应。

1996年3月22日,龙永图率团赴日内瓦出席世界贸易组织中国工作组第一次正式会议。

1997年8月6日,中国与新西兰在北京就中国"入世"问题达成双边协议。

1997年8月26日,中国与韩国在汉城就中国"入世"问题达成双边协议。

1997年10月13日至24日,外经贸部首席谈判代表龙永图率团在日内瓦与欧盟、澳大利亚、挪威、巴西、印度、墨西哥、智利等30个世界贸易组织成员进行了双边磋商;与匈牙利、捷克、斯洛伐克、巴基斯坦签署了结束中国"入世"双边市场准入谈判协议,并与智利、哥伦比亚、阿根廷、印度等基本结束了中国"入世"双边市场准入谈判。

1997年10月26日至11月2日,中国国家主席江泽民应邀访美,在与克林顿总统发表的联合声明中,重申加快中国"入世"谈判,争取尽早结束。

1997年11月1日至16日,中日两国关于中国"入世"双边市场准入谈判基本结束。

1997年11月2日,出席亚太经合组织(APEC)部长级大会的中美高级贸易官员就中国"入世"问题全面交换了意见。

1997年12月1日至12日,中国代表团在日内瓦出席了世界贸易组织中国工作组第6次会议,就议定书和工作组报告的绝大部分内容达成了谅解,其间还与美国、欧盟、日本、澳大利亚、巴西、墨西哥等国进行了双边磋商。

1998年3月28日至4月9日,世界贸易组织中国工作组召开第七次会议,中国代表团向世界贸易组织秘书处递交了一份近6000个税号的关税减让表,得到了主要成员的积极评价。

1998年5月18日至22日,龙永图率中国政府代表团赴日内瓦参加了多边贸易体制50周年大庆和世界贸易组织第2届贸易部长会议。

1998年6月17日,江泽民接受美国记者采访时提出"入世"三原则:① 世界贸易组织没有中国参加是不完整的。② 中国毫无疑问要作为一个发展中国家加入世界贸易组织。③ 中国的"入世"是以权利和义务的平衡为原则的。

1998年11月16日,江泽民和美国副总统戈尔在APEC吉隆坡会议上会晤,双方都表示希望在1999年早些时候结束中美双边谈判。

1999年3月3日,中美高级贸易代表团就降低关税、进一步敞开农业、电信、金融和保险市场谈判至深夜。

1999年4月6日至13日,朱镕基访美。4月10日,中美签署"中美农业合作协议",并就中国加入世界贸易组织发表联合声明,美方承诺"坚定地支持中国于1999年加入世界贸易组织"。

1999年4月底,美国首席谈判代表卡西迪率团来京,就双方遗留下来的问题继续谈判。

1999年5月8日,以美国为首的北约袭击中国驻南斯拉夫大使馆,中国政府被迫中断了"入世"谈判。

1999年9月6日,中美恢复谈判。

1999年9月8日,江泽民在澳大利亚重申中国"入世"三原则。

1999年9月11日,江泽民与克林顿在APEC第七次会议上正式会晤。

1999年11月15日,中美双方就中国加入世界贸易组织(WTO)达成协议。

2000年4月12日,中国与马来西亚达成双边协议。

2000年5月16日,中国与拉脱维亚达成双边协议。

2000年9月26日,中国与瑞士签署双边协议。

2000年5月19日,中国与欧盟达成双边协议。

2001年9月13日,中国与墨西哥达成双边协议。

2001年11月2日,龙永图宣布中国"入世"最后时间表排定,11日签署"入世"全部文件。

二、中国在世界贸易组织中的权利与义务

(一) 中国在世界贸易组织中应享有的权利

(1) 享受多边的、无条件的和稳定的最惠国待遇。
(2) 享受发展中国家成员的多数优惠或过渡期安排。
(3) 享受其他世界贸易组织成员开放或是扩大货物、服务市场准入的利益。
(4) 利用世界贸易组织的争端解决机制。
(5) 参加多边贸易体制的活动获得国际经贸规则的决策权。
(6) 享受世界贸易组织成员利用各项规则、采取例外、保证措施等促进本国经贸发展的权利。

(二) 中国在世界贸易组织中应承担的义务

(1) 给予其他成员方以最惠国待遇、国民待遇。
(2) 给予其他成员方以关税减让或是承担进口增长义务。
(3) 取消进口数量限制或是逐步减少约束非关税措施。
(4) 谅解其余成员方,根据其情况,采取"豁免"与紧急行动。实施保障措施。
(5) 应邀与其他成员方进行磋商与协商,解决贸易争端。

(6) 向其他成员方提供本国贸易政策、措施等方面的资料。

(7) 缴纳会费。

三、"入世"对中国经济的影响

(一) 积极影响

1. 获得了良好的外部发展机遇

一个国家的经济发展离不开充足而良好的要素供应。加入世界贸易组织后,中国开放了许多产业和市场,由于中国市场潜力的巨大吸引力,许多外资纷纷进入中国,带来了充足的资金和先进的科学技术以及现代化的思想理念和管理经验,与充裕资源相结合,使中国经济爆发出巨大的能量。中国拥有大量的劳动力资源,商品物美价廉,依托于比较优势获得了较大的市场占有率。

2. 市场化和法制化进程加快

由于WTO本身对成员国政策审议的要求,凡是不符合市场机制发挥作用的法律和行政性措施,都要进行相应的修改,所以在外部压力和经济转型自身要求的双重压力下,中国的市场化和法制化进程都被加速向前推动。

3. 产业结构不断得到优化

1980年中国的三次产业的结构为"二一三",1985年开始产业结构为"二三一"。从2001年加入世界贸易组织之后的情况看,第三产业的比重虽然上升速度不是很快,但不断迫近第二产业的比重。虽然第二产业"入世"后的比重出现了反弹,但第二产业内部整体结构在不断优化,已经处于工业化中后期。工业化过程一旦完成,则第三产业的比重将超过第二产业的比重,形成了"三二一"的产业结构。

4. 国际地位显著上升

随着中国经济实力的稳步提高,资金、技术实力的增强,中国的国际地位也同步发生着改变。中国是人口大国,是发展中大国,是"金砖五国"之一,在国际事务中发挥作用的能力不断提高。中国现在的实力从中国在世界贸易组织中的地位也可见一斑。加入世界贸易组织之初,中国多数情况下是"被规则者",而如今已经逐渐成为规则的适应者和制定者。

(二) 消极影响

1. 贸易摩擦加剧

从理论上界定的贸易摩擦是指两国间基于经济体制、产业发展、分工结构以及市场竞争等诸多原因引起、导致的贸易领域的利益冲突或争端。而从政治经济学的角度来分析,产生贸易摩擦的原因由宏观和微观的诸多因素共同作用而形成,包括经济增长速度、失业率、通货膨胀、国际收支情况、产业的国际竞争力和市场占有率等。中国在加入世界贸易组织之前,就是贸易摩擦的重灾区,加入世界贸易组织之后情况不但没有改观反而恶化了。由原来只有少数国家对中国发起反倾销诉讼,转变为更多国家利用更多手段对中国的出口产品重重施压,这种摩擦不断地升级,直到制度层面。

2. 贫富差距扩大

由于加入世界贸易组织,中国以更加开放的姿态融入了世界市场,为中国的各个产业带来了更多的发展机遇和空间,然而地区间、产业间乃至个人之间的收入差距也随着开放度的增加而不断扩大。造成这种差别的原因主要是,中国不同地区参与全球化的条件和能力不同,导致全球化在中国的影响和结果的不均衡。中国家庭的基尼系数从 2001 年的 0.45 上升到 2010 年的 0.61,据国家统计局统计,2018 年中国家庭的基尼系数为 0.474,说明我国收入差距较大。

3. 资源和环境破坏

加入世界贸易组织后,随着中国作为"世界加工厂"地位的形成,中国资源和环境状况的不断恶化。在经济规模不断扩大的背景下,中国已经成为初级产品的净进口国,这与对外贸易规模不断扩大有直接关系。近年来,中国的自然灾害事件不断增加,灾种之多,损害之大,均是历史少有,究其原因,主要是人们为了追求经济增长而破坏了生态自然环境而导致的。

总之,从对外贸易、产业结构、技术创新和经济体制改革诸方面考察都表明,加入世界贸易组织在整体上显著地提高了中国的经济绩效,尤其在保持改革的连续性和实现中国经济从量变向质变的转型中起到了关键的承上启下作用,当然还有些不足和弊端亟待完善,如外贸和投资对中国东部与中西部地区作用不均衡;中国经济增长中的能源消耗过大、环境恶化加速等,这些问题不是在加入世界贸易组织之后就能自动解决的,需要中国进一步加快自身的经济体制改革的步伐和改变经济增长方式。

第六节 世界贸易组织改革

一、世界贸易组织面临的困境

(一)经济不平衡加剧逆全球化

经济全球化不仅改变了国家间互动方式和跨国企业运作方式,还通过丰富人们的购买选择,转移和创造新需求,为世界经济增长提供强劲动力。然而目前全球的经济不平衡导致经济全球化的进程受阻。1800 年,最富裕国家与最贫穷国家的人均收入比约为 3∶1 或 4∶1,到 1900 年,已升至 12∶1 或 15∶1,2002 年,更是超过 50∶1。国内财富分配也是如此,以美国为例,据美国国会预算办公室统计,1979 年到 2013 年,美国最贫困 20% 的家庭税后平均收入增长 46%,位于中层 60% 的家庭增长 41%,位于顶层 1% 的家庭增长 192%。技术变革和生产率提高导致传统行业失业增加,发达国家制造业转移和服务外包更激起受影响群体对全球化的强烈抵触。这种情绪本可通过加强教育和职业培训等帮助低技术工人实现转型的规划加以抚平,但却受国内各利益力量冲突影响,而被归咎于全球化,导致政治民粹主义和经济民族主义抬头,进一步削弱全球化的政治基础。

(二)国家利益与国际利益之间的博弈

相互依存的世界需要多层次治理,特别是民族国家与国际机制间的政策协调,但是国际政治仍由国家主导,主权仍是宪法性原则。国际机制设计若过于约束国家主权,必然引发合法性危机,实施任何国际规则也仍需落实到国内法层面。尽管经济一体化在一定程度上打破了民族国家疆界,乐观的全球主义者因此提出没有边界的美好愿景,但这与现实世界相距甚远。英国脱欧不仅使欧洲一体化进程遭遇重创,也是对全球主义者的一次重击。

世界贸易组织附件2《关于争端解决规则与程序的谅解》(DSU)第19.2条中关于"专家组和上诉机构的调查结果和建议,不得增加或减少协定所规定的权利和义务"的规定,目的即在于将世界贸易组织权限限定在"国家同意"的范围内。但迄今为止,全球治理难以克服的挑战依旧是国家利益优先于国际利益。各国对国家利益的不同诉求使国际机制远不够牢固,即便是最接近于世界政府的联合国,其宪章中仍然规定"本宪章不得认为授权联合国干涉在本质上属于任何国家国内管辖之事件"。在贸易高度自由化和全球价值链错综复杂的今天,世界贸易组织需要面对的更多是非关税壁垒,而诸如竞争政策、透明度等规制通常属于边境后监管措施,关涉国家经济主权,协调难度可想而知。

(三)多边贸易体系合法性正面临挑战

国际贸易是各国经济增长和社会发展的推动力量,贸易自由化可通过促进各种生产要素在国际间流动,为经济发展提供更多机遇,为了保证商品能够在各国或地区之间自由流动,以降低保护壁垒为目的的多边贸易体应该具备一定的合法性。但国家所面临的并非是简单的自给自足或自由贸易的二元选择,而是采取何种自由化程度的多元选择。对发展中国家来说,在促进贸易自由化同时须关注国内改革问题,盲目推行自由化可能导致大范围失业和产业衰亡后果。相对来说,发达国家市场水平较为完善,制度调整成本较低。然而,发达国家迄今仍未履行多哈回合承诺,在发展中国家极为关切的农业补贴等问题上不愿作出让步,但却要保护其国内面临发展中国家竞争的传统产业。漠视发展中国家发展需求以及未能改善发展中国家和发达国家间巨大的不平等是多边贸易体系合法性缺失的重要原因。此外,代表主权平等的共识决策原则虽然加强了民主,但在牺牲决策效率的同时,由于一直未能回答为何众多受世界贸易组织规则影响的群体无法对制定规则施加影响的诘问,始终深陷"民主赤字"泥潭,进一步削弱体系合法性。

(四)世界贸易组织成员难达成共识

世界贸易组织目前有164个成员,政治社会经济、人口地理状况和宗教文化传统各有不同,核心关切也有区别。不仅发达国家和发展中国家之间立场存在差异,即便同是发达国家或发展中国家,立场也并非相同。例如,一些发展中国家因经济迅速增长成为中等收入国家,与其他发展中国家的分歧可能会因此扩大。又如,无论是发达国家还是发展中国家都有保护自身传统下滑产业的政治需求,会在一些议题上发生冲撞。东京回合中,美国意图确立农业补贴规则以限制欧洲共同农业政策,为此曾与后者展开十分激烈的争斗。再以 2018 年 1 月 25 日举行的世界贸易组织非正式部长级会议中 76 个成员有意启动谈判的电子商务议题为例,美、欧、中三大经济体的立场也不一致。美国更青睐使用"数字贸易"概念,意图覆盖货物贸易和服务贸易,大幅削减跨境和边界后监管壁垒;中国集中于消除传统跨境贸易壁垒,尤为注重网络空间国家主权,在开放水平和信息自由度上不及美欧;欧盟更强调数据隐私,对待政府监管和自律监管的态度与美国不同。共识决策原则使谈判极易因个别成员反对而付诸东流,这不仅是导致世界贸易组织发展困境的重要原因,如今更成为世界贸易组织生死存亡的关键所在。2016 年以来,美国以上诉机构无视诉讼程序期限、超越审查范围等为由,阻挠新成员任命。2018 年 9 月底,上诉机构法官仅剩 3 名。而根据 DSU 第 16.4 条规定,"如一方已通知上诉决定,则在上诉完成之前,争端解决机构将不审议通过该专家组报告"。也即意味着,任一方只需通过上诉且对法官提出回避请求,便可阻挠对其不利的裁决,世界贸易组织争端解决机制将陷入无法运转的尴尬境地。若美国继续阻挠任命,世界贸易组织也未及时找寻到出路,随着 2019 年 12 月另两名法官任期届满,这一机制将彻底陷入停摆。

(五)大国规则竞争加剧改革难度

近年来中美两国经济实力此消彼长。尽管在军事、教育、人均国内生产总值、创新等方面,两国间差距仍十分显著,但中国经济发展速度特别是未来可能取代美国成为最大经济体的普遍预期,引发美国社会日益增长的不安情绪。以约翰·米尔斯海默为代表的"进攻性现实主义"逐渐占据上风,从地缘政治角度看待中国经济崛起,认为中国必然会从结构层面挑战美国主导的国际体系,改变世界权力分配格局。在此观点驱动下,美国对华政策发生转向,将中国视为战略竞争对手,将中美间经济竞争视为对美国国家安全的威胁,多次指责中国依靠不公平竞争手段,攫取相对于美国更大的经济优势,导致美中之间巨大贸易逆差;指责中国在技术领域的进步,是通过强迫他国企业转移技术、盗窃知识产权等手段获得。因认为世界贸易组织规则无法改变中国国家主导经济做法,美国表示将联手"志同道合"国家推动世界贸易组织改革。在美国的压力下,欧盟和日本也持相似立场。2018 年 9 月,美欧日贸易部长就世界贸易组织改革再次发表联合声明,这是继 2017 年 12 月以来三国就该问题所发布的第四份联合声明。特别值得关注的是,2018 年 9 月,欧盟和加拿大相继提出的世界贸易组织改革建议中都纳入了美国意图约束中国作出改变的改革诉求。因此,未来期间,如何迫使中国在产业政策、知识产权、市场准入等方面作出转变必定成为世界贸易组织改革的重点议题,而美国对世界贸易组织的态度也很大程度上取决于改革成果是否遂其心意。世界贸易组织在挣扎着如何走出困境的同时,即将成为中美规则竞争的重要战场。

二、世界贸易组织改革进展与中国立场

(一) 世界贸易组织改革的进展评析

面对世界贸易组织的危机,2018年9月,欧盟和加拿大分别提出世界贸易组织的改革建议。11月,中国、欧盟、印度等成员方提交关于争端解决机制的联合提案,以敦促尽快启动上诉机构成员遴选程序,维护岌岌可危的多边贸易体系。

1. 欧盟改革方案

欧盟《世界贸易组织现代化》改革方案主要包括三方面:① 规则制定与发展;② 常规工作与透明度;③ 争端解决机制。

规则制定与发展方面,主张改革旨在能够及时更新世界贸易组织规则,为此就个别议题感兴趣的成员可以在世界贸易组织中展开谈判并最终达成部分或全部成员参与的协议,该协议将作为世界贸易组织框架的组成部分。欧盟建议,其一,未来规则应注重体系平衡与公平竞争、解决服务与投资壁垒、实现国际社会可持续发展,为此目的须解决透明度、国有企业、工业补贴和强制性技术转移等问题;其二,修改当前世界贸易组织体系中发展中国家基于发展目标而主张的全面灵活性,建议设计"毕业"机制并确保特殊与差别待遇的针对性;其三,鉴于共识决策原则困境,在多边协定外,应积极推动基于最惠国待遇原则、开放的诸边协定谈判,充分发挥秘书处作用并加强成员方的政治支持。

常规工作与透明度方面,注重强化世界贸易组织的监督职能,确保成员方国内贸易政策透明度,以切实执行世界贸易组织规则。为此,欧盟建议提升委员会层面监督的有效性,并通过实施相应的激励和制裁措施、反通报措施,强化贸易政策审议机制(TRIM),促使成员方积极通报相关情况。

争端解决机制方面,在列举并正面回应美国对上诉机构诸如无视90天诉讼程序期限、超越审理范围、裁决报告被视为先例等不满之外,重点针对本次美国阻挠上诉机构新成员任命导致机制面临瘫痪威胁,提出旨在加强上诉机构独立性、提高程序运作效率的改革建议。为此,欧盟主张将上诉机构成员从目前的7名增加至9名,任期由4年一任可连任两届改为6~8年一任,由兼职转为全职,而即将离任的成员应完成其任期内已进行听证程序的上诉案件的审理过程。

2. 加拿大改革方案

加拿大方案同样覆盖世界贸易组织监督、争端解决、谈判三大职能,改革方向和原则与欧盟基本一致,但相比欧盟较为简略。监督职能方面,建议通过反通报等方式提升成员方国内措施透明度,强化贸易政策审议机制,改善解决特殊贸易关切问题的机制效用。争端解决职能方面,在正面回应并支持美国对上诉机构不满理由的同时,强调存在一个具有强制性、约束力和公正的争端解决机制的必要性,为此主张应确保上诉机制得以存续。规则谈判方面,其一,应继续多哈回合中未竟重点议题,尤其关涉最不发达国家的农业补贴和发展等问题;其二,须逐渐填补数字贸易等新贸易形态、中小企业等领域的规则空白,促使世界贸易组

织规则现代化;其三,须解决国有企业、工业补贴、技术转让等扭曲性竞争问题。此外,加拿大同样支持推动诸边协定谈判并建议改革当前世界贸易组织体系中为发展中国家提供普遍意义上的特殊与差别待遇,使之基于差异化的新方法。

3. 十三国或地区世界贸易组织改革会议

2018年10月25日,加拿大召集欧盟、澳大利亚、日本、韩国、巴西、智利、墨西哥、新西兰、挪威、瑞士、新加坡、肯尼亚的贸易代表共同商议世界贸易组织改革问题,因中美间分歧较大,未在此次获邀之列。会议并未涉及具体改革细节,主要目的在于抛出改革动议,寻求尽快行动以解决当前危机的共识。会后联合公报强调争端解决机制是世界贸易组织的中心支柱,重振世界贸易组织谈判职能并加强监督成员方贸易政策,提高透明度。

4. 中、欧、印等联合提案

为应对上诉机构迫在眉睫的停摆危机,该提案除同样主张即将离任的法官应完成其任期内已进行听证程序的上诉案件审理过程,还提议待离任法官可继续履行其职务直至新法官上任,但最长不得超过其本应离任日期后的两年。因考虑上诉案件复杂性和积压现状,建议经上诉各方同意,可延长规定的90天上诉期限。另一方面,针对美国所提出的关切,主张限制上诉机构对成员方国内法含义的解释,并规定仅在解决争议必要范围内处理上诉各方所提出的问题。此外,建议上诉机构与世界贸易组织成员举行年度会议,以解决有关上诉裁决过程中的方法、系统性问题或趋势的关切。与其说该提案的意义在于其内容,倒毋宁说更在于中、欧、印等在争端解决机制改革立场上的趋于一致。

(二)世界贸易组织改革的中国立场

共识原则增加了世界贸易组织改革难度,但却未能阻止运作程序和组织文化中的权力政治。发达国家庞大的消费市场本身就是最有力的谈判杠杆,因此事实上发展中国家很难利用成员多的优势争取有利谈判地位。世界贸易组织改革因上诉机制随时可能停摆、美国随时可能退出而十分迫切,大国竞争更加剧规则调适难度。尽管困难重重,各方仍应努力寻求可能的解决方案。基于目前形势,中国的立场建议如下:

1. 坚持公正、包容而开放的世界贸易组织改革方向

世界贸易组织多年来停滞不前的关键在于,发达国家始终未正视不同成员间发展水平和关切重点差异,在推动市场开放以获得自身准入利益的同时,却过于限制发展中国家选择合适的贸易政策,强制后者必须履行特定义务以换取市场准入机会。但这些条款往往并未促进发展中国家经济福利,以至于后者普遍认为,即使不签订协议造成损失,也要比签订对自身不利的协议要好。世界贸易组织成员异质水平高,这意味着真正有益的贸易政策应允许存在差别。而发达国家拥有相对于发展中国家远非对称的力量,调整成本、谈判地位、人力资源、应对冲击和运用争端解决机制等方面的优势,都是发展中国家望尘莫及的。因此,美国所呼吁的"对等"和"公平",对发展中国家而言,既非公平也不公正。若朝此方向改革,发展中国家将面临巨大的市场冲击和制度调整成本,付出难以承受的代价,定然会失去继续谈判的动力,削弱对世界贸易组织体制的信心。若要谈判取得进展,所有核心内容都须有发展中国家的参与和支持。中国作为最大的发展中国家,应坚持世界贸易组织朝着公正、包容和开放的方向进行改革。

(1) 公正的方向。世界贸易组织应正视发达国家与发展中国家间的发展不平衡问题。为此,谈判过程和结果要以能切实增进发展中国家经济增长为目标,避免为其施加过严的政策限制和过重的行政及财政负担,提供实质性的差别和特殊待遇并给予必要的技术和经济援助,帮助其开展能力建设。欧盟在其改革方案中虽表示完全支持发展中国家为实现其发展目标接受必要援助及拥有相应灵活性,但并未包含如何实现这一原则的具体方法。对此,中国应坚持在接下来的改革进程中,保障这一原则得到严格遵循,发达国家的承诺及世界贸易组织帮助发展中国家实施有效发展政策的义务须具备可执行性。发达国家与发展中国家的权利和义务绝不应以"对等"为前提,"公平"的界定也不能局限于经济效益而应包含促进发展中国家发展的政治性权利。

(2) 包容的方向。世界贸易组织的多边性质和成员的异质化决定其宗旨和范围须具备包容性。为此,不应由某一国家或集团主宰,更不应规定唯一发展模式。制定规则须具有灵活性,允许成员对政策做出一定保留。近年来美国对发展中国家特殊与优惠待遇抨击有加,欧盟和加拿大在改革方案中就如何限制当前世界贸易组织中发展中国家的全面灵活性提出了解决方案。欧盟主张未来这一待遇应具有针对性和差异性,以需求为导向,以证据为基础。对此,中国应坚持任何对该原则的限制须具备合理性,规则的设计须避免发展中国家承担不必要的负担。此外,为确保机制存续的合法性和可行性,提高决策效率不应以牺牲多元和民主为代价。组织结构和运作流程要真实体现不同行为体的话语权,特别是发展中国家和最不发达国家,为其融入全球经济提供真正公平的机遇。

(3) 开放的方向。世界贸易组织应致力于消除成员间贸易保护主义做法。为此,应持续减少扭曲性的关税和非关税壁垒,降低不合理的限制性措施,促进生产要素自由流动,推动全球化持续深入发展。但须特别注意,开放并不等同于完全自由化,步骤也非整齐划一,应基于自身经济和制度发展水平,考虑产业和劳动力调整成本,并允许发展中国家在适用规则和决定市场开放度上具有更多灵活性,拥有合理的过渡期间。

2. 坚定不移地推进中国新一轮改革开放

2018年7月,世界贸易组织对中国贸易政策第七次审议结束,共有42位成员主要围绕产能过剩、产业政策、知识产权、网络安全监管等领域向中国提出1963个问题,数量之多创历史之最。一方面,在美国不断施压下,贸易政策审议机制已然具有浓厚的大国博弈色彩;另一方面,尽管中国并未违反世界贸易组织规则,但作为第二大经济体和第一贸易大国,世界对中国贸易政策和宏观经济环境的关注度也与日俱增。对中国来说,最有效应对外部压力和表明中国对世界贸易组织改革立场的方式应是坚定不移地推进中国新一轮改革开放,不断提升自身制度发展水平。

(1) 这是维护多边贸易体系的重要体现。当今世界正处在十字路口,根据世界贸易组织贸易限制措施监测报告,2017年10月至2018年5月,二十国集团国家新出台39项限制措施,较同期增长一倍。而美国作为本轮全球化的推动者带头反对这一体系并频繁采取保护主义措施,更使全球化遭遇前所未有的冲击。在此背景下,中国举办国际进口博览会、建设海南自由贸易港、降低进口汽车关税、放开外资股比限制等系列开放举措,为缓解紧张局势释放积极信号,极大地减少不确定性,提振市场信心,为世界经济增长提供有力引擎,帮助维护全球贸易秩序。

(2)这是加强国际规则话语权基本前提。GATT/世界贸易组织是第二次世界大战后美国主导构建的多边贸易体系,体现其规则主导权和霸权利益。当美国对体系渐生不满却又难以调整时,意图主导削弱世界贸易组织影响的区域协定谈判,逐渐重塑国际经济新秩序,削弱中国竞争优势。中国在国有企业、知识产权、市场准入等规则上与欧美国家存在不少分歧,这不仅是当前中美贸易摩擦焦点,也是世界贸易组织规则竞争重点。目前美国仍是多边体系主导力量,而中国也无法绕开美国独自发展。中国规则话语权的弱势,会导致中国在包括世界贸易组织在内的国际经贸谈判中十分被动,削弱中国推进世界贸易组织改革和改善全球治理的合法性和影响力。因此中国须直面如何升级规则以加强话语权的难题,而这必须建立在进一步改革开放和提升竞争力的基础上。

三、世界贸易组织改革的前景展望

当今世界比以往任何时代都更加相互依存,单一国家无法仅凭一己之力应对各种挑战。经济全球化在推动贸易投资增长的同时,也会放大各种外溢效应,凸显出全球治理的重要性。然而世界政治组织和经济组织不同步,国际经济体系已然全球化,但世界政治结构仍以民族国家为基础,强调边界的重要性。在国际贸易领域,各国政府都面临让全球化进程向有利于本国利益或重商主义方向倾斜的压力。国家间进行政策协调做出妥协,可能会因此失去国内政治支持,政府并非都愿意为之,由此催生出多边制度和建立秩序的必要性。多边体系通过为成员提供政策协调平台,在提升合法性、稳定性和可预期性的同时,有助于提高共同应对危机的能力。第二次世界大战后美国致力于构建促进开放市场、民主、制度合作和多边纽带,并视之为国际秩序的基础。因为仅凭美国自身不足以确保全球经济稳定和健康,而美国的繁荣与此密切相关。

贸易谈判达成共识必须基于各方利益让渡和政策协调。正如世界贸易组织总干事罗伯特·阿泽维多所提醒的,多边主义并不总是"得到你想要的",而是大家都能接受的"最好结果",世界贸易组织改革若要取得进展,发达国家须认真对待发展中国家的发展诉求,妥善处理好新旧问题,在解决新贸易形态给全球监管规制协调带来挑战的同时,正视多哈回合失败根源,否则任何谈判都会因得不到发展中国家的支持再次陷入僵局。而将关涉全球164个成员福利的世界贸易组织改革异化为大国竞争战场以恢复霸权秩序,不仅陷多边贸易体系于崩溃边缘,更是全球经济治理的巨大倒退,或将引发世界经济危机。中国应坚决维护这一来之不易的多边贸易体系,与国际社会共同抵制贸易保护主义。短期内在改革难以取得突破性进展前,可先推动基于最惠国待遇原则、开放的诸边协定谈判。在这场体现在世界贸易组织改革中的中美规则竞争中,中国一方面须加快自身改革步伐,在符合国家发展目标之处尽快缩小和西方国家间的规则分歧,以提升在世界贸易组织改革中的话语权;另一方面,仍

第九章 贸易条约与世界贸易组织

须坚持保障实现发展中国家发展诉求的立场,即便未必能从未来一些具体规则中获益。这不仅对维护世界贸易组织宗旨目标至关重要,也有助于推进世界贸易组织改革顺利进行。

◆ **本章小结**

贸易条约和协定是两个或是两个以上的主权国家为确定彼此的经济关系特别是贸易关系方面的权利和义务而缔约的书面协议。贸易条约和协定的类别有双边贸易条约和协定、多边贸易条约和协定。多边贸易体制指关税与贸易总协定及其后的世界贸易组织。

从1947年开始,关贸总协定历经八次谈判。前五次是双边贸易谈判,主要议题是关税减让。后三次为多边贸易谈判,主要议题增添了非关税壁垒、投资等新领域。1986年9月15至20日,在乌拉圭埃斯特角城举行的关税和贸易总协定缔约国部长级会议,决定发动第八轮多边贸易谈判,即乌拉圭回合多边贸易谈判。

世界贸易组织于1995年1月1日正式成立,在与关贸总协定并存一年后,自1996年1月1日起完全担当起全球经济与贸易组织管理者的角色。

1986年1月,中国正式明确要恢复中国缔约国地位。1995年11月,中国"复关"工作组更名为中国"入世"工作组。2001年12月11日,中国成为世界贸易组织第143个成员。

当前,在美国贸易保护主义和单边主义政策的压力及欧盟等其他西方力量的推动下,世界贸易组织(WTO)改革上升为全球优先议题。各国根据自己的利益诉求和全球国际贸易的发展趋势,提出各自的世界贸易组织改革方案。中国希望各国抓住机遇,在世界贸易组织改革上扩大共识、加深合作,共同维护多边贸易体制,促其释放更多贸易红利。

◆ **关键词**

贸易条约　多边贸易体制　关税与贸易总协定　世界贸易组织　世界贸易组织改革

◆ **思考题**

1. 何为自由贸易政策和贸易保护政策?
2. 世界贸易组织的运行机制是什么?
3. 关贸总协定与世界贸易组织这两者之间的关系如何?

思考案例

用法律"回敬"贸易保护主义

世界贸易组织日前裁定,美国商务部在2006~2012年间对华发起的25起反倾销和反补贴("双反")调查中违规。中国的胜诉,成功挑战了美国对贸易救济措施的滥用,有助于抑制其贸易保护主义倾向,同时也为发展中国家提供了借鉴。

美国的贸易保护主要通过立法对廉价进口商品征收高额反倾销税和反补贴税实现。在此次的"双反"诉讼中,中国主要针对的是美国贸易救济中的两个体制性问题,即双重救济和关税法修订案("GPX立法")。在涉案"双反"措施中,美国商务部对中国企业同时征收了反倾销税和反补贴税。世界贸易组织专家组认为,美国商务部很可能因此导致双重救济,但却没有就避免双重救济的调查和税额做出调整,违反了世界贸易组织《补贴与反补贴措施协定》的相关条款。

如果世界贸易组织终裁认定美国违规,美国商务部必须执行裁决,最大的可能就是降低反补贴税。这会在一定程度上改善中国对美国出口贸易环境,中国涉案的24种产品(年涉案金额达72亿美元)将直接从中获益。如果美国的执行力度不够,中方还可在世界贸易组织框架下再次起诉。该案例将对今后审理同类案件产生借鉴意义。

目前,中国遭遇的反补贴调查数量位居全球第一,反补贴已经成为针对中国出口商品的贸易摩擦的新热点。随着2016年中国自动取得完全市场经济地位这一时点的到来,中国企业未来遭遇的反补贴措施势必更多。在这种形势下,中国对有关国家不符合世界贸易组织规则的做法予以主动出击是非常必要的。

长期以来,以中国为代表的新兴市场国家在世界贸易组织贸易诉讼中一直处于守势。2011年,中国在中美轮胎特保案诉讼中落败即是例证之一。造成这一现象的主要原因是本国市场管理体制不健全、出口企业无序竞争等,从而授美、欧等以口实。此外,发展中国家由于人才、语言等原因,对世界贸易组织规则缺乏深入研究和熟练运用,也导致了诉讼中的劣势。此次胜诉,标志着中国在国际贸易摩擦中已经从被动应诉开始向主动通过法律诉讼等途径维护合法权益转变,也意味着中国加入世界贸易组织十几年来在学习和运用世界贸易组织规则方面日趋成熟。

问题:此次中国的胜诉,给我们的启示是什么?

资料来源:张茂荣. 用法律"回敬"贸易保护主义[N]. 人民日报,2014-04-08(22).

应用训练

查阅资料,谈谈世界贸易组织应该怎样改革。

第十章 区域经济一体化

本章结构图

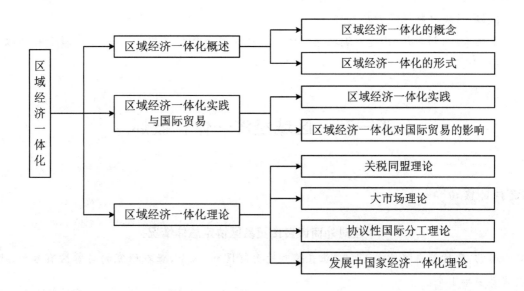

学习目标

了解区域经济一体化的产生与发展,掌握区域经济一体化的形式和区域经济一体化理论。

导入案例

构建丝绸之路经济带区域经济一体化新格局

2013年9月7日,中国国家主席习近平在哈萨克斯坦纳扎尔巴耶夫大学做了重要演讲,提出共建丝绸之路经济带的倡议,丝绸之路经济带与海上丝绸之路共同构成了我国"一带一路"倡议的基本内容。旨在拓展欧亚地区相互融合、经济联系更加紧密的发展空间,为该区域内的各国经济发展创造更为有利的条件,这为欧亚国家和地区参与广泛的区域经济合作提供了一个新契机。

传统的丝绸之路是各国合作的天然纽带。丝绸之路经济带涵盖欧亚大陆30余个国家,总人口近30亿人,文化、民族及宗教信仰纷繁多样,丝绸之路经济带是一个全新的概念,因此,必须以创新的思维方式与合作理念推动经济带建设。以市场经济原则为基础建立互惠互利的创新合作模式,是建设丝绸之路经济带大区域经济合作的客观要求。对此,被称为第三条亚欧大陆桥的"渝新欧"国际铁路联运大通道做了有益尝试。它打破了多年来沿线各国铁路部门各自为战的局面,采用商业化模式。

在现代条件下建设丝绸之路经济带,应以高新技术为依托,激活古丝绸之路沿线国家的经济潜力,拓展更大的合作空间,提升合作水平。

丝绸之路沿线国家对建设经济带表现出强烈的合作愿望以及前所未有的热情。只要各国同心协力,那么必将在欧亚大陆创造奇迹,丝绸之路经济带建设终将形成区域经济一体化新格局。

问题:丝绸之路经济带应怎样建设?

数据来源:刘华芹.构建丝绸之路经济带区域经济一体化新格局[N].中国社会科学报,2014-05-16.

第一节 区域经济一体化概述

资料链接 10-1

中国对外商谈自由贸易区协定总体情况

目前,已签署自贸协定18个,正在谈判的自贸区有13个,正在研究的自贸区有8个,优惠贸易安排1个。

协定专题		正在谈判的自贸区	正在研究的自贸区
已签协议的自贸区			
• 中国-马尔代夫	• 中国-格鲁吉亚	《区域全面经济伙伴关系协定》(RCEP)	中国-哥伦比亚
• 中国-澳大利亚	• 中国-韩国	中国-海合会	中国-斐济
• 中国-瑞士	• 中国-冰岛	中日韩	中国-尼泊尔
• 中国-哥斯达黎加	• 中国-秘鲁	中国-斯里兰卡	中国-巴新
• 中国-新加坡	• 中国-新西兰	中国-以色列	中国-加拿大
• 中国-智利	• 中国-巴基斯坦	中国-挪威	中国-孟加拉国
• 中国-东盟	内地与港澳更紧密经贸关系安排	中国-新西兰自贸协定升级谈判	中国-蒙古国
• 中国-东盟("10+1")升级	• 中国-智利升级	中国-毛里求斯	中国-瑞士自贸协定升级联合研究
• 中国-新加坡升级	• 中国-巴基斯坦第二阶段	中国-摩尔多瓦	
		中国-巴拿马	
		中国-韩国自贸协定第二阶段谈判	
		中国-巴勒斯坦	
		中国-秘鲁自贸协定升级谈判	
优惠贸易安排			
亚太贸易协定			

数据来源:商务部网站。

区域经济一体化以一定的组织形式存在着。各参加国根据各自的具体情况和条件,以及各自的目标和要求而组成了不同形式的区域经济一体化组织。不同的组织形式反映了经济一体化的不同发展程度,反映了成员国之间经济干预和联合的深度与广度。

一、区域经济一体化的概念

区域经济一体化(Regional Economic Integration)指两个或两个以上的关税领土为了实现共赢目标,通过签订政府(当局)间的协定或条约,实行从成员间减少或取消贸易壁垒到实施统一的经济政策的不同程度的经济联合。

二、区域经济一体化的形式

(一)按一体化的程度划分

1. 优惠贸易安排(Preferential Trade Arrangement)

是区域经济一体化最初级、最松散的一种形式,成员国之间通过协定或其他形式,对全部或部分商品规定特别的关税优惠,也可能包含小部分商品完全免税的情况。形式属于最低级。例如,1932年英国与其他英联邦国家建立的英帝国特惠制、1967年成立的东南亚国家联盟。

2. 自由贸易区(Free Trade Area)

指各成员国之间取消了商品贸易的关税壁垒,使商品在区域内完全自由流动,但各成员国仍保持对非成员国的贸易壁垒。例如,1960年成立的欧洲自由贸易联盟和1994年1月1日成立的北美自由贸易区。

3. 关税同盟(Customs Union)

是指各成员国之间完全取消关税和其他壁垒,实现内部的自由贸易,并对非成员国实行统一的关税税率。例如,欧共体于1968年实现了关税同盟。

4. 共同市场(Common Market)

指除了在成员国内完全废除关税与数量限制并建立对非成员国的共同关税外,成员国间的劳动、资本等生产要素也可以自由流动。例如,欧共体于1992年年底实现的"大市场"基本达到此阶段。

5. 经济同盟(Economic Union)

是指成员国之间不但商品与生产要素可以完全自由流动,建立对外统一关税,而且要求成员国制定并执行某些共同经济政策和社会政策,逐步消除各国在政策方面的差异,使一体化程度从商品交换,扩展到生产、分配乃至整个国家经济,形成一个庞大的经济实体。当前的欧盟属于此种形式。

6. 完全经济一体化(Complete Economic Integration)

完全经济一体化不仅包括经济同盟的全部特点,而且各成员国还统一所有重大的经济政策,如财政政策、货币政策、福利政策、农业政策,以及有关贸易及生产要素流动的政策,并由其相应的机构(如统一的中央银行),执行共同的对外经济政策。欧盟就是向这种一体化的方向发展的。

上述一体化类型仅仅是对经济一体化不同形式的简单区分,实践中的经济一体化由于其合作的广泛性,不能完全归于某一类,亦非必然依次由低级向高级形式发展。

(二) 按一体化的范围划分

部门一体化(Sectoral Integration),指区域内各成员国的一种或几种产业(或商品)的一体化。例如,1951年成立的欧洲煤钢共同体。全盘一体化(Overall Integration),指区域内各成员国的所有经济部门加以一体化。欧盟的一体化属于此类。

(三) 按参加国的经济发展水平划分

水平一体化(Horizontal Integration),又称横向一体化,是由经济发展水平相同或接近的国家所形成的经济一体化形式。例如欧盟。

垂直一体化(Vertical Integration),又称纵向一体化,是由经济发展水平不同的国家所形成的一体化。例如1994年1月1日成立的北美自由贸易区。

第二节 区域经济一体化实践与国际贸易

资料链接

《跨太平洋伙伴关系协议》(TPP)

《跨太平洋伙伴关系协议》(Trans-Pacific Partnership Agreement,TPP),前身是跨太平洋战略经济伙伴关系协定(Trans-Pacific Strategic Economic Partnership Agreement,P4),是由亚太经济合作会议成员国中的新西兰、新加坡、智利和文莱四国发起的、从2002年开始酝酿的一组多边关系的自由贸易协定(原名亚太自由贸易区),旨在促进亚太地区的贸易自由化。

跨太平洋伙伴关系协议将突破传统的自由贸易协定(FTA)模式,达成包括所有商品和服务在内的综合性自由贸易协议。

2008年2月,美国宣布加入,同年9月,美国总统奥巴马决定参与TPP谈判,并邀请澳大利亚、秘鲁等一同加入谈判。

2009年11月,美国正式提出扩大跨太平洋伙伴关系计划,澳大利亚和秘鲁同意加入。美国借助TPP的已有协议,开始推行自己的贸易议题,全方位主导TPP谈判。

2010年,马来西亚和越南也成为TPP谈判成员,使TPP成员数量扩大到9个。

2010年3月15日,跨太平洋伙伴关系协议首轮谈判在澳大利亚墨尔本举行。参与谈判的共8个成员：美国、智利、秘鲁、越南、新加坡、新西兰、文莱和澳大利亚。此次谈判涉及关税、非关税贸易壁垒、电子商务、服务和知识产权等议题。美国较为强调的内容包括推动清洁能源等新兴行业的发展，促进其制造业、农业以及服务业的商品与服务出口，并强化对美国知识产权的保护。

2010年11月14日，亚洲太平洋经济合作组织高峰会的闭幕当天，与会九国同意美国总统奥巴马的提案，将于2011年11月的亚洲太平洋经济合作组织高峰会完成并宣布跨太平洋伙伴关系协议纲要。

2011年11月10日，日本正式决定加入TPP谈判。

2012年10月8日，墨西哥经济部宣布，墨西哥已完成相关手续，正式成为跨太平洋伙伴关系协定（TPP）第十个成员国。墨西哥经济部指出，跨太平洋伙伴关系协定是有国际影响力的贸易组织，加入该协定为墨西哥参与亚太地区经济事务提供了平台，为墨西哥出口打开了新的机遇之门，也有利于发挥墨西哥在全球供应链中的作用。

2012年10月9日，加拿大遗产部长莫尔（James Moore）代表国际贸易部长法斯特在温哥华宣布，将正式加入《跨太平洋战略伙伴关系协定》（TPP）。

2013年9月10日，韩国宣布加入TPP谈判。

2015年10月5日，美国、日本、澳大利亚等12个国家已成功结束"跨太平洋战略经济伙伴协定"（TPP）谈判，达成TPP贸易协定。

2016年2月4日，在新西兰奥克兰，由TPP 12个成员代表参加的签字仪式，《跨太平洋伙伴关系协定》（TPP）正式签署。

TPP协定需要各国立法部门（国会、议会）批准通过。但由于美国内部分歧大，加上民主、共和两党总统候选人均反对，掌控国会参众两院的共和党高层对部分条款不满意，TPP在奥巴马任内获得国会批准的前景非常黯淡。

2016年11月10日，日本通过了TPP协议。

2016年11月11日上午，美国参议院议长米奇奥康纳宣布，奥巴马主导的跨太平洋战略经济伙伴关系协议TPP计划被正式搁置。

2017年1月20日，美国新任总统唐纳德·特朗普就职当天宣布从12国的跨太平洋贸易伙伴关系（TPP）中退出。

2017年1月23日，美国总统唐纳德·特朗普在白宫签署行政命令，标志美国正式退出跨太平洋伙伴关系协定（TPP），特朗普政府将与美国盟友和其他国家发掘双边贸易机会。

2017年11月11日，日本经济再生担当大臣茂木敏充与越南工贸部长陈俊英在越南岘港举行新闻发布会，两人共同宣布除美国外的11国就继续推进TPP正式达成一致，11国将签署新的自由贸易协定，新名称为"全面且先进的TPP"（CPTPP, Comprehensive Progressive Trans-Pacific Partnership）。

区域经济一体化的发展已经成为第二次世界大战后世界经济发展的一个亮点，它的发展不仅对成员国，而且对其他国家及整个世界经济和贸易都产生了重大影响。根据世界贸易组织公布的统计数据，自1948年至2013年11月，向关贸总协定和世界贸易组织通报的国际经济一体化协定数量已达 580 个,其中仍在生效的有 384 个。

一、区域经济一体化实践

(一)欧洲一体化进程

1944 年 9 月 5 日,荷兰、比利时、卢森堡三国流亡政府在英国伦敦签订了《比荷卢关税联盟协定》,主要是免除关税、开放原料、商品的自由贸易,于 1948 年 1 月 1 日正式生效。该关税同盟对今天欧盟的建立发展有着不可磨灭的作用。

1. 欧洲煤钢共同体的成立

第二次世界大战所造成的人力与经济损失,带给欧洲极大的打击。奥斯威辛集中营大屠杀等事件证明了战争与极端主义的可怕,特别是核武器的问世,使得世人希望能避免过去的错误,避免战争。为了确保德国不会再次威胁到和平,德国部分重工业遭到拆除,煤炭开采区被隔离(萨尔、西里西亚)或由国际控管(鲁尔区)。在第二次世界大战后欧洲统一思潮进入高潮。此时推动欧洲统一的两个重要原因:① 希望建立欧洲联盟,以便把德国置于欧洲国家的联合控制和监督之下,这样可以解决德国的威胁;② 为了对付来自苏联的共产主义威胁。1950 年 5 月 9 日,法国外交部长罗伯特·舒曼提出欧洲煤钢共同体计划(即舒曼计划),整合欧洲煤钢工业的共同体,这两项产品是军事武器的必要原件,旨在约束德国。1951 年 4 月 18 日,法国、意大利、比利时、荷兰和卢森堡以及西德签署为期 50 年的《关于建立欧洲煤钢共同体的条约》(《巴黎条约》),1952 年该条约生效,宣告了欧洲煤钢共同体的建立。接管鲁尔区的管理权并取消部分德国工业生产的限制,同时合作推动煤与钢铁的生产销售。

2. 欧洲经济共同体

1957 年 3 月 25 日,法国、意大利、比利时、荷兰和卢森堡以及西德六国外长在罗马签署建立欧洲经济共同体与欧洲原子能共同体的两个条约,即《罗马条约》,于 1958 年 1 月 1 日生效。1958 年,正式成立欧洲经济共同体和欧洲原子能共同体,旨在创造共同市场,取消会员国间的关税,促进会员国间劳动力、商品、资金、服务的自由流通。《欧洲经济共同体条约》的主要内容是:建立工业品关税同盟,这是欧洲一体化的基石,要求 12 年内执行完毕,整个关税削减计划要求在 1968 年结束,一共分为四期:① 建立关税同盟促进了共同体内部的贸易发展,加速了资本的集中和垄断,促进了经济增长,国际分工和生产的专业化,为共同体的共同财政预算体制提供了财源;② 实现共同体内部工业品、劳动力和资本的自由流通;③ 规定成员国共同的农业政策,筹组农业共同市场;④ 制定共同竞争规则,消除各种限制和歧视竞争的协定和制度,设置一整套具有一定权限的共同体机构等。

3. 欧洲共同体

1965 年 4 月 8 日,法国、意大利、比利时、荷兰和卢森堡以及西德六国签订《布鲁塞尔条约》,决定将欧洲煤钢共同体、欧洲原子能共同体和欧洲经济共同体统一起来,统称欧洲共同体,简称欧共体。条约于1967年7月1日生效。欧共体总部设在比利时布鲁塞尔。1973年,丹麦、英国、爱尔兰加入欧洲共同体。1981年,希腊加入欧洲共同体。1986年,西班牙、葡萄牙加入欧洲共同体。

4. 欧盟诞生

1991年12月11日,欧共体马斯特里赫特首脑会议通过了建立欧洲经济货币联盟和欧洲政治联盟的《欧洲联盟条约》(通称《马斯特里赫特条约》,简称"马约")。1992年2月7日,《马斯特里赫特条约》签订,逐步由区域性经济共同开发转型为区域政经整合的发展。1993年11月1日,《马斯特里赫特条约》正式生效,欧洲联盟正式成立。1995年1月1日,瑞典、芬兰、奥地利正式加入欧盟,欧盟成员国扩大到15个。

1999年1月1日,欧元区正式诞生,法国、德国、意大利、比利时、荷兰、卢森堡、西班牙、葡萄牙、意大利、芬兰、爱尔兰成为欧元区首批成员。根据欧元区稳定和增长协议,区内各国都必须将财政赤字控制在GDP的3%以下,并且把降低财政赤字作为目标。同时,各成员国必须将国债/GDP的占比保持在60%以下。上述两条也是其他欧盟国家加入欧元区必须达到的重要标准。

2001年1月1日,希腊正式成为欧元区第12个成员。2002年1月1日,欧元正式流通。2002年3月1日,欧元成为欧元区国家唯一法定货币。2004年5月1日,马耳他、塞浦路斯、波兰、匈牙利、捷克、斯洛伐克、斯洛文尼亚、爱沙尼亚、拉脱维亚、立陶宛10国正式加入欧盟。2007年1月1日,罗马尼亚和保加利亚正式成为欧盟成员国。2013年7月1日,克罗地亚正式成为欧盟第28个成员。随着新一波的欧盟扩张,即将加入欧盟的国家有:冰岛、黑山、塞尔维亚、马其顿、土耳其,潜在的加入欧盟国家有:阿尔巴尼亚、波黑、科索沃。

资料链接

1991年12月9日《马斯特里赫特条约》签署

1991年12月9日至10日,欧共体第46届首脑会议在荷兰的马斯特里赫特举行。12个成员经过激烈的讨价还价,草签了包括《经济联盟条约》和《政治联盟条约》两部分的《欧洲联盟条约》。因该条约是在马斯特里赫特签署的,故而又称作《马斯特里赫特条约》,简称《马约》。

《政治联盟条约》确定了政治联盟的基本目标。为便于推行共同外交与安全政策,该条约在决策方式上规定对某些决定可采取特定多数制,这是对至今实行的每项决定必须一致通过这一规定的重要补充。条约还准备把西欧联盟变为一个地区性防御机构,作为政治联盟的组成部分,实施与防务有关的决定。在防务问题上,由于英国反对建立欧洲独立财务体系,主张西欧联盟只作为北约的补充,而法、德则主张把西欧联盟作为欧共体的防务机构,结果条约规定,把西欧联盟建设成欧共体的防务机构,负责制定欧洲的防务政策,同时与北约保持一定联系。条约还规定用5年时间让西欧联盟与北约把包括后勤在内的各项工作统一起来。

《经济联盟条约》确定了经济和货币的最终目标,规定最迟于1998年7月1日成立欧洲中央银行,并于1999年1月1日实行单一货币。按原先计划,如到1996年,有7个国家符合规定的经济标准(通胀率在5%以下,财政赤字不超过国民生产总值的3%,公共债务不超过国民生产总值60%),便于1997年实行单一货币,但需由12国多数表决通过。条约规定,如届时达到上述标准的不到7国或多数表决未能通过,那么达到标准的国家最迟于1999年1月1日放弃本国货币而实行单一货币,其他国家待达到标准后参加。

实行经贸联盟的目标意味着成员国把货币决策管理的自主权转让给欧洲中央银行,这个超国家机构将承担起行使成员货币主权的职能,以确保价格稳定及实现统一大市场在经济增长和就业方面的整体利益。

《马约》是欧洲一体化进程中取得的一次突破性的进展,它表明欧共体将朝着一个经济、政治、外交和安全等多种职能兼备的联合体方向发展。因此,《马约》在欧洲一体化进程中具有里程碑的意义。

资料来源:人民网。

(二)北美自由贸易区

第二次世界大战前后,美国成为世界经济霸主。因此,当欧洲经济共同体成立时,美国不担心它的威胁,出于对抗苏联东欧国家阵营的政治考虑,还积极支持欧洲建立共同体。20世纪80年代以来,欧盟(前身是欧共体)经济实力日益壮大,亚洲的日本经济也急剧膨胀。冷战结束后,世界形势的发展对美国呈现了一些不利态势,美国已不可能再像以前那样单枪匹马地与对手进行竞争。美国必须创建以自身为核心的、能与其他经济集团和经济强国相抗衡的区域经济集团,以巩固美国的世界经济霸主地位。因此美国对建立自由贸易区就拥有了巨大的动力和热情。

1985年3月,加拿大总理马尔罗尼在与美国总统里根会晤时,首次正式提出美、加两国加强经济合作,实行自由贸易的主张。双方自1986年5月开始经过一年多的协商与谈判,于1987年10月达成了协议,1988年1月2日,双方正式签署了《美加自由贸易协定》。经美国国会和加拿大联邦议会批准,该协定于1989年1月生效。

1990年7月,美国与墨西哥正式达成了美墨贸易与投资协定(也称《谅解协议》)。同年9月,加拿大宣布将参与谈判,1992年8月12日,美国、加拿大、墨西哥达成了《北美自由贸易协定》。该协定于1994年1月1日正式生效,北美自由贸易区宣告成立。

(三)东盟自由贸易区

东盟自由贸易区前身是1961年7月31日马来西亚、菲律宾和泰国三国在曼谷成立的东南亚联盟。1967年8月7日至8日,印度尼西亚、新加坡、泰国、菲律宾四国外长和马来西亚副总理在泰国首都曼谷举行会议,发表了《东南亚国家联盟成立宣言》,即《曼谷宣言》,正式宣告东南亚国家联盟(Association of Southeast Asian Nations,ASEAN,简称东盟)的成立。东盟成为东南亚地区以经济合作为基础的政治、经济、安全一体化合作组织,并建立起一系列合作机制。

东盟的宗旨和目标是本着平等与合作精神，共同促进本地区的经济增长、社会进步和文化发展，为建立一个繁荣、和平的东南亚国家共同体奠定基础，以促进本地区的和平与稳定。

东盟在成立之初只是一个保卫自己安全利益及与西方保持战略关系的联盟，其活动仅限于探讨经济、文化等方面的合作。1976年2月，第一次东盟首脑会议在印尼巴厘岛举行，会议签署了《东南亚友好合作条约》以及强调东盟各国协调一致的《巴厘宣言》。此后，东盟各国加强了政治、经济和军事领域的合作，并采取了切实可行的经济发展战略，推动了经济迅速增长，逐步成为一个有一定影响的区域性组织。除印度尼西亚、马来西亚、菲律宾、新加坡和泰国5个创始成员国外，20世纪80年代后，文莱（1984年）、越南（1995年）、老挝（1997年）、缅甸（1997年）和柬埔寨（1999年）5国先后加入东盟，使这一组织涵盖整个东南亚地区，形成一个人口超过5亿人、面积达450万平方千米的10国集团。巴布亚新几内亚为其观察员国。

20世纪90年代初，东盟率先发起区域合作进程，逐步形成了以东盟为中心的一系列区域合作机制。1994年7月成立东盟地区论坛，1999年9月成立东亚-拉美合作论坛。此外，东盟还与美国、日本、澳大利亚、新西兰、加拿大、欧盟、韩国、中国、俄罗斯和印度10个国家和国家集团形成对话伙伴关系。2003年，中国与东盟的关系发展到战略协作伙伴关系，中国成为第一个加入《东南亚友好合作条约》的非东盟国家。

1992年1月，在新加坡举行的东盟第四次首脑会议上，与会各国正式作出了从1993年1月1日起15年内建成AFTA的决定。1994年9月，东盟经济部长会议决定将建成AFTA的时间由原定的15年缩短为10年，文莱、印度尼西亚、马来西亚、菲律宾、新加坡和泰国6国已于2002年将绝大多数产品的关税降至0%～5%。根据2003年10月在印尼巴厘岛举行的第九届东盟首脑会议发表的《东盟协调一致第二宣言》（亦称《第二巴厘宣言》），东盟将于2020年建成东盟共同体。2012年4月，第20届东盟首脑会议上，东盟领导人决定将2015年12月31日设定为建立东盟共同体的最后期限。2013年4月，第二十二届东盟首脑会议上，鉴于内部发展不平衡，东盟本着先易后难的原则，将于2015年率先实现经济共同体的目标。

此外，2011年东盟提出建立"区域全面经济伙伴关系"（RCEP）的主张，即建立东盟10国、中国、韩国、日本、印度、澳大利亚、新西兰共16国的自由贸易区。这一主张得到了各方的普遍认同。从2013年文莱首轮谈判至2014年，RCEP在两年不到的时间内先后进行了5轮谈判。仅2014年，RCEP就进行了四轮谈判。而在前五轮谈判过程中，在市场准入减让表模式、海关程序与贸易便利化及原产地规则等重要议题上取得了一致性成果。

2015年11月，RCEP联合声明中关于进一步加紧工作和争取2016年结束RCEP谈判的指示，部长们强调在接下来的谈判中实质性推进RCEP谈判的重要性，以根据《RCEP谈判指导原则和目标》，尽早达成高质量的协议。

李克强出席了RCEP领导人会议。2016年8月5日，《区域全面经济伙伴关系协定》

(RCEP)第四次部长级会议在老挝万象举行。东盟 10 国、中国、澳大利亚、印度、日本、韩国、新西兰等 16 方经贸部长出席会议。商务部高虎城部长率领中国政府代表团出席会议。

2016 年 8 月 10 日至 19 日,RCEP 第 14 轮谈判在越南胡志明市举行。

2016 年 10 月 16 日至 22 日,RCEP 第 15 轮谈判在中国天津举行。

2018 年 7 月 27 日,中国、日本、印度以及东盟(ASEAN)等 16 国结束了自 17 日起在泰国曼谷召开的区域全面经济伙伴关系协定(RCEP)的首席谈判官会议。会议讨论了有关下调关税和完善规则等问题,并就"通关手续·贸易便利化"与"政府采购"2 个领域达成了实质性共识。RCEP 自 2013 年起启动谈判,在全部 18 个领域,迄今为止达成共识的仅"中小企业"与"经济技术合作"2 个领域。加上此次会议的内容,共识领域终于增加到了 4 个。

二、区域经济一体化对国际贸易的影响

区域一体化对国际贸易的影响表现在:① 促进了经济一体化组织成员国经济贸易的增长;② 促进了集团内部分工的深化与合作,加速产业结构的优化组合;③ 促进了经济贸易集团内部的贸易自由化,推动其对外贸易发展;④ 增强和提高了经济贸易集团在世界贸易中的地位和谈判实力;⑤ 对国际经济贸易政策的影响。经济一体化组织内部的贸易自由化进程促使成员国在贸易政策方面作出程度不同的调整。经济一体化组织促使非成员国重新调整贸易政策。有助于巩固经济改革成就,推动贸易自由化进程。

资料链接

表 10-1　部分经济一体化协定与组织

地区	名　　称	协定生效时间	成　　员
拉美	安第斯共同体	1988 年 5 月 25 日	玻利维亚、哥伦比亚、厄瓜多尔、秘鲁和委内瑞拉
	南方共同市场	1991 年 11 月 29 日	阿根廷、巴西、巴拉圭和乌拉圭
	智利-巴拿马 FTA	2008 年 3 月 7 日	智利、巴拿马
	巴拿马-哥斯达黎加 FTA	2008 年 11 月 23 日	巴拿马-哥斯达黎加
太平洋	南太平洋地区贸易与经济合作协定	1981 年 1 月 1 日	澳大利亚、新西兰、库克群岛、斐济、基里巴斯、马绍尔群岛、密克罗尼西亚联邦、瑙鲁、纽埃、巴布亚新几内亚、所罗门群岛、汤加、图瓦卢、瓦努阿图、西萨摩亚
	拉美尼西亚先锋集团	1993 年 7 月 22 日	斐济、巴布亚新几内亚、所罗门群岛、瓦努阿图
	澳大利亚-智利 FTA	2009 年 3 月 6 日	澳大利亚、智利

续表

地区	名称	协定生效时间	成员
非洲	西非国家经济共同体	1993年	贝宁、布基纳法索、佛得角、科特迪瓦、冈比亚、加纳、几内亚、几内亚比绍、利比里亚、马里、毛里塔尼亚、尼日尔、尼日利亚、塞内加尔、塞拉利昂和多哥
	东南非共同市场	1994年12月8日	安哥拉、布隆迪、喀麦隆、刚果（金）、吉布提、埃及、厄立特里亚、埃塞俄比亚、肯尼亚、马达加斯加、马拉维、毛里求斯、纳米比亚、卢旺达、塞舌尔、苏丹、斯威士兰、乌干达、赞比亚、津巴布韦
	中非经济与货币共同体	1999年6月24日	喀麦隆、中非共和国、乍得、刚果、赤道几内亚和加蓬
	东非合作组织	2000年7月1日	肯尼亚、坦桑尼亚、乌干达
	南非发展共同体	2000年9月1日	安哥拉、博茨瓦纳、莱索托、马拉维、毛里求斯、莫桑比克、纳米比亚、南非、斯威士兰、坦桑尼亚、赞比亚和津巴布韦
	南非关税同盟	2004年7月15日	南非、博茨瓦纳、莱索托、纳米比亚和斯威士兰
南亚	南亚优惠贸易安排	1995年12月7日	孟加拉国、不丹、印度、马尔代夫、尼泊尔、巴基斯坦、斯里兰卡
西亚	海湾合作委员会	2003年1月1日	巴林、科威特、阿曼、卡塔尔、沙特阿拉伯、阿拉伯联合酋长国
阿拉伯	泛阿拉伯自由贸易区	1998年1月1日	巴林、埃及、伊拉克、约旦、科威特、黎巴嫩、利比亚、摩洛哥、安曼、卡塔尔、沙特阿拉伯、苏丹、叙利亚、突尼斯、阿拉伯联合酋长国、也门

资料来源：姜文学，王绍媛．国际贸易[M]．大连：东北财经大学出版社，2014：214-222．

第三节 区域经济一体化理论

区域经济一体化的产生和发展，引起许多经济学家对这一现象的研究和探讨，形成了一系列的理论。经济一体化一般是从商品贸易开始的，因此经济一体化理论中首先出现的是有关贸易的一体化理论。由于关税同盟是一体化中最基本的也是最重要的特征，因此很多学者把关税同盟作为基本的研究对象。雅各布·维纳(Jacob Viner)在1950年出版的《关税同盟问题》被公认为关税同盟理论的代表作。在此之后出现的很多理论是对《关税同盟问题》的完善和拓展。区域经济一体化的代表性理论有关税同盟理论、大市场理论及协议性国际分工原理。

一、关税同盟理论

对关税同盟理论研究最有影响的是以美国经济学家维纳和李普西(Lipsey)。按照维纳的关税同盟理论,完全形态的关税同盟应具备以下三个特征:① 完全取消各成员国间的关税;② 对来自成员国以外的国家和地区的进口设置统一的关税;③ 通过协商方式在成员国之间分配关税收入。这种自由贸易和保护贸易相结合的结构,使得关税同盟对整个世界经济福利的影响呈现双重性,即贸易创造和贸易转移并存。

(一)关税同盟的静态效应

关税同盟的静态效应是指假定在经济资源总量不变、技术条件没有改进的情况下,关税同盟对集团内外国家经济发展以及物质福利的影响。关税同盟的静态效应主要是指贸易创造效应和贸易转移效应。

1. 贸易创造效应(Trade Creating Effect)

贸易创造效应是指由于关税同盟内实行自由贸易后,产品从成本较高的国内生产转往成本较低的成员国生产,从成员国的进口量增加,新的贸易得以创造。此外,一国由原先从同盟外国家的高价购买转而从结盟成员国的低价购买也属于贸易创造。

2. 贸易转移效应(Trade Diversion Effect)

假定缔结关税同盟前关税同盟国不生产某种商品而采取自由贸易的立场,从世界上生产效率最高、成本最低的国家进口产品;关税同盟建立后,同盟成员国该产品转由从同盟内生产效率最高的国家进口。如果同盟内生产效率最高的国家不是世界上生产效率最高的国家,则进口成本较同盟成立前增加,消费开支扩大,使同盟国的社会福利水平下降,这就是贸易转移效应。

(二)关税同盟产生的动态效应

关税同盟产生的动态效应是指关税同盟对成员国贸易及经济增长的推动作用。关税同盟的动态效应表现在以下几个方面:

1. 竞争效应

关税同盟的建立使成员间的市场竞争加剧,专业化分工向广度和深度拓展,使生产要素和资源配置更加优化。

2. 规模经济效应

关税同盟建立后,成员内市场向统一的大市场转换,自由市场扩大,从而使成员国获取专业化与规模经济的利益。

3. 扩大投资效应

关税同盟的建立、市场的扩大、投资环境的大大改善,会吸引成员国厂商扩大投资,也能吸引非成员国为绕开关税同盟的贸易壁垒,到关税同盟内投资建厂。

4. 要素合理配置效应

关税同盟建立以后,由于生产要素可在成员间自由移动,促进了要素更为合理的配置。

分析案例

非洲经济一体化进程

近日,非洲经济一体化再传佳音。占非洲经济总量一半的非洲三大区域经济体各成员表示,有望在今年5月底前实现商品与服务的自由流通。

贸易自由化是非洲经济一体化的前奏。非洲的三大区域经济体:东南非共同市场、东非共同体和南非共同体,已经走在了非洲经济一体化的前列。2011年,肯尼亚、南非和埃及等26个非洲国家启动了非洲三方自贸区谈判。这三大区域经济体覆盖人口6.25亿人,国内生产总值总和约1万亿美元,占非洲经济总量的58%。目前,区内各国已就自贸区的核心内容举行了多轮谈判,在关税自由化、原产地规则、海关手续和海关文件简化、过境程序、非关税壁垒、贸易救济措施和其他技术壁垒、争端解决机制、区域内人员流动便利化等方面取得重要进展。

贸易自由化更是非洲一体化的重要抓手。非洲国家的贸易水平尤其是内部贸易水平较低。这一直是制约非洲经济发展的顽疾。非洲人口占全球人口总数的14%,但货物贸易出口和进口额占世界比重不到2%。建立关税同盟,成员间相互降低或取消关税,削减非关税壁垒,将多国市场由分割市场整合为区域大市场,这有利于贸易自由化,无疑将提升贸易水平。

2019年4月,非洲大陆自由贸易区协议生效,按照规定,协定生效需要22个国家的批准,近日随着最后一份冈比亚批准后,非洲大陆自由贸易区协议即将正式启动。

回顾2018年,非洲整体GDP总量在2.3万亿美元左右,就算把非洲算作是一个大的经济体,在全球来看也只能排在第八名,位列印度之后。如此对比下来,确实,非洲的经济发展显得过于迟缓。眼下根据协议来看,非洲将创造一个它将会建立一个免除关税的新大陆,形成一个覆盖55个国家的12亿人口、拥有3万亿美元GDP的非洲单一市场。

问题:从区域经济一体化理论谈非洲经济一体化的必要性?

数据来源:徐惠喜. 非洲经济一体化进程提速[N]. 经济日报,2015-04-02(4);55国覆盖!非洲大陆自贸区协议生效[OL]. 第一黄金网在线,2019-04-08.

二、大市场理论

大市场理论主要代表学者是西托夫斯基和德纽。他们认为以前各国之间推行狭隘的只顾本国利益的贸易保护政策,把市场分割得狭小而又缺乏适度的弹性,这样只能为本国生产厂商提供狭窄的市场,无法实现规模经济和大批量生产的利益。

该理论的核心是:① 通过扩大市场才有可能获得规模经济,从而实现技术利益;② 依靠因市场扩大化而竞争激化的经济条件,实现上述目的。两者的关系是目的与实现目的的手段的关系。

西托夫斯基提出一个西欧的"高利润率恶性循环"或者说"小市场与保守的企业家态度的恶性循环"的命题来论述其大市场理论。他认为西欧陷入了高利润率、低资本周转率、高价格的矛盾中。解释是:人们处于狭窄的市场,竞争消失,市场停滞和阻碍新竞争企业的建立等原因,高利润率长期处于平稳停滞状态。因为价格高,耐用消费品等到不了大众之手,普及率低,不能转入大量生产,因而陷入了高利润率、低资本周转率、高价格、市场狭窄这样的恶性循环之中。共同市场或贸易自由化可以打破此恶性循环。如果竞争激化,价格下降,就会迫使企业转向大量生产。大多数企业都这样做,还会产生外部性,也就是产生出大市场化→向大生产方式转换→生产成本下降→大众的大量消费→竞争进一步激化……这样一种积极扩张的良性循环。

德纽认为大市场化机器的充分利用、大量生产、专业化、最新技术的应用、竞争的恢复,所有这些因素都会使生产成本和销售价格下降;再加上取消关税也可能使价格下降一部分。这使得购买力增加和实际生活水平提高。购买某种商品的人数增多之后,又可能使消费、投资增加,进而导致价格下降、工资提高、购买力全面增加……只有市场规模迅速增大,才能促进和刺激经济扩张。

为什么不选择世界范围的自由贸易?而偏好共同市场。大市场理论的解释是:① 世界范围的自由贸易是不稳定的,其实现是渺茫的;② 要开展自由贸易,就要求与之有关的各种条件具有一定的一致性,具备这种一致性的特定区域必须能够和谐地重组这些条件的区域,是地理上接近,发展阶段、收入水平、文化水平等大致相等的国家构成的区域。

三、协议性国际分工理论

协议性国际分工原理是由日本著名教授小岛清提出的,指一国放弃某种商品的生产并把国内市场提供给另一国,而另一国则放弃另外一种商品的生产并把国内市场提供给对方,即两国达成相互提供市场的协议,实行协议性国际分工。协议性分工不能指望通过价格机制自动地实现,而必须通过当事国的某种协议来加以实现,也就是通过经济一体化的制度把协议性分工组织化。如拉美中部共同市场统一产业政策,由国家间的计划决定的分工,就是典型的协议性国际分工。

国家协议分工需要具备的条件:

(1) 两个(或多数)国家资本劳动禀赋比例差异不大,工业化水平和经济发展阶段大致相等,协议性分工的对象产品在哪个国家都能进行生产。在这种条件下,互相竞争的各国之间扩大分工和贸易,既是关税同盟理论的贸易创造效果的目标,也是协议性国际分工理论的目标。

(2) 作为协议分工对象的商品,必须是能够获得规模经济的商品。

(3) 不论对哪个国家,生产 X 商品或生产 Y 商品的利益都应该没有很大差别,否则就不容易达成协议。

四、发展中国家经济一体化理论

(一)联合国拉美经委会经济发展战略思想

1949年联合国拉美经委会成立。该委员会通过对拉美社会经济现状的分析,提出了一套具有拉美特点的、称之为发展主义的发展思想和理论主张。

1. 打破"中心-外围"的国际经济结构

指以发达国家为中心、发展中国家为外围的体系。它们是社会经济结构、技术结构极其不同的两个体系,在经济发展过程中处于不平等地位。外围国家在经济发展中缺乏自主性和独立性,经济结构呈现单一性结构特征,在技术进步利益的分配中处于被动地位。外围国家初级产品的贸易条件有长期恶化趋势,外围国家在与中心国家的贸易中处于不利地位。结果,外围国家与中心国家之间的差距越来越大。因此,像拉美国家这样的不发达国家要取得经济发展,经济战略的首要目标就是打破"中心-外围"的国际经济结构。

2. 工业化是拉美国家摆脱不发达状况的唯一手段

拉美国家的落后是由于其依赖初级产品出口,贸易条件恶化影响了其资本的积累和发展。为此,拉美国家应集中更多资源来发展现代工业,从而改变其在国际分工的地位,并能较多分享技术进步的成果。

3. 建立拉美共同市场,促进拉美地区经济繁荣

在共同市场内部实行国际分工和专业化措施,发展各国经济。强调共同市场的主要目标是保证拉美国家的合理工业化,借助地区经济一体化解决拉美各国国内市场狭小与加快经济增长的矛盾。

(二)拉美经委会经济一体化理论的原则主张

拉美经委会经济一体化理论是拉美经委会发展主义理论的重要组成部分。它在一定程度上受到西方传统经济一体化理论和西欧一体化运动的影响,同时具有自身的特点。

1. 体现了从实际出发和循序渐进的原则

拉美经委会根据拉美各国发展程度不同的实际情况和特点,认为拉美经济一体化的准则是坚持建立共同市场这一最后目标,同时要采用更为灵活的机制,指出拉美共同市场"只能通过渐进的阶段来实现,最初志向必须限制在所能达到的目标那部分;必须是考虑现实路线的、具有耐心政策的和辅之以坚定的目的。"在具体步骤上拉美经委会认为,一体化的第一阶段应采取自由贸易区的形式,在10年之内,目标只能限制在保证关税平均水准的持续下降之内,至于全面的自由贸易和建立共同的对外税率,则只有在这种实验阶段结束后才能实施。

2. 共同市场的广泛性原则

拉美经委会认为,特惠贸易区应在尽可能多的国家范围内建立,并且这种贸易区应有足够的开放程度,以便促使最初没有参加的国家能够加入,反对任何形式的限制,否则"最初的国家集团将退缩到它的壳内,其他的非成员国家或许力图形成相似的和同样的排他性集团。一段时间之后,这里不是一个广阔的拉美共同市场,而将是一连串的次区域群体,如同拉丁美洲现在的特点,相互间没有交流"。

3. 区别对待原则

根据拉美国家经济发展程度悬殊这一现实特点,拉美经委会提出,一体化过程中避免利益过多集中在较发达成员国一边。建议根据互惠原则,对经济发展程度不同的国家给予差别对待,指出:"共同市场应为每户和所有拉美国家提供促进它们经济增长的平等机会。但是,如果要使共同市场中的机会平等尽可能得到保证,那么,对由于发展阶段不同而产生的它们相对情形的差异就有必要给予差别的对待。"

4. 有限度的"自由竞争"原则

拉美经委会经济政策的核心是加速拉美地区资本主义的发展,因此,遵循资本主义的普遍规律,肯定共同市场中的"自由竞争"原则,提倡所有成员国政府应义不容辞地创造条件,以有助于共同市场内私人企业有效的活动……最后的问题将是由私人企业来决定建立哪些工业,在哪些国家建立和要达到何等专业化程度。但拉美经委会又接受了凯恩斯主义的影响,推崇经济生活中的国家干预,这反映在它的共同市场政策观念上,表现为主张采用对不同成员国给予差别待遇,以及对互惠原则下的利益过分集中予以限制等价格机制以外的措施。因此,拉美经委会在接受资本主义自由竞争原则的同时,又在国家参与经济生活的影响下对这种原则持有一定程度的保留。

5. 一体化工业的制衡机制——补充安排或协议

拉美经委会认为,建立一体化工业应给予经济比较落后的成员国一定形式的照顾,并确认补充安排或协议是与差别待遇原则并行的共同市场内最惠国条款中的两项例外之一,它是保证新一体化工业平衡发展和使现存工业活动合理化的重要手段。拉美经委会同时指出,这种手段虽然有产生排他性集团的风险,但它具有长期的利益,是"一种计划推进而并非妨碍共同市场最后目标的例外"。为了避免上述风险,拉美经委会强调使用这种手段应有严格的程序,要预先得到最高共同机构的获准,并明确规定使用期限,否则就有可能背离一体化的基本准则。

◆本章小结

区域经济一体化指两个或两个以上的关税领土为了实现共赢目标,通过签订政府(当局)间的协定或条约,实行从成员间减少或取消贸易壁垒到实施统一的经济政策的不同程度的经济联合。按一体化的程度划分,有优惠贸易安排、自由贸易区、关税同盟、共同市场、经济同盟、完全经济一体化,按一体化的范围划分,有部门一体化和全盘一体化,按参加国的经济发展水平划分,有水平一体化和垂直一体化。

区域经济一体化实践的代表有欧盟、北美自由贸易区、东盟自由贸易区等。

第十章 区域经济一体化

区域经济一体化理论主要有关税同盟理论、大市场理论、协议性国际分工原理和发展中国家经济一体化理论。关税同盟理论包括关税同盟的静态效应和关税同盟产生的动态效应,前者包括贸易创造效应和贸易转移效应,后者指竞争效应、规模经济效应、对投资刺激效应及要素合理配置效应。

◆**关键词**

经济一体化　自由贸易区　欧盟　关税同盟理论

◆**思考题**

1. 区域经济一体化的概念是什么?有哪些形式?
2. 简述关税同盟理论的内容。
3. 简述"中心—外围"理论。
4. 简述大市场理论。
5. 简述协议性国际分工原理。
6. 试论述欧洲经济一体化进程。
7. 据不完全统计,2018年美国宣布退出中导条约、万国邮政联盟、北美自贸协定、联合国人权理事会、伊核协议、联合国教科文组织、移民问题全球契约、TPP和巴黎协定等9个国际组织。请分析其原因。
8. 谈谈英国脱欧的原因及前景分析。
9. 上海合作组织的"上海精神"指什么?

思考案例

亚太自贸区:区域经济一体化的第三条道路

作为2014年APEC会议的主办方,中国再次将推进亚太自由贸易区(FTAAP)提上议程。FTAAP的概念与动议最早于2004年由APEC工商咨询理事会(ABAC)率先提出,其目的在于重启进展缓慢的APEC的贸易自由化进程。目前,会议在该议题上已取得一定进展。经中美两国共同提出,在APEC贸易与投资委员会(CTI)下建立"加强区域经济一体化和推进亚太自贸区'主席之友'工作组",启动亚太自贸区进程。

建立FTAAP不仅有利于亚太区域经济合作重回APEC制度框架,也有望成为突破区域全面经济伙伴关系(以下简称"RCEP")和跨太平洋伙伴关系协定(以下简称"TPP")两大巨型FTA形成的竞争、博弈与对峙格局的"第三条道路"。

(1) 建立FTAAP有利于恢复APEC贸易与投资自由化的雄心与动力。FTAAP将在一定程度上改变APEC原有的建立在"协调的单边主义"和"自愿自主"基础上的松散、灵活与非约束性的合作机制,通过更加具有约束力和机制化的合作方式推动APEC贸易与投资自由化进程,重振各成员对APEC的信心。

(2) 建立FTAAP有助于设定APEC"茂物目标"之后的新目标。2020年是APEC实现"茂物目标"的最后时间点,但其对所实现的贸易与投资自由化的程度与水平的界定非常模糊。而FTAAP的建立则可为APEC确定一个更高标准的"后茂物目标",并使APEC向更

239

加紧密、高效与机制化的合作模式转变。

(3) 建立FTAAP有利于弥合RCEP与TPP两大巨型FTA的竞争。当前在亚太区域经济一体化的路径选择上形成了以RCEP为载体的"东亚轨道"和以TPP为载体的"亚太轨道"之间的竞争与博弈。RCEP以东盟为"功能性"中心,主要聚焦于以贸易规模为主的传统贸易关系以及以市场准入为核心的传统贸易政策与规则;而TPP由美国主导,强调致力于构建一个以价值链贸易关系为基础、以规制融合协调为导向、以"第二代"贸易政策措施为主体的新型贸易协定。更为重要的是,由于RCEP包括中国但不包括美国,而TPP包括美国但不包括中国,许多其他亚太经济体处在两难境地。因此,FTAAP可为弥合分裂提供折中道路。

(4) 建立FTAAP有利于中国把握亚太区域经济合作的主导权。中国倡议构建FTAAP,并使其进入分析研究与路线图制定的实质阶段,改变了中国单纯依靠RCEP和中、日、韩FTA的"东亚轨道"方式,为中国在更大地域范围与更高质量上促进亚太经济一体化提供了广阔的平台。

问题:亚太自贸区的建设困难在哪?

资料来源:盛斌.亚太自贸区:区域经济一体化的第三条道路[N].中国社会科学报,2014-11-07(A4).

应用训练

中国国内有哪些自由贸易试验区?它们各自的特色是什么?

课外导读

化"上海精神"为"上海力量",共建上合组织命运共同体

2019年6月14日,上海合作组织(以下简称"上合组织")成员国元首理事会第十九次会议在吉尔吉斯斯坦首都比什凯克举行。会上,习近平主席发表重要讲话,强调从"上海精神"中发掘智慧,从团结合作中获取力量,携手构建更加紧密的上海合作组织命运共同体。

自2001年上合组织成立以来,在"上海精神"的引领下,历经十八年发展建设,上合组织成员国的集体认同意识显著增强、组织框架内各领域合作深入发展,行为能力和国际影响力均有了实质性提高。在促进地区稳定与繁荣、维护国际公平与正义,上合组织扮演着愈发重要的角色。2019年比什凯克峰会上,习近平主席提出把上合组织打造为"团结互信、安危共担、互利共赢、包容互鉴"的地区合作机制典范,表明了对上合组织过去的充分肯定和对未来发展的期许。

上合组织需以巩固团结互信为基础。上合组织由解决创始成员国间领土争端的边界会谈机制"上海五国"发展而来,具有扎实、高水平的政治互信基础。在此基础上,上合组织政治合作不断拓展,机制建设日臻完善,建立了从国家领导人到各级职能部门,再到民间团体等一系列机构,签订了《上海合作组织宪章》《上海合作组织成员国长期睦邻友好合作条约》等重要文件,为组织的运行、各领域合作提供了坚实保障。2017年阿斯塔纳峰会上,上合组

织给予印度和巴基斯坦正式成员国地位,不同程度地强化"中俄印""金砖国家"等新兴大国合作机制,成为新兴国家间开展战略协作、参与全球治理的重要抓手。2019年比什凯克峰会上,习近平主席强调"要把上合组织打造成团结互信的典范",言明了上合组织未来发展根本动力和发展导向。

上合组织以筑牢地区安全屏障为己任。没有一个安全、稳定的环境,一切务实合作都无从谈起。上合组织是最早提出联合打击恐怖主义的国际组织,自成立以来,上合组织安全合作成效显著,不仅建立了专门的地区反恐机构,还制定了《打击恐怖主义、分裂主义和极端主义上海公约》等纲领性原则文件和具体行动规划。2019年比什凯克峰会上通过的《〈2018—2023年上合组织成员国禁毒战略落实行动计划〉2019—2020年工作计划》《上合组织成员国关于数字化和信息通信技术领域合作的构想》《"上合组织——阿富汗联络组"下一步行动路线图》等重要文件表明,面对多样繁杂的恐怖主义、极端主义新形态,上合组织成员国已做好联手应对的准备。

上合组织以实现地区繁荣为目标。从区域合作的基本理论来看,区域合作要具备两个基本要素,一是合作中要有大国引领,二是要有可观的潜在收益。在大国引领方面,世界贸易组织秘书处曾预测,至2035年,中、俄、印三国在全球经济中的比重将达到25%~33%,成为全球经济的重要增长极。在潜在收益方面,上合组织拥有的人口、经济规模以及贸易总量分别占全球的42%、17.5%和30%,在推动"一带一路"构建"大欧亚伙伴关系"等合作倡议推动下,包括印度在内的组织成员国均强调大力发展能源和基础设施项目建设,助力区域经济发展、改善当地人民的生活条件,为深化区域合作、提振成员国经济发展增添动力。

上合组织以包容互鉴丰富人文交流新内涵。上合组织成员国都是人类文明发展的宝库。苏联解体后,包括西方所谓的"现代化理论体系"在内的"外来者"对中亚地区本土文明横加指责,否定中亚地区历史文明和固有的社会文化,强调自身文明属性的所谓"先进性"和"合理性",并据此对中亚国家进行改造,试图达到"改旗易帜"的真实目的。文明本无高低贵贱之分,更无先进、落后之别。上合组织以"了解彼此历史,尊重他者文化"为人文交流合作的前提,在"尊重多样文明"的基础上深化教育、科技、文化、卫生等内容的合作。本次比什凯克峰会上,习近平主席指出,"要不断提升民众参与度和获得感",更是向各成员国和友好国家传递出"增信释疑、相互了解"的美好意愿。

与创建之时不同,"上海精神"已历经十八年的实践检验和历史论证,得到了成员国的充分认可和积极肯定。在内外形势均发生变化的"百年未有之大变局"大背景下,"上海精神"更能展现出其厚重的"上海力量",共建上合组织命运共同体前景可期!

(数据来源:高煜迅.化"上海精神"为"上海力量",共建上合组织命运共同体[OL].光明网-理论频道,2019-06-17.)

第十一章 对外贸易与经济增长

本章结构图

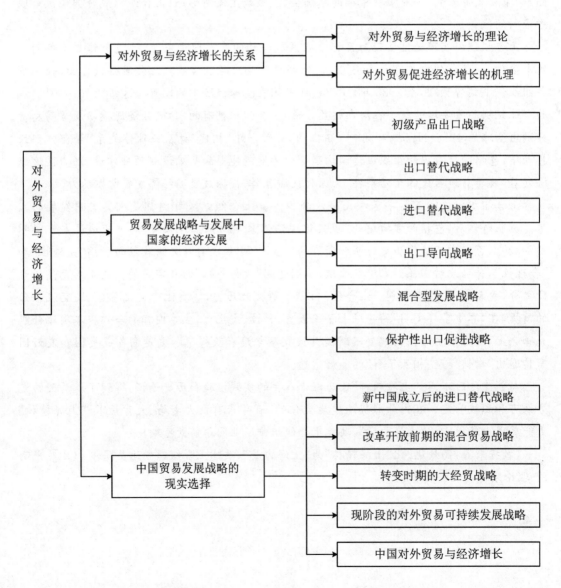

第十一章 对外贸易与经济增长

学习目标

了解对外贸易与经济增长的理论、发展中国家的贸易战略,熟悉中国贸易发展战略的现实选择,掌握对外贸易促进经济增长的机理。

导入案例

外贸仍是经济增长重要依托

商务部外贸司副司长支陆逊说:"外贸是稳增长、保就业的重要支撑,也是促转型、调结构的重要依托。无论是过去、现在还是未来,中国的外贸在国民经济发展中都将发挥越来越重要的作用。"

外贸地位的重要性首先就体现在对经济增长的拉动上。"我们对过去30年做过一个分析,外贸对经济增长年均贡献率在18%左右,成为拉动国民经济增长的'三驾马车'之一。""第二体现在就业上。外贸间接拉动就业达到1.8亿人,特别是对农民的转化,仅加工贸易发展就使4000万的农民工转化为产业工人。第三体现在缓解资源紧张上。资源对中国的制约比较大,石油等资源的进口一方面有效保障了国内的供给,同时也缓解了国民经济资源瓶颈。我们做过一个测算,仅农产品进口一项,中国相当于节约了10亿亩耕地。第四体现在财政收入上。关税包括海关环节的增值税,还有与外贸相关的一些税收,相当于全国税收的18%。第五体现在推动产业升级上。广东的加工贸易在高峰时占中国的半壁江山,从2000年开始推动加工贸易转型升级,加工贸易由OEM向OBM+ODM(委托设计、制作品牌)转化。目前广东加工贸易企业拥有品牌总数2000多项,比2010年增长63%,对产业升级作用非常之大。"支陆逊说。

资料来源:内蒙古商务之窗网(2015-05-28)。

第一节 对外贸易与经济增长的关系

资料链接

对外贸易是经济增长发动机

1937年,英国学者罗伯特逊提出"对外贸易是经济增长发动机"这一命题,其主要着眼点在于阐述后进国家可以通过对外贸易尤其是出口增长来带动本国经济的增长。后来美籍爱莎尼亚学者诺克斯通过分析19世纪英国与新移民地区国家如美国、加拿大、澳大利亚、新西兰等国家经济发展的原因进行研究时认为:19世纪的英国(中心国家)的经济增长,通过对外贸易带动了加拿大、澳大利亚、新西兰(外围国家)的经济增长,对外贸易起到经济增长发动机的关键因素,是中心国家经济增长使得对初级产品需求的扩大。这样,初级产品的生产国即外围国家就成为国际分工格局的受益者,其初级产品的出口迅速增加,而高度的出口增长率会通过一系列的动态转换过程,把出口部门的经济增长传递到国内其他各个经济部门,从而带动整个国民经济的全面增长。

资料来源:姜文学,王绍媛. 国际贸易[M]. 大连:东北财经大学出版社,2014:160.

20世纪下半叶,亚洲的一些新兴工业国家的发展充分证明了对外贸易促进经济增长,同时国内经济增长推动对外贸易的发展。

一、对外贸易与经济增长的理论

早期,斯密认为提高劳动生产率是增加国民财富的重要条件之一,他认为分工能大大提高劳动生产率,其原因有三:① 劳动者的技巧因专业化而得到提高;② 由一种工作转到另一种工作,通常需要损失不少时间,有了分工,就可以免除这种损失;③ 许多简化劳动和缩减劳动的机械的发明,使得一个人能完成许多人的工作。因此,如果每个人专门从事一种物品的生产,然后彼此进行交换,则每个人都是有利的,对整个国家来说也是有利的。斯密进一步将这种分工原则推广到国与国之间。他主张,如果国外的产品比自己国内生产的产品便宜的话,那么最好是输出本国在有利生产条件下生产的产品去交换外国的产品。如果各国都是按照各自的有利条件进行分工和交换,将会大大提高劳动生产率和增加物质财富。

斯密的按各国绝对有利的生产条件进行国际分工的思想,实质是按照绝对成本的高低进行分工。斯密认为应按由于地域、自然条件不同而形成的商品成本绝对差异而分工。即一国输出的商品一定是生产上具有绝对优势、生产成本绝对低于他国的商品。

英国经济学家李嘉图在1817年提出了比较利益学说,在经济学中占有重要的地位。比较利益说又称为比较成本说,是在斯密的绝对成本说基础上发展起来的。李嘉图比斯密前进了一步,认为,在资本和劳动力在国际间不能自由移动的条件下,按照比较成本说的原则进行国家分工,可以使得资源配置更加合理,增加生产总量,对贸易各国都有利。

穆勒从某些方面发展了斯密和李嘉图的理论,他指出,基于比较利益的贸易,导致更有效地利用了世界的生产力,这可被看作对外贸易的直接经济效益。此外还有间接经济效益,其中一个重要的动态间接效益是:"市场的每一次扩大都具有改善生产程序的趋向,为比国内市场大的市场进行生产的国家,可以采用更广泛的分工,可以更多地使用机械,而且更可能对生产过程有所发明和改进。"这其实是强调了发展过程的供给方面——贸易使得穷国有了消除国内短缺、克服国内市场规模小、加速向发达国家学习过程的机会。

瑞典经济学家赫克歇尔和俄林以各国间要素禀赋的相对差异和生产各种商品时利用它们的程度,作为国际分工的依据和国际贸易产生的原因,而且劳动不再是唯一的投入,但是生产的规模报酬依然不变。因此赫克歇尔-俄林理论也被称为新古典贸易理论。

俄林强调,决定一国比较利益的基本因素是相对资源禀赋,也就是自然资源、劳动和资本等投入要素的供给状况。一国所有的商品的价格和生产要素的价格都是由它们各自的供求关系决定的,因为各种生产要素彼此是不能完全替代的,所以在生产不同的商品时,必须使用不同的要素。每个国家生产要素供给的禀赋不同,如果一国相对充足的要素是劳动力,则工资相对较低,劳动密集型产品的价格就低,该国在劳动密集型产品的生产上就具有相对优势。他认为,通过国际贸易可以弥补国际间生产要素分布不均的缺陷,使得各国都能更有效地利用各种生产要素,实现合理的国际分工,而使得贸易各国的福利均得到提高。

以赫尔普曼、克鲁格曼等经济学家为代表的新贸易理论,则强调规模递增是贸易的基础,将以规模递增为基础的劳动分工和规模经济都是一国进行专业化和贸易的原因,前者是完全竞争和规模报酬不变条件下的产业间贸易,后者是不完全竞争和规模收益递增条件下的产业内贸易。由于国际贸易会使得市场的总额规模加大,所以国际贸易会使得生产率和产品种类同时增加。

二、对外贸易促进经济增长的机理

(一) 闲置资源与对外贸易

如果一国存在闲置资源(产品、自然资源、劳动力和资本),则出口贸易可以促进经济增长,由于一国的出口贸易额是该国国民生产总值的一部分,如果出口扩大利用了原有的剩余资源,必然导致国民生产总值增长。刘易斯模型,即是基于农业部门存在大量的剩余劳动力,工业部门在不断扩展中吸收农业部门的过剩劳动力,从而推动国民经济的增长。因此,当出口扩大发生在工业部门时,或者是利用了农业部门的剩余劳动力,则必然会推动经济的增长。凯恩斯的对外贸易乘数理论的出发点,也是基于本国就业不足的前提,即存在劳动力以及资本过剩,需要通过扩大出口来增加国内需求,从而刺激经济增长,实现充分就业。同时可以利用其他国家或是地区的经济增长,寻求上升机会,扩张本国出口生产,从而带动本国经济增长。整个传导过程是国外经济增长传导至本国对外贸易增长,再传导至本国国内经济增长。这种情况就是通过发展出口贸易以加快要素、商品在各种经济部门之间流动,从而带动整个国民经济的增长。

(二) 比较利益与对外贸易

李嘉图提出的比较利益已经成为国际贸易理论的重要基石,其基本原理是:只要各国按照比较利益分工,就可以实现资源的最有效配置,从而增加产出,其后赫克歇尔和俄林的要素禀赋理论是对这一原理的更深入论证。然而,其中隐含的一个重要条件是各国采取自由贸易政策,而这在现实经济中是很难满足的,发展中国家以实现工业化为目标,是不能长期满足于这种静态贸易利益的,发达国家也不会面对严重的失业问题而轻易放弃自己不具有比较利益的产业。因此,从历史上看,自由贸易程度较高的年代,出口贸易促进经济增长的机制就发挥得较好;反之,这种促进机制就不容易发挥。

(三) 规模经济与对外贸易

1979年,克鲁格曼提出了著名的产业内贸易学说,主张"把规模经济和比较利益相结合,作为贸易生产和贸易利益的主要原因",他全面论述了在规模报酬递增的条件下,通过出口扩大增加产量来降低成本,推动经济增长的机制。

（四）技术进步与对外贸易

20世纪80年代以来，以哈根为代表的经济学家开始从出口贸易对技术进步的促进来寻求推动经济增长的作用，哈根认为，出口需求扩大，往往是一个刺激技术创新的信号，从而导致新技术和新管理方法的采用，这不仅增加了国民收入，出口产业新技术的外溢效应也会在其他非出口产业产生连锁反应，最后使得整个国民经济实现数量和质量的提高。

（五）制度创新与对外贸易

诺斯认为制度创新促进经济增长，而出口贸易可以促进制度创新。一方面出口贸易可以通过"边干边学"效应和"外溢"效应，促进整个国家的制度创新；另一方面出口贸易可以导致市场和经济规模的扩大，迫切需要制度创新以降低交易费用，同时出口贸易把企业推向竞争激烈的国际市场，引起竞争强化，迫使国内企业积极进行制度创新，以提高组织运行效率和技术创新效率，从而提高自身的竞争力。

（六）内生增长理论与对外贸易

近年来以罗默为代表的内生经济增长理论也论述了国际贸易促进经济增长的机制，他把内生创新的模式扩展到包括商品、资本和思想的国际流动，认为国际贸易主要通过五种渠道来影响经济增长：① 规模收益，贸易的自由化扩展了国内企业所面对的市场的有效范围；② 贸易通过不可避免的国际交换而引起的国际技术外溢来影响一国经济的增长；③ 一国可以通过国际贸易消除研究部门的重复工作，以避免资源的浪费；④ 自由贸易政策所引起的生产布局和竞争；⑤ 加速资本的积累。

第二节 贸易发展战略与发展中国家的经济发展

从理论上看，发展中国家的贸易战略主要有初级产品出口战略、出口替代战略、进口替代战略和出口导向战略，科学正确地选择并实施何种经济发展战略是关系到发展中国家利用对外贸易发展民族经济的重大决策。为了确保贸易发展战略能够符合国情和国际环境，从而更好地服务于国民经济总体发展战略，促进本民族的经济发展，为此我们有必要认真研究贸易发展战略的原则并认真分析影响贸易战略选择的因素以制定出更加符合本国情的贸易发展战略，进而更有效地促进民族经济的发展。

一、初级产品出口战略

发展中国家因为长期单一的经济结构，无法与发达国家在国际市场上就工业制成品进行公平竞争。因此，发展中国家会选择出口本国具有竞争力的初级产品，以促进工业的发展。初级产品是指没有经过加工或是少量加工的农、林、牧、渔、矿产品。一些石油丰富的国家正是通过出口初级产品带动工业化发展，从而推动经济增长。选择初级产品出口的发展战略可以提高对现有生产要素和资源的利用程度,推动经济增长。但是初级产品出口战略对本国的经济发展也存在许多不利影响,其主要表现是:为出口而发展起来的初级产品生产部门往往只是落后国家经济发展中的相对孤立的部门,并没有与本国的国民经济融为一体,因此较难带动其他部门取得实质性的发展,反而会形成或加剧畸形的经济与价格结构。由于初级产品的出口收入受国际市场需求与价格变动的影响较大,再加上国内消费又依赖于从发达国家的进口,所以经济发展和人民生活往往受制于世界市场,具有严重的对外依赖性。

二、出口替代战略

出口替代战略又称外向发展战略,是进口替代战略的对称。是指发展中国家在对外贸易中所采取的积极鼓励出口、发展本国在国际上有竞争能力的工业品、代替传统的初级产品出口的一种政策策略。其目的主要是扩大市场,实现规模经济,推动企业经济效益的提高,加快工业化步伐,促进整个国民经济发展。实行该战略的发展中国家按其经济结构和工业化进程,可分为三种类型:原出口初级产品的国家加强对初级产品的加工出口;发展中国家的大国,借用进口替代期间建立起来的工业基础,扩大出口生产;发展中国家的小国和地区,主要发展面向出口的劳动密集型的装配加工工业。发展中国家可采取如下措施实现此项战略:放松贸易保护,积极鼓励出口;优先提供外汇,制定合理汇率;对出口企业减免所得税、营业税等,以刺激对出口企业的投资;对外国投资者提供各种优惠和方便,吸引外资,以解决资金不足和技术缺乏问题。

三、进口替代战略

进口替代战略又称内向发展战略,是指用本国产品来替代进口品,或者说通过限制工业制成品的进口来促进本国工业化的战略。就是从经济上独立自主的目的出发,减少或者完全消除该种商品的进口,国内市场完全由本国生产者供应的战略。

在初级阶段,侧重保护本国的最终消费品行业。通常的措施是限制或者禁止消费品的进口。与生产资本品、中间产品相比较,生产消费品所需要的生产技术比较简单,所需投资也低得多,易于开办企业。这也意味着由国内生产的和进口的消费品在成本方面差距小,而资本品和中间产品的成本差距很大。因此消费品的进口替代的代价小。再者,消费品的市场是现存的,资本品、中间产品的需求则是由投资引致的。当国内的工业发展到一定程度,国内生产的消费品替代进口商品满足国内市场需求时,进口替代品的生产由消费品向资本品和中间产品转移。

限制或禁止进口的关键措施则是实行保护政策。具体措施是在关税方面实行阶梯式的关税结构,一般表现为:① 对最终消费品的进口征收高关税,对生产最终消费品所需的资本品和中间产品征收低关税或免征关税;② 在非关税措施方面,限制各类本国保护的最终消费品的进口数量,以减少非必需品的进口,但是需要保证国家扶植的工业能够得到足够的资本品和中间产品,降低本国的生产成本;③ 在外汇管理方面,实行外汇管制,不提供需要替代的消费品的进口外汇,同时也可以把本国货币对外币的币值定得很高,即外币表示本国货币汇率很高。通过这些措施使资本品和中间产品的进口成本低于它的真实成本,以鼓励替代进口的消费品的生产。

(一)进口替代战略的优点

1. 有助于刺激国内需求

借助于某种程度的国家干预和保护,利用本国资源从事在国内具有较大需求的工业制成品的生产。一旦实施该战略,就意味着大规模的国内生产和投资行为的开始,这将对国内的投资需求产生极大的刺激作用。如果实现了替代,就意味着将实现由过去对国外市场同类产品的大量需求向对国内市场大规模需求的转变,这对开拓国内市场并刺激国内消费需求是非常重要的。

2. 有利于保护本国的幼稚工业和民族工业

一旦实施该战略,既可以在不断地学习和借鉴过程中为本国培育大量技术和管理方面的人才,逐渐促进国内工业的多样化和现代化,实现某些产品的自给自足,又能在摆脱对同类产品过度进口的同时减少外汇支出。积累国内建设资金,可以进一步发展国内的战略产业,并转而出口创汇。

3. 有助于提高本国产品的国际竞争力

通过进口替代战略的实施有利于国内市场的开拓,降低对外部经济的依赖性。为参与全球化竞争的企业提供稳固的国内保障,并且随着国内企业的成长,有助于提高其产品的国际竞争力,改善一国的对外贸易的结构和条件,提高一国的对外开放水平,有效防止了贸易条件恶化。

(二)进口替代战略的弊端

1. 不利于对外出口

本币升值,虽然有利于进口替代产业投入品的进口,却降低了本国产品在国外市场上的竞争力,阻碍了传统初级产品的出口。

2. 国际收支不断恶化

由于进口替代工业的发展需要大量的资本品、中间产品和原材料的进口,从而需要大量的外汇。本国货币的汇率高估,使得传统出口产品竞争力下降。工业部门的进口偏向和传统出口产品的出口竞争力下降使得国际收入不断减少,而进口替代工业的发展造成外汇支出增加,国际收支状况恶化。

3. 国内企业生产效率低下

过分的贸易保护使进口替代部门长期处于安逸状态,容易滋生不思进取的心态和作风,失去创新的动力。因而不利于促进本国的劳动生产率的提高和工业技术的进步,更不利于产品的出口。时间过长,不利于经济的进一步发展。

四、出口导向战略

出口导向战略也称出口替代战略。是指国家采取各种措施促进面向出口的工业部门的发展,以非传统的出口产品来代替传统的初级产品的出口,扩大对外贸易,使出口产品多样化,以推动工业和整个经济的发展。出口导向战略着眼于出口对经济发展的积极作用,通过对初级产品的深加工,然后组织产品出口,以代替原先的初级产品的出口。

出口导向战略主张优先发展出口产业,通过扩大出口增加资金积累,扩大市场和实现规模经济,带动整个国民经济快速发展。

(一)出口导向战略的优点

(1)可以充分利用国外的资源,并与本国具有绝对优势的劳动力资源相结合,生产并出口本国具有比较优势的产品,以缓解一国的外汇压力。

(2)通过贸易有利于学习国外的先进技术和管理经验,并以出口换取经济发展所需要的新型机器设备和资金,加速本国经济增长,加快本国工业化进程。

(3)增加就业,改善收入分配,可以通过对外贸易,互通有无,使本国居民享受到更多的经济福利,提高其生活水平。

(4)可以在国际分工中节约劳动,充分发挥自身的比较优势,在全球性的产业结构调整中,促进本国产业结构的优化升级,获取因分工而产生的规模经济效益。

(二)出口导向战略的弊端

(1)易造成产业结构的失衡。任何出口导向的经济都会使少数有出口竞争优势的部门过度发展,而其他部门则处于国际竞争力差的劣势状态,而一旦出口的优势部门发生结构性的国际生产过剩,依赖它的出口的国家的就会陷入经济上的困境。比如,我国的纺织部门,在1995年以前是出口主导产品,纺织工业过度发展,结果随着一些进口国的配额管理加剧,纺织品出口开始减少,许多纺织制造企业随之陷入困境。

(2)过分依赖外部市场,丧失经济发展的主动权。无论是发展中国家还是发达国家,一味将出口作为经济发展动力,最终可能会降低或是丧失本国经济自我发展的能力和抵御外部冲击的免疫力。尤其是对发展中国家而言危害更大。

(3)出口导向战略对大国的作用有限。小国因为地域狭小、人口总量不大、市场容量狭小,如果采取出口导向战略,可以使得产品生产达到规模经济的要求,取得较大的规模经济效益。而大国往往地域广大、人口众多,所以即使大量出口产品,也很难取得较大规模经济效益,反而会因为实施出口导向战略,加剧地区发展的不均衡。

(4)容易招致贸易摩擦。实施出口导向战略,在赚取大量外汇的同时也会出现高额顺差,而高额的贸易顺差容易招致贸易摩擦。

五、混合型发展战略

混合型发展战略又称为平衡发展战略,是当前很多发展中国家在发展本国经济时较为倾向的一种贸易发展战略。相较于进口替代或是出口导向的单一模式,混合型发展战略是一种更现实、更有效的多元化贸易发展战略。混合型发展战略是一种结构性战略,它集中了进口替代和出口导向两种战略的优点,同时又克服了两者的弊端,既利用出口带来的需求,又利用进口推动技术引进与全要素生产率的提高。混合型战略是一种随机制宜的战略,贯彻该战略的主要策略包括:

(1) 关税政策。降低关税,以鼓励自由贸易,但是要尽量保留一定的数量限制,利用关税倾斜政策保护本国的幼稚产业。这样,既不违背世界贸易组织的原则,又能提高本国产品在国际市场上的竞争力。

(2) 货币政策。根据本国出口导向和进口替代产业的不同情况,实施不同的货币政策,支持相关产业的健康发展。

(3) 吸引外资策略。大力改善本国的投资环境,积极鼓励外资投入,以缓解本国贸易逆差,保持贸易的平衡发展。同时,利用外资有利于提高本国的技术水平,促进产业结构的优化调整。

六、保护性出口促进战略

进口替代和出口导向战略都存在一定的不足,尤其是对于一个发展中国家来说,不管是进口替代战略还是出口导向战略都是不合时宜的选择。因而有的学者提出了一种适用于发展中国家的贸易发展战略,即保护性出口促进战略,也称为内撑外开的贸易战略。所谓的保护性出口促进战略就是以国际比较优势为依据,以国内市场为依托,以适度保护为辅助全面对外开放的贸易战略。

贸易自由化是经济全球化、金融全球化中国际贸易发展的必然选择,已经形成了一个不可逆转的趋势。发展中国家在贸易自由化的背景下,为了自身经济发展的需要,必然要充分发挥自身的国际比较优势,走开放性的发展道路。

近几年发达国家的绿色贸易壁垒兴起,给发展中国家的外贸出口造成了很大的影响。发展中国家势必应采取发展的保护或是保护中求发展的应对之策。这些保护手段应满足:① 采取符合国际规则的适度保护措施。如世界贸易组织中的反补贴、反倾销、保障条款和技术标准等,尤其是对于发展中国家来说应充分利用世界贸易组织给予发展中国家的优惠待遇,在宽限内适当采用一些传统的贸易保护手段。② 应注意将贸易保护"内部化",即把一些直接排斥外国商品进口的贸易政策,转变为旨在规范和调控国内经济活动的产业政策和市场政策等。

发展中国家有广阔的国内市场,足以支撑对外贸易的发展。可见,与以上两种贸易战略不同,保护性出口促进战略既重视国际市场,也重视国内市场。

保护性出口促进战略结合了进口替代战略的行业导向与出口促进战略的市场导向。对于多数发展中国家而言,实行保护性出口促进战略意味着扩张其具有典型比较优势的初级品产业或是低附加值的半加工业;而进口替代战略却对技术较先进的加工业部门给予更大优惠。保护性出口促进战略则结合了进口替代战略的行业导向与出口促进战略的市场导向,即以进口竞争产业为主导产业,以培养出口能力为发展目标,努力在资源配置最优化与促进适意的结构变化和开放未来战略资源这两种需要之间达成平衡。越来越多的研究表明,一些外向型的国家和地区的成功发展,与其说是单纯出口促进的结果,不如说是奉行保护进口竞争产业与推进出口完美结合的典范。

第三节 中国贸易发展战略的现实选择

一、新中国成立后的进口替代战略

在新中国成立之初,实行计划经济,对外贸易发展战略则选择进口替代战略。对外贸易实行国家管制,通过对外贸易控制和保护,为国内进口替代的工业化服务。美国的冷战思维以及中苏关系破裂,使得当时的中国几乎与外部经济没有接触。中国采取进口替代战略主要是为了满足工业化发展的需要,进口替代部门基本上都集中在资本密集型行业。1971年,中美关系破冰之后,中国在逐步缓和与西方国家的关系的同时,更加清楚地认识到对外贸易对经济增长的作用。

改革开放以前的进口替代战略在当时的历史环境条件下对中国的贸易和经济发展起到了积极作用。新中国成立之后改革开放之前,中国的出口额和进口额都有大幅度的增长。除此之外,进口替代战略在促进建立独立、完整的工业体系和国民经济体系方面起到了重要的作用,实现了出口产品由以农产品出口为主向以轻工业产品为主的过渡。

但是长期实行进口替代战略给中国的对外贸易和经济发展也带来了不利的影响。由于进口替代战略从本质上排斥进口,同时也造成了对出口的歧视,因而使中国的出口总额占世界出口总额的比重不断下降。中国在发展对外贸易时,对出口完全不重视,只有在生产有剩余时才会出口,而不是根据自身的比较优势,参与国际分工和发展对外贸易,这样,中国也无法获得国际贸易的各种静态利益和动态利益。由于对国内产业过度保护,加上实行高度集中的计划经济体制,国内产业没有机会面对国际市场带来的竞争,因此也缺乏技术改进、效率提高的内在动力。在这样的国内外经济环境下,国内产业与国际生产力发展水平的差距不断扩大,而且中国失去利用外部市场、资金、技术的机会,从而延缓了中国对外贸易和经济的发展。

二、改革开放前期的混合贸易战略

1978年12月召开的党的十一届三中全会确定中国将以经济建设为中心,将改革开放作为中国的基本国策。中国对外贸易的指导思想发生了根本意义上的转变,开始积极与世界接触,充分利用资金、技术和市场,中国对外贸易战略开始由进口替代贸易战略向出口导向贸易战略转变。

在战略转变之初,中国的经济贸易发展战略仍是具有内向型特征的进口替代战略。但是随着经济的发展,这种模式越来越表现出与改革进程的不适应性。

(1) 国内经济体制的改革逐步实现由高度集中的计划经济体制向市场经济体制转变,计划经济体制下的外贸战略随着其赖以生存的体制基础的转变,也就必然要表现出其与新体制之间的冲突。

(2) 在进口替代战略的实施过程中,中国采用了高估汇率的政策,其结果也只是改变了进口的结构,对进口的数量并没有起到预期的抑制作用,反而抑制了出口的发展,没有改善外汇紧缺的局面。

(3) 中国在1986年提出"复关"申请,为了适应关税与贸易总协定所倡导的自由贸易原则,需要对实施高度保护的进口替代战略进行调整。

根据中国经济与对外贸易发展中出现的种种问题,国内外学者分别对中国对外贸易的战略选择进行研究,有些学者提出了实行进口替代战略和出口导向战略相结合的混合贸易战略,即在全国实行以进口替代为主与出口导向战略相结合的外贸发展战略。充分发挥这两种战略的优势,利用出口导向战略增加外汇收入,利用进口替代战略维护国民经济基础,两种战略相互作用实现国民经济结构的合理化和高级化。但是这种贸易发展战略还是无法充分利用中国的比较优势,资源还没有得到较为优化的配置。对此,又有学者提出了国际大循环战略,又称为大进大出战略。它要求充分利用农村劳动力的资源优势发展劳动密集型产品的出口,利用赚得的外汇收入尽快实现向资本或是技术密集型行业的转变。这种战略既解决了农村的剩余劳动力问题,又树立起了世界经济的整体观念和国际意识。但是以该战略进行对外贸易,使国家处于比较低的国际分工层次,不利于经济的长期发展。

在20世纪80年代中期以后,中国在沿海经济特区通过大力吸引外资,发展劳动密集型的加工贸易,充分利用了中国丰富的劳动力资源。到1988年中国已经基本实现了出口商品由以初级产品为主向以工业制成品为主的重要转变,国内的经济也得到了快速的发展。但是中国当时实行的外贸政策在各地区的差异很大,造成了各地不公平的竞争,引致各地的经济发展不平衡,从而影响了国内经济的稳定运行。

在改革开放初期我国对外贸易政策可归纳为以下几个方面:

(1) 采取出口导向战略,鼓励和扶持出口型产业,并进口相应的技术设备,实施物资分配、税收和利率等优惠,组建出口生产体系;实行外汇留成和复汇率制度;限制外资企业商品的内销;实行出口退税制度;建立进出口协调服务机制等。

(2) 实施较为严格的传统进口限制措施,通过关税、进口许可证、外汇管制、进口商品分类经营管理、国有贸易等措施实施进口限制。

(3) 鼓励吸收外国直接投资,鼓励利用两种资源、两个市场和引进先进技术。

三、转型时期的大经贸战略

大经贸战略即通过大开放、大融合、功能大转变,实行以进出口贸易为基础,商品、资金、技术、服务相互渗透和协调,外经贸、生产、科技、金融等部门共同参与的经贸发展战略。大经贸战略的主要目的是,通过实施大经贸战略,以积极的态势和有力的步骤,消除外部市场对我国外贸发展的负面影响,为我国的外贸发展打下良好的基础。

大经贸战略的目标为:

(1) 适度超前增长,以弥补我国资源、资金和技术的缺口。

(2) 集约化发展,促进我国产业结构的调整。

(3) 市场多元化。逐步实现以亚太市场为重点、以周边市场为支撑、发达国家和发展中国家合理分布的市场结构。

(4) 地区分工合理化。改变各地区外向产业发展雷同化、重叠化的现象,减少地区之间的矛盾和摩擦,形成各地区之间对外经贸合理协调发展的格局。

大经贸战略的主要内容有:

(1) 更快地促进中国外贸体制改革的深入发展,更快地实现对外贸易经营权从审批制向登记制过渡,这也是国际惯例中最重要的一个方面。动员、鼓励和引导一切有条件的企业申请自营进出口权;行政部门要相应放宽审批条件、简化审批程序。对外商投资企业,扩大到不仅可以经营本企业产品,也可以兼备其他产品。

(2) 高度重视进口的作用,并着手进口体制的改革。外贸启动的一个重要切入点是扩大进口。从外汇储备中拿出外汇扩大进口,投资到具有战略意义的国企改革中,更新关键设备,可以使得老企业获得新的生机,劳动生产率得以提高,而非完全为扩大外汇储备出口。如果把国内的资源换成美元,而没有提高经济效益,这样的出口对经济发展没有终极意义。

(3) 进一步完善出口退税制度,扩大出口退税范围,进一步减免生产性商品进口的关税,降低企业因发展或是出口需要而进口设备的成本。

(4) 对出口企业加强信贷、担保、信用证等方面的支持,打破出口企业的所有制界限,以出口效益和质量给予支持的标准,以督促出口企业全面提高质量,降低成本,切实提高出口竞争能力。

自1994年实施大经贸战略以来,实现了外贸经营主体的多元化,改变了进出口贸易仅仅由少数国有对外贸易公司垄断经营的状况;实现了外贸经营业务发展的一体化,改变了对外贸易仅仅是货物进出口的状况;实现了管理与服务的行业化,改变了外贸管理仅仅局限于外贸部门内部系统的狭窄范围的状况;实现了对外经济贸易宏观管理方式的转变,由直接管理型转变为间接管理型。

四、现阶段的对外贸易可持续发展战略

(一) 对外贸易可持续发展的必要性

经过41年的改革开放,中国的对外贸易总体保持高速增长态势,贸易结构不断优化,贸易伙伴不断多元化,对外贸易发展环境不断好转。但是中国对外贸易发展还存在不均衡、不协调、不可持续的问题,突出表现在:① 出口增长主要依赖资源、能源、土地、劳动力和环境等要素投入及耗费,科技、管理、创新等要素投入不足,外贸发展与资源、能源供给和环境承载力的矛盾日益突出;② 企业研发、设计、营销和服务等方面的竞争力还不强,自有知识产权和自有品牌出口产品所占比重不大;③ 对外贸易发展对三次产业的贡献还不够均衡;④ 中西部地区对外贸易规模和水平还相对落后;⑤ 对外贸易增长的质量和效益有待进一步提高等。中国政府清醒地认识到这些问题,采取积极措施加快转变外贸发展方式,实现对外贸易的可持续发展。

对外贸易的可持续发展,就是在遵循外贸发展内在规律的基础上,健全外贸体制,完善外贸运行机制,合理配置资源,提高资源利用效率,处理好外贸发展与生态环境的关系,从而保证外贸长期、持续、稳健的发展。

(二) 对外贸易可持续发展的措施

1. 努力培育外贸发展的综合竞争优势

面对近年来劳动力成本不断上升、资源和能源等生产要素价格大幅上涨、出口产业传统的低成本优势大大弱化的新情况,中国政府提出了对外贸易由粗放型发展向集约型发展转变的战略目标。

(1)"十一五"规划期间,中国政府调整进出口税收政策,深入实施科技兴贸战略、市场多元化战略和以质取胜战略,开展加工贸易转型升级试点,改进对进出口企业的融资保险服务,推动企业加快技术进步和产品结构优化,增强了外贸的综合竞争优势。大部分进出口企业经受住了国际金融危机冲击,进出口贸易在危机后实现了较快复苏。

(2)"十二五"规划期间,中国将努力保持现有出口竞争优势,加快培育以技术、品牌、质量和服务为核心的新优势,促进工业转型升级,延长加工贸易增值链,提高企业和产品的竞争力和附加值。大力发展服务贸易,促进货物贸易和服务贸易协调发展。继续扩大服务业对外开放,推动服务外包发展,努力扩大新兴服务出口。财政税收、金融保险、外汇管理、海关通关、检验检疫、物流和运输等领域都将进一步完善和落实国家相关政策,加快贸易和投资便利化,努力推动对外贸易的稳定健康发展。

(3)"十三五"规划期间,中国政府努力推进国际市场布局、国内区域布局、外贸商品结构、经营主体结构和贸易方式"五个优化",努力推进出口形式、竞争优势、增长动力、营商环境、我国在全球经济治理地位"五个转变",实现外贸结构进一步优化,发展动力加快转换,外贸发展的质量和效益进一步提升,贸易大国地位巩固,贸易强国建设取得重要进展。在该期

间完成加快培育外贸竞争新优势;推动出口迈向中高端;提升外贸企业跨国经营能力;提升与"一带一路"沿线国家贸易合作水平;促进加工贸易和边境贸易创新发展;积极发展外贸新业态;实行积极的进口政策;扎实推进外贸转型升级基地、贸易平台、国际营销网络"三项建设"。为了完成"十三五"规划的外贸工作八大任务,政府将努力确保以下保障措施:完善外贸政策体系,深化外贸管理体制改革,完善财税政策,改进金融服务,提高公共服务能力;发挥双向投资对贸易的促进作用,推动对外投资合作和贸易相结合,提高利用外资的质量和水平;营造法治化、国际化、便利化的营商环境,完善外贸法律法规体系,优化公平竞争的市场环境,提高贸易便利化水平;深化合作共赢的国际经贸关系,加快实施自贸区战略,提升国际经贸规则话语权,积极应对贸易摩擦;加强组织领导和工作保障机制。

2. 加快推进外贸发展中的节能减排

早在1994年,中国政府就制定并发表了《中国21世纪议程:中国21世纪人口、环境与发展白皮书》,将节能减排纳入国民经济和社会发展目标。"十一五"和"十二五"规划都把降低能源消耗和二氧化碳排放强度作为约束性指标。2004年以来,中国多次下调甚至取消部分高耗能、高污染和资源性商品出口退税,禁止和限制部分此类产品的加工贸易,鼓励进出口企业向国际上先进的环保标准看齐。近年来,中国出口商品中"两高一资"商品的比重大幅下降,新能源和节能环保产品出口大幅增长。大部分达到一定规模的进出口生产企业都已经获得ISO 14000等与环保有关的标准认证。中国将努力调整经济结构和产业结构,加快先进节能环保技术的应用,促进对外贸易与资源节约、环境保护更加协调发展。

(三)加强与贸易有关的知识产权保护

加强知识产权保护是中国履行国际义务的需要,更是转变经济发展方式、建设创新型国家的内在要求。多年来,中国政府在知识产权保护方面做了大量工作,在立法、执法、宣传、培训及提高全社会知识产权保护意识等方面取得了显著成效。世界知识产权组织2019年发布的年度报告显示,2018年,中国已经成为国际专利申请第二大来源国;中国华为公司以5405件国际专利申请位居企业专利申请量榜首。此外,世界知识产权组织等机构发布的2018年全球创新指数报告显示,中国首次跻身世界最具创新力经济体20强,排名第17位。这些数据体现了整个中国经济的承诺,即注重知识产权保护,并将知识产权作为企业在竞争中的战略工具。同时,这些数据也是目前衡量技术创新的最佳指标,因为专利本质上就代表了新技术。中国和中国企业在研发、创新上已经取得了卓越的成就。中国在专利申请和创新排名上都呈持续快速上升趋势。2008年,中国制定了《国家知识产权战略纲要》,这也是我国的第一部知识产权战略纲要,把保护知识产权提升到国家战略的高度加以推进。在知识产权创造方面,实现了量质齐升,我国成为了一个名副其实的知识产权大国。2007年至2017年,我国国内有效发明专利拥有量从8.4万件增长至135.6万件,居世界第三位;有效注册商标总量从235.3万件增长至1492万件;著作权年登记量从15.9万件增长至274.8万件;植物新品种、地理标志、集成电路布图设计等数量大幅增长。同时,知识产权运用成效显著,知识产权促进了品牌经济、特色农业发展和文化繁荣,涌现出一批具有国际竞争力的知名品牌和驰名商标,网络核心版权产业行业规模年增长率保持在30%以上。知识产权运用新模式不断涌现,知识产权交易日益活跃,专利、商标、版权质押融资规模突破千亿元人民币。截至2018年,专利、商标质押融资总额达到1224亿元,同比增长12.3%。知识产权保护方面也在不断加强。专利法修正案草案通过审议,明确建立侵权惩罚性赔偿制度,大幅提高侵权违法成本。当前,加强与贸易有关的知识产权保护是世界各国共同面临的挑战,加强对话与合作成为世界知识产权保护的潮流。中国政府将在有关国际公约和各自法律框架下,与世界各国和地区加强知识产权交流与合作,共同推进知识产权事业的健康发展。

(四)提高出口商品的质量和安全要求

中国出口商品质量总体上不断提高,受到全球消费者欢迎和认可。2009年和2010年,经出入境检验检疫机构检验检疫的中国出口商品分别为1103.2万批和1305.4万批,不合格率分别为0.15%和0.14%;出口货值分别为4292.7亿美元和5521.8亿美元,不合格率分别为0.12%和0.13%。2010年,中国出口美国的食品为12.7万批,合格率99.53%;出口欧盟的食品13.8万批,合格率为99.78%。日本厚生省进口食品监控统计报告显示,2010年日本对自中国进口的食品以20%的高比例进行抽检,抽检合格率为99.74%,高于同期对自美国和欧盟进口的食品的抽检合格率。但是,中国国内仍有少数企业为降低成本而忽视商品质量和安全,也有一些外国进口商不讲质量和诚信,压低商品价格甚至直接授意中国生产商使用不合格原料。这些行为损害了"中国制造"的信誉。针对这些问题,中国政府近年来不断完善商品质量安全法律法规,加强了各环节监管,严厉查处少数违法违规造成质量问题的企业。2011年3月,中国启动"外贸商品质量提升年"活动,进一步健全出口商品质量和安全的许可、认证和监督机制,提高了对出口商品质量与安全保障的效率。

(五)增强进出口企业的社会责任意识

随着对外开放不断扩大,越来越多的中国企业认识到,企业自身发展壮大的同时需要承担相应的社会责任。这不仅有利于社会和谐进步,也有利于提高企业竞争力和可持续发展能力。中国各级政府正通过倡导科学发展观和和谐社会理念,推动企业提高社会责任意识,尊重劳工权益,维护消费者权利,保护生态环境。同时,中国政府鼓励企业在进出口贸易中接受有关的社会责任标准,争取获得必要的社会责任认证。目前进出口企业普遍建立了"五险一金"(养老保险、医疗保险、失业保险、工伤保险、生育保险和住房公积金)制度。中国政府把增强企业社会责任作为推动对外贸易转型升级的一项重要任务,今后将加强对企业社会责任的宣传和培训,建立和健全进出口企业诚信管理体系,完善全社会对企业社会责任的监督,开展企业社会责任培育和管理的国际合作,推动进出口企业不断提高承担社会责任的水平。

(六)促进战略性新兴产业的国际合作

发展战略性新兴产业对于对外贸易转型升级和可持续发展具有重大意义。经过改革开放41年的发展,中国综合国力明显增强,科技水平不断提高,工业体系逐步完备,战略性新兴产业发展有了坚实基础。但与发达国家相比,中国新兴产业仍然处在初步发展阶段。2008年的国际金融危机之后,世界各主要经济体都在加速发展新兴产业,中国把发展战略性新兴产业作为产业振兴的一项重要任务。为了推动重点领域的发展,在发挥市场配置资源基础性作用的同时,中国政府加强政策引导,规范市场秩序,改善投资环境,鼓励企业提高技术创新能力。中国支持战略性新兴产业发展的基本政策符合国际贸易规则,加强与世界各国在科学研究、技术开发和能力建设等方面的交流,为开创新兴产业国际合作和发展的新局面共同努力。

新常态是我国目前的经济发展现状。换句话说,我国目前经济更偏向于由供给决定,而并非传统依靠需求决定。供给决定就是说由综合因素来共同决定我们的经济结构,而不再仅仅单纯依靠"三驾马车"。综合因素包括劳动力、资本和技术等。在提出"一带一路"倡议后,近期战略选择之一就是沿边开放。在这个政策的背景下,我们可以弥补不能直接用人民币从发达国家大量进口的缺憾。现在我们可以从周边国家得到资源,这就是"一带一路"给我们带来的优势和便利。目前,经济策略还是需要进一步改变,抛弃原来不足的、片面的策略,根据对象的不同进行调整,对与某些国家的贸易关系,追求平衡,对周边不发达的国家,多进行出口。

五、中国对外贸易与经济增长

改革开放以来,中国坚持对外开放基本国策不动摇,全面参与经济全球化和国际合作竞争,国际地位和国际竞争力不断提升。对外贸易既是对外开放的重要载体,也是体制机制改革的前沿领域,为中国经济社会发展做出巨大贡献。中国实施大规模扶贫开发,使7亿多农村人口摆脱贫困,这是令人瞩目的成就。目前,中国对世界经济增长的贡献率在30%以上。中国经济增长已对包括发达国家在内的其他国家产生大量正面溢出效应。中国对外贸易对中国国内的经济增长和世界经济增长的贡献是有目共睹的。

1. 对外贸易是经济增长的重要引擎

改革开放以来,中国国内生产总值按不变价计算比1978年增长33.5倍,年均增长9.5%,远高于同期世界经济的2.9%的水平。扣除价格因素,中国人均国内生产总值比1978年增长22.8倍,年均实际增长8.5%。根据国家统计局数据计算,2018年中国的人均GDP已达到了约9780美元。这其中,对外贸易做出了巨大贡献。中国对外贸易从1978年206亿美元增长到2017年4.1万亿美元,增长了198倍,年均增长14.5%。从全球价值链角度测算结果看,中国每千美元货物出口可以拉动国内增加值621美元,其中一般贸易每千美元出口可以拉动国内增加值792美元,加工贸易每千美元出口可以拉动国内增加值386美元。

目前中国的经济总量在不断增加,且中国在全球经济中的地位持续提升,这与中国对外贸易自改革开放后长期保持着较为迅速的增长态势有密切的关系。改革开放40多年里,中国对外贸易保持高速增长,贸易规模不断扩大,货物进出口总额更是在近年达到全球第一。同时中国经济总量以较高的速度增长,即使遭遇过几次影响较大的金融危机,其增速相较大多数国家同期水平也有明显的优势。除了经济体量,中国的经济发展水平也稳步上升。

2. 对外贸易是结构调整的重要支撑

改革开放以来,中国的贸易伙伴已由1978年的几十个发展到目前的200多个。中国出口超过60%面向发达国家市场,适用的产品质量和安全标准、生产环保标准、企业社会责任标准普遍比国内严格,市场竞争也更为激烈。在出口竞争中能够立足的企业,其技术水平、管理能力、创新能力在国内同行业中往往处于领先水平,某种程度上也代表了中国产业转型升级和结构调整的大方向。中国引进ISO9000等国际质量标准,就是率先从出口企业开始的。中国电子信息、装备制造等行业的不少支柱企业,就是从出口起步并逐步发展起来的。近年来,很多外贸企业主动适应国际市场需求变化,增加研发投入,进行技术升级和改造,为供给侧结构性改革做出了积极贡献。

3. 对外贸易是促进就业的重要保障

对外贸易为中国创造了大量的就业机会。数据显示,中国外贸直接和间接带动的就业人数高达1.8亿人,每4个就业人口中就有1个从事与外贸相关的工作。从全球价值链角度测算结果看,中国每百万美元货物出口对中国就业的拉动为59.0人次,每百万美元一般贸易出口能带来82.7人次的就业,每百万美元加工贸易出口能带来26.5人次的就业。

4. 对外贸易是防范风险的重要手段

对外贸易为中国获取外汇、充实外汇储备做出巨大贡献。中国货物出口从1978年的97.5亿美元增长至2017年的2.26万亿美元,外汇储备从1978年的1.67亿美元增加到2017年3.14万亿美元,对于抵御国际金融风险、推动人民币国际化起到了重要作用。

中国对外贸易发展理念随着世界经济格局和本国经济发展状况的变化而进行调整。改革开放初期,我国对外贸易充分利用了我国劳动力资源丰富的比较优势,大量生产和出口劳动密集型产品,积极扩大高新技术产品的进口,扩大贸易规模的同时带动了本国经济的发展,随着"新常态"的到来和人口红利的逐渐消失,劳动密集型产业的优势不再明显。我国大力推进供给侧改革,以科技创新带动经济发展,稳定出口的同时积极扩大内需,对外贸易从重视"量"的增长转变为更重视"质"的提高。

中国对外贸易在发展过程中,始终坚持以开放包容的心态,积极融入和推动经济全球化。经济全球化促进了资源在全球范围内的有效配置,提高了世界经济发展水平。中国以及世界各国得益于全球化的不断深入,在国际贸易中实现了"共赢"。因此,融入和推动经济全球化是任何国家经济发展的一条捷径。

分析案例

"中国服务"与"中国制造"双轮驱动的外贸格局正在形成

1月9日,商务部召开服务贸易与服务业对外开放专题发布会。商务部服贸司司长周柳军表示,为了推动服务贸易的发展,将制定服务贸易的宏观规划和顶层设计,提前启动"十三五"规划的研究工作。

同时将加强服务贸易工作的部际协调,统筹服务业对外开放,加强宏观指导,协调各部门出口政策、对符合鼓励条件的"营改增"行业,服务出口实行零税率。

这意味着服务贸易将获得与货物贸易同等的重视,并被确立为今后经济发展的战略重点之一。

从服务贸易类别来看,旅游和运输服务仍然是服务贸易主要的逆差来源。但是,高附加值服务出现了快速增长势头。2013年前11个月,包括咨询、专有权利使用费和特许费、计算机和信息服务进出口增幅均达到两位数。

"从服务业发展规律来看,目前服务业占世界经济总量的比重为70%,主要发达经济体的服务业比重则达80%左右;服务出口占世界贸易出口的比重为20%,而我国服务出口占对外贸易出口的比重不足9%,存在较大上升空间。"商务部发言人姚坚表示。

随着国内产业结构调整,服务业对服务贸易发展的支撑作用将持续增强,服务出口竞争力将逐步显现。

"改革开放以来,吸引外资以制造业为主的格局已转变为以服务业为主,现代服务业日益成为对外开放的新热点。"商务部外资司副司长仇光玲表示。

从数据上看,服务业的比重逐年上升,2011年服务业吸引外资占比首次超过制造业,在刚刚过去的2013年达到历史最高水平。

问题:现代服务业成为中国吸收外资重点的原因是什么?

资料来源:耿雁冰."中国服务""中国制造"双轮驱动[OL]. 21世纪网,2014-01-10.

◆ **本章小结**

斯密、李嘉图、穆勒、赫克歇尔和俄林、赫尔普曼、克鲁格曼等论述了对外贸易与经济增长的关系。

经济学家从闲置资源、比较利益、规模经济、技术进步、制度创新及内生增长理论的视角,剖析了对外贸易促进经济增长的机理。

发展中国家的贸易战略主要有初级产品出口战略、出口替代战略、进口替代战略、出口导向战略、混合型发展战略和保护性出口促进战略。

中国贸易发展战略经历了新中国成立后的进口替代战略、改革开放前期的混合贸易战略、转变时期的大经贸战略及现阶段的对外贸易可持续发展战略。

◆ **关键词**

发展中国家的贸易战略　经济增长　进口替代战略　出口导向战略

◆ **思考题**

1. 什么是出口导向战略?
2. 请从技术进步的视角,剖析对外贸易促进经济增长的机理。
3. 简述罗伯特逊的对外贸易是"经济增长发动机"的学说。

4. 简述结构主义的对外贸易促进"经济增长"的效应理论。
5. 简述克拉维斯的对外贸易是"经济增长侍女"的理论。
6. 请分析中国改革开放41年来积累的宝贵经验有哪些?
7. 阐述中国倡导的构建人类命运共同体理念内涵。
8. 浅析中国道路、中国模式与中国方案。

思考案例

拉美经济模式的成败功过

在19世纪末至20世纪初,拉美主要国家在实施初级产品出口型经济发展模式过程中,依靠引进的大量外资,建设港口、铁路和公路等基础设施。外国直接投资在推动和促进拉美经济和社会的发展中发挥了十分重要的作用,使拉美国家融入了世界经济体系。

但是,在经历了20世纪30年代世界经济危机的严重冲击后,拉美国家逐步改变以初级产品出口为主的经济发展模式,转而实行以强化国家对经济的干预、保护民族工业为特点的进口替代工业化发展模式。墨西哥、巴西、阿根廷和智利等主要拉美国家以外资为依托,开始由普通工业消费品进口替代发展到耐用消费品和中间产品的进口替代,最终实现机器、设备等生产资料的进口替代,逐步形成了较为完整的工业体系。

20世纪70年代,拉美一些国家采取了对外资企业及濒临破产的中小企业实行国有化的政策,加强国家对经济活动的控制和直接干预等激进措施,实行举外债促发展的战略。有关材料显示,拉美的外债总额从1970年的270亿美元增加到1980年的2310亿美元。其中,巴西、墨西哥和阿根廷等拉美大国陷入了借新债还旧债的恶性循环。首先是墨西哥最终不堪重负,于1982年8月宣布无力偿还外债,拉美债务危机由此爆发。债务危机随后又诱发了经济危机,使20世纪80年代的拉美经济一直处在双重危机的阴影下。

拉美发生这两次危机后,墨西哥、巴西、阿根廷和智利等国开始实行西方新自由主义经济理论和发展模式,采取减少政府对经济活动的直接干预,放宽对外资的限制、实行部分国有企业私有化、金融贸易自由化、改革养老金制度和主要经济政策市场化的做法,进行了一场深刻的经济体制和经济结构改革,顺应了世界经济全球化的趋势。

20世纪90年代以来,拉美实行的上述改革提高了该地区的发展水平。在世界低等收入地区中,拉美的年人均国民收入最高,达3580美元。墨西哥、巴西、阿根廷和智利等国家的经济基础已相当雄厚,某些科技领域的发展水平甚至在国际上也令人瞩目。

然而,在20世纪90年代后期,拉美的经济改革在强化市场作用的同时,却极大地削弱了政府的作用,导致政府在推进经济社会协调发展方面难有作为,地区经济增长缓慢。新自由主义全盘否定了拉美国家以往实行的发展模式与经济政策,片面强调市场机制的功能和作用,轻视国家干预在经济和社会发展进程中的重要性,导致拉美国家出现了收入不均、贫富差距加大等问题。新自由主义经济政策在日益尖锐的社会矛盾下暴露出种种弊端。

问题:拉美模式的问题是什么?

资料来源:宋心德.拉美经济模式的成败功过[N].中国改革报,2005-11-10(6).

应用训练

1. 查找资料,分析东亚模式的主要特点。
2. 中国会不会陷入"中等收入陷阱"?

参 考 文 献

[1] 崔日明,任靓. 世界经济概论[M]. 北京:北京大学出版社,2013.
[2] 陈国灿. 丝绸之路精神的当代传承[N]. 人民日报,2016-01-14(7).
[3] 杜奇华,冷柏军. 国际技术贸易[M]. 北京:高等教育出版社,2012.
[4] 董瑾. 国际贸易理论与实务[M]. 北京:北京理工大学出版社,2014.
[5] 冯德连,邢孝兵. 国际经济学教程[M]. 北京:高等教育出版社,2010.
[6] 冯德连,查道中. 国际贸易理论与实务[M]. 合肥:中国科学技术大学出版社,2015.
[7] 冯德连. 着力推进安徽对外贸易高质量发展[N]. 安徽日报,2019-01-29(6).
[8] 韩玉军. 国际贸易学[M]. 北京:中国人民大学出版社,2010:488-498.
[9] 海闻,林德特,王新奎. 国际贸易[M]. 上海:上海人民出版社,2009.
[10] 金泽虎. 国际贸易学[M]. 北京:中国人民大学出版社,2011.
[11] 金圣荣. 贸易战:全球贸易进化史[M]. 北京:电子工业出版社,2011.
[12] 姜文学,王绍媛. 国际贸易[M]. 大连:东北财经大学出版社,2014.
[13] 卢荣忠. 国际贸易[M]. 北京:高等教育出版社,2005.
[14] 吕博,等. 贸易战争[M]. 北京:中国经济出版社,2009.
[15] 林毅夫. 中国经济改革的成就、经验与挑战[N]. 人民日报,2018-07-19(7).
[16] 鲁晓璇,张曙霄. 对马克思主义国际贸易理论和西方国际贸易理论及其关系的思考[J]. 经济学家,2018(1).
[17] 上海财经大学《国际贸易学》精品课程网站.
[18] 宋心德. 拉美经济模式的成败功过[N]. 中国改革报,2005-11-10(6).
[19] 唐海燕. 国际贸易学[M]. 上海:立信会计出版社,2001.
[20] 王新哲,梅花·托哈依. 国际贸易[M]. 北京:北京理工大学出版社,2012.
[21] 夏恩德,罗明. 国际贸易概论[M]. 2版. 北京:高等教育出版社,2007.
[22] 殷功利,汪艳. 世界经济概论[M]. 合肥:中国科学技术大学出版社,2016.
[23] 殷功利. 中国贸易顺差研究:结构、效应与可持续性[D]. 南昌:江西财经大学,2012.
[24] 殷功利. 中国贸易顺差研究:结构、效应与可持续性[M]. 合肥:中国科学技术大学出版社,2016.
[25] 姚曾荫. 国际贸易概论[M]. 北京:人民出版社,1987.
[26] 杨同明. 拉美经委会经济一体化思想述评[J]. 拉丁美洲研究,1991(2).
[27] 于岚. 国际贸易[M]. 北京:化学工业出版社,2014.
[28] 张玮. 国际贸易[M]. 2版. 北京:高等教育出版社,2012.
[29] 张玮,张宇馨. 国际贸易[M]. 北京:清华大学出版社,2009.
[30] 赵春明. 国际贸易学[M]. 北京:石油工业出版社,2003.
[31] 周学明,等. 国际贸易[M]. 北京:中国金融出版社,2013.